Felix Klieser

Stell dir vor, es geht nicht, und einer tut es doch

Felix Klieser

Unter Mitarbeit von Jan Wehn

Stell dir vor, es geht nicht, und einer tut es doch

Econ

Wir verpflichten uns zu Nachhaltigkeit
• Papiere aus nachhaltiger Waldwirtschaft und anderen kontrollierten Quellen
• Druckfarben auf pflanzlicher Basis
• ullstein.de/nachhaltigkeit

MIX
Papier | Fördert gute Waldnutzung
FSC® C014496

Econ ist ein Verlag
der Ullstein Buchverlage GmbH
ISBN: 978-3-430-21118-5

2. Auflage 2024

Redaktion: Gerd König, Berlin
Gesetzt aus der Aldus nova Pro
Satz: LVD GmbH, Berlin
Druck und Bindearbeiten: GGP Media GmbH, Pößneck

Printed in Germany

Inhalt

Vorwort 7

Den Träumen auf die Sprünge helfen 17
Houston, wir haben ein Problem 46
Der Teppich der Erleuchtung 81
Du bist, was du denkst 114
Die Absurdität des Unmöglichen 143
Neben dem Pfad geht auch ein Weg 169
Wenn du keine Chance hast, nutze sie 191
Der Luxus einer Wegwerfgesellschaft 218
Das Abenteuer des Lebens 243

Schlusswort 253

Vorwort

Es ist doch immer wieder erstaunlich, welch großen Einfluss der Zufall auf unser Leben hat. In einem Augenblick kann er uns in die Höhen des Glücks emporheben, nur um uns im nächsten Moment tief in die Abgründe der Verzweiflung zu stürzen. Bemerkenswert, wie er in einem Wimpernschlag die Welt verändern – und manchmal sogar die gesamte Menschheit voranbringen kann.

Die Entdeckung des Penicillins ist ein Beispiel für diese Macht des Zufalls. Als der schottische Bakteriologe Sir Alexander Fleming im Jahr 1928 darauf stieß, war es ursprünglich gar nicht seine Absicht gewesen, ein Mittel zur Abtötung von Bakterien zu entwickeln. Doch wie es der Zufall so wollte, vergaß Fleming eines Septembertages, eine mit Bakterienkulturen angereicherte Petrischale abzudecken. Als er ins Labor zurückkehrte, musste er verdutzt feststellen, dass einige seiner Staphylokokken-Bakterien diese Nachlässigkeit nicht überlebt hatten. Ein Schimmelpilz der Gattung *penicillium notatum* hatte sich in seiner Petrischale häuslich eingerichtet und eine Substanz abgesondert, welche Bakterien den Garaus macht. Die Tatsache, dass Fleming aufgrund eines Zufalls diese Beobachtung machen konnte, sollte Millionen von Menschen das Leben retten.

Auch mein Leben ist von Zufällen geprägt. Abgesehen davon, dass ich überhaupt geboren wurde, meine ich damit vor allem die Tatsache, dass ich ohne Arme zur Welt kam.

Warum, ist bis heute ein Rätsel. Vermutlich eine Laune der Natur. Andere Menschen interessieren sich sehr für den Grund dafür, warum ich so bin, wie ich bin. Ich nicht. Was würde es an meinem Leben ändern, es zu wissen?

Der zweite große Zufall in meinem Leben, für den ich ebenfalls keine wirkliche Erklärung habe, ist die Tatsache, dass ich mit vier Jahren plötzlich den Wunsch hatte, Horn zu spielen. Aufgewachsen in einer Familie, in der niemand ein Instrument spielte, war dieser Wunsch mehr als ungewöhnlich. Ich erinnere mich nicht einmal daran, bis dahin ein Konzert besucht und dort ein Horn gesehen zu haben. Genausowenig traf ich in der Fußgängerzone auf einen Hornisten und war von dem merkwürdigen Instrumentenkasten auf seinem Rücken fasziniert. So bleibt meine allererste Begegnung mit diesem Instrument bis heute ungeklärt. Es scheint mich gefunden zu haben.

Diese beiden Zufälle miteinander zu vereinen wurde schließlich zu meiner Lebensaufgabe. Eine Aufgabe mit unzähligen Erkenntnissen und Einsichten. Erkenntnisse, die ich vermutlich nie gesammelt hätte, wäre nur einer dieser beiden Zufälle eingetreten. Ich halte sie für so grundlegend, dass jeder sie anwenden und für sich nutzen kann.

So richtig bewusst wurde mir das erst im Laufe der letzten Jahre. Um ehrlich zu sein, sind in gewisser Weise Taxifahrer schuld daran – oder besser gesagt: meine Gespräche mit ihnen. Meistens finden diese Unterhaltungen auf dem Weg von meinem Zuhause zum Flughafen statt. Ich gebe zu, dass ein armloser Mann, bestückt mit Koffer und Instrument, allein auf dem Weg zum Flughafen, prinzipiell erst einmal Fragen aufwirft – und das Bedürfnis auslöst, diese in nachvollziehbarer Weise zu klären.

Das Spielchen ist eigentlich immer dasselbe. Nach einer höflichen Begrüßung und dem ersten Austausch über die aktuelle Großwetterlage, dem Jammern über die neusten Baustellen und die dazugehörigen Umleitungen wird das Gespräch nach und nach persönlicher.

»Wo geht es denn hin?« ist zumeist die Auftaktfrage, mithilfe derer der Taxifahrer irgendwie versucht, Licht ins Dunkel zu bringen.

Ich nenne dann für gewöhnlich meinen Zielort: Italien, Spanien, Korea, Mexiko. Die Destination ist eigentlich nebensächlich. Denn kaum ist der Ort verraten, kommt sofort die nächste Frage auf.

»Urlaub?«, erkundigt der Fahrer sich und sieht dabei nicht selten in den Rückspiegel, um Blickkontakt herzustellen.

»Nein, beruflich«, gebe ich zu verstehen.

»Was machen Sie denn beruflich?«

»Ich bin Musiker.«

Spätestens ab diesem Moment ist die Verwirrung perfekt. Fragezeichen über Fragezeichen schwirren plötzlich durch den Fond des Wagens. Meistens wissen die Taxifahrer in dem Moment gar nicht, welches von ihnen sie zuerst lösen sollen. Ich muss zugeben, es macht mir inzwischen ein wenig Spaß, dieses Spielchen zu spielen, weil ich es in- und auswendig kenne und über die Jahre verfeinert habe. Natürlich könnte ich einfach tief Luft holen und erzählen, wer ich bin und was ich mache. Tue ich aber nicht. Stattdessen verwende ich die Salami-Taktik.

»Ach, in der Tasche dahinten ist ein Instrument?«, versuchen die meisten erst einmal dem offensichtlichsten der vielen Rätsel auf die Spur zu kommen.

»Ja genau, ein Horn.«

Wieder Verwirrung. Geige, Saxophon oder Gitarre wäre ja noch etwas, worunter man sich etwas vorstellen kann. Aber Horn? Was ist das denn jetzt schon wieder? So etwas wie eine Trompete? Egal, nicht noch eine Baustelle voller Fragezeichen eröffnen. Erst mal muss der Rest geklärt werden. Denn in der gesamten Konstellation gibt es einen natürlichen Feind: den immer näher kommenden Flughafen. Er markiert die Deadline, bis zu welcher der Fahrer möglichst viele Fragezeichen vernichtet haben muss. Würde er es bis dahin nicht schaffen, all seine Puzzleteile zusammenzubekommen, wäre die Chance vermutlich unwiderruflich dahin. Und ihm ist klar, dass ihn dieser Cliffhanger den Rest seines Lebens verfolgen wird.

Für mich sind diese Begegnungen immer etwas amüsant. Nicht unbedingt deshalb, weil Taxifahrer zu ärgern zu meinen Hobbys gehören würde. Ganz im Gegenteil. Taxifahrer gehören zu den nettesten und interessantesten Personen, auf die ich in meinem Beruf treffe. Jeder von ihnen hat seine ganz persönliche Lebensgeschichte zu erzählen, die mich regelmäßig zum Nachdenken bringt. Ich erfahre viel darüber, was Menschen motiviert, was sie fasziniert und welche Wünsche sie haben. Und ich lerne viel darüber, wie unterschiedlich Lebenswege aussehen können und dass bestimmte Sichtweisen, die ich besitze, durchaus auch einen anderen Blickwinkel vertragen, ohne dass man darüber urteilen müsste, welcher nun richtig und welcher falsch sein könnte. Allein die Tatsache, dass unterschiedliche Sichtweisen durchaus nebeneinander existieren können, ist etwas, worüber ich mir ohne meine unzähligen Taxifahrten vermutlich nie so intensiv Gedanken gemacht hätte. Und das ist eine Erkenntnis, die für meinen Weg und für dieses Buch durchaus zentral ist.

Was mich an den Flughafen-Fahrten amüsiert, ist etwas anderes: die putzige Verwirrtheit, mit der ich dabei konfrontiert werde. Es ist ein wenig so, also würde man eine Person, die vor 300 Jahren in einen tiefen Dauerschlaf versetzt worden ist, plötzlich im Hier und Jetzt aufwecken. In den 300 Jahren hat sich natürlich das ein oder andere geändert. Es gibt mittlerweile Flugzeuge, Fernsehen und das Internet. Für eine Person, die zur Fortbewegung noch auf das Pferd zurückgegriffen und bei Dunkelheit ein paar Kerzen angezündet hat, muss das ein Schock sein. Sie wird vermutlich denken, sie träumt. Obwohl es genau das ist, was sie ja nun nicht mehr tut. Sie kann sich nicht erklären, wie es möglich ist, dass große Metallröhren durch die Luft fliegen und Nachrichten innerhalb von Millisekunden mithilfe eines handlichen Geräts um die halbe Welt und wieder zurück geschickt werden können; eine Welt übrigens, die nachweislich rund ist.

Uns würde es sicher amüsieren, diese Person beim Entdecken der neuen Welt zu beobachten. Fragen zu hören wie: »Und für das Verschicken der Nachricht braucht man jetzt keine Kutschen mehr?« würde uns vermutlich in prustendes Gelächter ausbrechen lassen, weil es für uns so selbstverständlich ist.

So empfinde auch ich mein Leben als vollkommen selbstverständlich – einfach deshalb, weil es mein Leben ist. Doch darum soll es in diesem Buch nicht in erster Linie gehen. Sondern vielmehr darum, welche grundlegenden Denkweisen und welchen Umgang mit Problemen und Hindernissen ich daraus gelernt habe. Dafür ist es unerheblich, wie viele Gliedmaßen du besitzt oder welchem Beruf du gerade nachgehst. Es ist das Zusammenspiel zwischen deinem Verstand und deinen Erfahrungen, das prägt, wie du mit der Welt interagierst. Der Rest? Ist flexibel.

Die meisten Menschen folgen dem, was sie sehen. Eine Behinderung ist schließlich nichts anderes als eine sichtbare Schwäche. Doch ich lehne mich so weit aus dem Fenster, zu behaupten, dass jeder Mensch Schwächen besitzt. Mit dem einzigen Unterschied, dass man manche Schwächen sofort erkennen kann, andere wiederum nicht. Doch nur weil bestimmte Dinge für uns sofort sichtbar sind, heißt es nicht, dass sie auch gravierender sind als andere. Genauso verhält es sich mit unseren Stärken. Viele von ihnen erkennen wir erst im Laufe des Lebens. Andere entdecken wir nie, oder sie begegnen uns nur durch Zufall. Doch ich stelle noch eine weitere Behauptung auf: Es ist zweitrangig, mit welchen Stärken und Schwächen wir geboren werden, wenn wir lernen, wie wir clever damit umgehen.

Genau das ist es, was die Taxifahrer immer wieder verwirrt: dass eine Person mit einer offen sichtbaren Schwäche, nämlich dem Fehlen zweier Arme, einen Beruf ausübt, in dem Hände eigentlich unverzichtbar scheinen. In Kombination mit dem tief verankerten Glaubenssatz, dass eine Schwäche gleichbedeutend ist mit Versagen, ergibt sich eine kognitive Dissonanz: Entweder hat der doch irgendwo zwei Arme versteckt, oder der Glaubenssatz stimmt nicht. Da Ersteres sich relativ zweifelsfrei ausschließen lässt, muss wohl Letzteres zutreffen. Was für ein Dilemma! Dass die Umstände nicht zwangsläufig entscheiden, welche Möglichkeiten sich uns im Leben bieten und welche eben nicht, ist eine Einsicht, der man sich in diesem Moment schwer verweigern kann. Das kann einen glatt ins Grübeln darüber bringen, welche Überzeugungen, denen man im Leben so hinterherläuft, noch falsch sein könnten. Ich glaube, das ist es, was Menschen irritiert, wenn sie mich das erste Mal sehen.

Irgendwann habe ich verstanden, dass sich daraus viel Hilfreiches ableiten lässt, was für mich selbstverständlich sein mag, für Menschen mit Armen und anderen Normalitäten aber weniger. So ist die Idee zu diesem Buch entstanden.

Ich möchte einen grundlegenden Umstand ansprechen, bevor wir loslegen. Dieses Buch ist eine Einladung. Und der Begriff »Einladung« ist mir hierbei sehr wichtig. Es geht nicht darum, zu erkennen, was du alles im Leben falsch gemacht hast und wie du es ab sofort besser anstellst. Es geht auch nicht darum, dich auf Biegen und Brechen zu optimieren, nur des Optimierens wegen. Dieses Buch soll dir vielmehr als Inspiration dienen. Denn es gibt nie die eine Wahrheit oder den einen Weg, der zum Erfolg führt. Was für den einen hilfreich ist, muss es nicht unbedingt für den anderen sein. Genauso verhält es sich mit den Prioritäten im Leben. Einfache, schnelle Lösungen sind meist trügerisch. Wenn sie dann noch suggerieren, schablonenartig universell einsetzbar zu sein, sollte man skeptisch werden. Denn es geht meist um die Idee hinter einer Idee, nicht um oberflächliche Flickschusterei.

So werden wir in diesem Buch beispielsweise darüber sprechen, wie man sich selbst besser kennenlernt, oder besser gesagt: sich selbst besser verstehen kann. Zu erkennen, zu welchem Typ Mensch man gehört und was wir benötigen, um ein Problem zu lösen, kann das Leben verändern. Wo wir Gefahr laufen, einen unnötigen Umweg zu gehen, und wie wir unsere Stärken und Schwächen für uns nutzen können – oder auch, wie wir unsere eigenen Träume entdecken. Zu verstehen, welche von ihnen tatsächlich unsere sind und welche uns vielleicht nur von außen suggeriert werden, ist ein wichtiger Schritt zur Selbsterkenntnis. Welche Träume das konkret sind, kann und wird für jeden von uns unterschiedlich sein. Und wie weit du dafür zu gehen bereit bist, liegt bei dir. Denn du bist derjenige, um den es hier gehen soll – nicht um mich, deinen Nachbarn oder besten Freund. Du stehst im Zentrum.

Mein Ziel ist, dass du Denkgewohnheiten hinterfragst und neue Wege des Umgangs mit Problemen oder Hindernissen für dich entdeckst. Wenn das Buch dich zum Nachdenken über scheinbar Selbstverständliches animiert, hat es seinen Zweck mehr als erfüllt. Manchmal ist es einfach nur ein kleiner, unscheinbarer, neuer Gedanke, der uns inspiriert, die Welt plötzlich in ein anderes Licht rückt und uns damit eine neue Seite von ein und derselben Medaille zeigt. Eine solche Entdeckung kann uns motivieren und an etwas glauben lassen, das für uns zuvor unmöglich schien. Es kann aufregend sein, auf einmal neue Ideen und Pläne zu haben; ein Ziel zu verfolgen, welches uns glücklich macht und Freude bereitet. Denn diese Motivation ist es, die uns morgens aus dem Bett springen lässt, obwohl wir eigentlich noch müde sind: die Freude daran, Neues auszuprobieren und Unbekanntes zu entdecken.

Vielleicht gibt es dir sogar Denkanstöße zu Themen, über die du noch nie gezielt nachgedacht hast. Auch das wäre großartig. Nutze die Informationen auf die für dich beste Weise. Das bedeutet auch: Lass dich nicht unter Druck setzen. Es ist immer wichtiger, zu erkennen, was man selbst möchte, als den Gedanken eines anderen blind zu folgen.

Das sollte eigentlich selbstverständlich sein, ist es nach meiner Erfahrung aber nicht; unser Lebensweg und unser Alltag sind mit Denkfallen nämlich nur so gespickt.

Der Antrieb, dieses Buch zu schreiben, war für mich die Vorstellung, Menschen Mut zu machen. Ihnen zu zeigen, was für Möglichkeiten in uns stecken. Ich möchte aufzeigen, dass nicht jeder abgeschriebene Lebenstraum für immer abgeschrieben sein muss. Ich möchte vermitteln, dass es durchaus Sinn macht, selbstbewusst zu ihm zu stehen. Mir ist wichtig, dass du erkennst, wie wichtig es ist, diese Art zu denken auch anderen gegenüber anzuwenden. Folge mir bei der Überlegung, wie man sich selbst und andere Menschen ermutigen kann, anstatt sie auszubremsen, und warum wir uns auf unsere Stärken konzentrieren sollten.

Ich wünsche mir, dass du am Ende dieses Buches zu dem Schluss kommst: Wenn der das kann, kann ich das auch. Ich möchte dir helfen, Chancen und Möglichkeiten zu sehen anstatt Gefahren. Zu erkennen, warum Scheitern nicht schlimm ist, sondern man daraus im Gegenteil viel für die nächste Herausforderung lernen kann. Oft liegt in der Angst vorm Scheitern das eigentliche Problem – eine Angst, die uns lähmt. Die es schwer macht, an uns zu glauben. Doch scheitern müssen wir alle mal. Je mehr wir wollen, desto öfter werden wir zwangsläufig auf dem Weg dorthin auch Stationen des Scheiterns erleben. Ganz so wie ein großer Schlüsselbund mit unzähligen Schlüsseln. Suchen wir den einen, der genau für unser Schloss passt, wird es höchstwahrscheinlich dazu kommen, dass die ersten Versuche scheitern. Doch uns ist klar: Der eine, der richtige, ist definitiv dabei. Wir müssen ihn lediglich finden. Auf der anderen Seite ist jeder Schlüssel, der nicht passt, eine Erfahrung, die uns lehrt, diesen nicht erneut auszuprobieren, sondern einen anderen zu versuchen. Um neue Schlüssel zu testen, ist es nie zu spät.

Wenn wir all das begreifen, können wir von den Veränderungen, die aufgrund dieser Erkenntnisse möglich sind, profitieren. Wenn dieses Buch bei dir einen kleinen Beitrag dazu leistet, würde mich das glücklich machen.

Lass uns die Reise beginnen!

Den Träumen auf die Sprünge helfen

Es gibt Begriffe, die haben es nicht leicht in unserer Welt. Sie werden ausgenutzt, bis zur Unkenntlichkeit verdreht und stets dann bemüht, wenn etwas einen positiven Anstrich benötigt. Strahlend, leuchtend, prangend stehen sie überlebensgroß am Firmament und versprechen einem die Welt, doch verkommen sie am Ende häufig zu leeren Worthülsen ohne Sinn, Bedeutung und Tiefgang.

Einen Begriff, dem genau dieses Schicksal zuteilwurde, wollen wir uns nun einmal genauer ansehen, aus der für ihn vorgesehenen Schublade der Schönrederei herausfischen, ihn ein wenig entstauben und herausfinden, was sich eigentlich wirklich hinter ihm verbirgt: dem Traum!

Kaum ein Begriff wird häufiger verwendet, wenn es um die Beschreibung einer positiven und verheißungsvollen Zukunft geht. Man findet ihn an jeder zweiten Straßenecke auf Plakaten, in TV-Werbespots oder den vielversprechenden Texten, die zur Teilnahme an Gewinnspielen einladen. Der Traum steht dort meist nicht allein, sondern immer in Verbindung mit anderen Begriffen. Denn wer will schon ein Auto, eine Reise oder einen Körper, wenn er stattdessen ein *Traum*auto, eine *Traum*reise oder einen *Traum*körper bekommen kann?

Auch du hast sicher sofort Bilder im Kopf, wenn du den

Begriff »Traum« hörst. Welche sind es bei dir? Was für einen Traum hast du? Ein Leben an einem besonderen Ort? So richtig viel Geld? Oder doch eher die Eröffnung eines eigenen Cafés am anderen Ende der Welt? Nimm dir mal ein paar Minuten Zeit, hol dir vielleicht sogar einen Stift und einen Zettel und lass dir die Frage nach deinem ganz persönlichen Traum noch einmal in Ruhe durch den Kopf gehen. Horche in dich hinein: Kommt die Antwort wie aus der Pistole geschossen, oder musst du erst ein wenig darüber nachdenken? Ist sie dir völlig klar oder überrascht sie dich?

Weiter gefragt: Für wie realistisch hältst du es, dass dein Traum in Erfüllung geht?

Was ist der Unterschied zwischen einem Traum und etwas, was wir morgen noch erledigen müssen? Ist es dasselbe?

Weil ich gerade schon dabei bin, dich mit Fragen zu löchern: Sind diese Träume von dir – oder sind es die Träume anderer? Sind es Träume, die dir vielleicht nur suggeriert werden? Und als allerletzte Frage in diesem Zusammenhang: Denkst du, die Erfüllung deiner Träume würde dich langfristig glücklich machen?

Mich hat schon immer fasziniert, wo Träume herkommen. Sind sie überhaupt erklärbar? Entstammen sie unserem tiefsten Innern und spiegeln unsere unbewussten Wünsche und Sehnsüchte wider? Oder sind sie vielleicht doch Produkte unserer Fantasie, die wiederum durch unser Umfeld und alles, was uns umgibt, definiert werden?

Das Leben ist ein Spielplatz

Wenn ich an meine Träume denke, kommt mir immer wieder das Bild an einen Spielplatzbesuch in meiner frühen Kindheit in den Sinn. Schließlich lieben Kinder Spielplätze. So war auch ich damals ein großer Fan. Aufgewachsen in einem 200-Seelen-Ort, hatte ich in meiner Kindheit einen recht überschaubaren Dorfspielplatz, um den sich damals meine Welt drehte. Eine Rutsche, ein Sandkasten mit integriertem Klettergerüst, eine Schaukel und ein Fußballtor. Ich verbrachte viel Zeit mit Freunden dort, wobei mein Fokus meist auf dem Fußballtor lag. Einer von uns stand im Tor, und die anderen versuchten irgendwie, den Ball an ihm vorbeizumanövrieren.

Dementsprechend waren wir damals alle hellauf begeistert, als es im Kindergarten hieß, wir würden einen Ausflug machen. Nicht in irgendein langweiliges Museum oder einen Tierpark, sondern tatsächlich zu einem Abenteuerspielplatz! Meine Freunde und ich waren wahnsinnig aufgeregt. Was würde uns dort wohl erwarten? Vielleicht ein Fußballfeld mit zwei Toren? So ein richtig großes wie aus dem Fernsehen, auf dem wir wie echte Fußballer ein Spiel gegeneinander spielen könnten? Das wäre ja verrückt!

Schon bald machten die wildesten Spekulationen und abenteuerlichsten Gerüchte die Runde. Ein Junge aus meiner Kindergartengruppe meinte zu wissen, dass es dort sogar sage und schreibe zwei Rutschen gäbe. Und zwar direkt nebeneinander, sodass man ein Wettrutschen würde veranstalten können. Unsere Augen wurden immer größer bei dieser Vorstellung. Das Wort »Abenteuer« in Verbindung mit »Spielplatz« ließ unsere Fantasien nicht mehr los. Immer absurdere Geschichten tauchten auf. Bis plötzlich jemand meinte, dass es dort nicht zwei, sondern gleich drei Rutschen gäbe. Spätestens da war uns allen klar: Jetzt wird es unrealistisch. Ein Spielplatz mit drei Rutschen wäre des Guten dann doch eindeutig zu viel.

Dementsprechend gespannt waren wir alle, als es schließlich losging. Die Autofahrt dauerte eine gute Stunde, kam mir damals jedoch wie eine Reise um die halbe Welt vor. Kaum angekommen, machte sich direkt Enttäuschung breit. Nichts zu sehen von Fußballtoren, Doppelrutschen oder anderen monströsen Spielgeräten. Stattdessen nur ein kleines Kassenhäuschen nebst Drehkreuz, vor dem sich eine endlos lange Schlange bildete. Im Inneren des Kassenhäuschens saß eine leicht gelangweilt dreinschauende Dame, die Geldmünzen gegen kleine Papierkärtchen eintauschte, die wiederum das Drehkreuz in Bewegung setzten und die Menschen auf die andere Seite der Absperrung brachten.

»Das ist doch alles Betrug«, flüsterte mein Kumpel mir ins Ohr. »Sicher ist das wieder nur so ein Museum, wo man sich blöde Sachen angucken muss. Die verarschen uns doch!«

Wie unrecht er haben sollte. Denn nach einer gefühlten Ewigkeit des Wartens in der Schlange waren wir nun endlich an der Reihe. Unsere Kindergartenbetreuerin tauschte ebenfalls einige Geldmünzen in einen Stapel Papierkärtchen – und mit je einer von ihnen in den nervösen Fingern zwängte sich ein Kind nach dem anderen durch das sperrige Drehkreuz. So lange, bis jeder Einzelne von uns auf die andere Seite der Absperrung gelangt war. Und was es dort zu sehen gab, sprengte alles, was meine Vorstellungskraft sich je hätte ausmalen können.

Es gab nicht vier, fünf oder sechs Spielgeräte, sondern

mehr, als ein einzelnes Kind je im Leben würden ausprobieren können. Aber nicht nur das: Die Geräte waren riesig. »Groß« wäre einer maßlosen Untertreibung gleichgekommen. »Gigantisch« traf es schon eher. Ich wusste gar nicht, wo ich anfangen sollte. Meinen Freunden ging es genauso.

Ein guter Rutsch

Das erste Gerät, das uns ins Auge fiel, war eine Rutsche. Ja, richtig gelesen. *Eine* Rutsche, nicht *die Rutsche.* Es ist an dieser Stelle vermutlich überflüssig, zu erwähnen, dass es selbstverständlich mehr als nur eine und auch mehr als zwei Rutschen gab. Wie viele, weiß ich heute nicht mehr; es waren einige. Was ich allerdings noch ganz genau weiß, ist, dass es eine spezielle Rutsche war, die sofort unser aller Aufmerksamkeit auf sich zog.

Die Rutsche der Rutschen bestach durch ihre schier unendliche Länge. In einen Berg hineingebaut, war von unten nicht zu erkennen, wo sie oben wohl anfangen würde. Es gab auch keine Leiter hinauf, wie ich es von meinem Spielplatz zu Hause eigentlich kannte. Stattdessen führte ein Fußweg, in Serpentinen angelegt, einen Berg hinauf. Oben angekommen, sollte sich dort das andere Ende der Rutsche befinden. So versprachen es jedenfalls die Symbole auf den Richtungsschildern, die in Richtung des Gipfels zeigten. Im Nullkommanix flitzten wir den Berg hinauf und überschlugen uns fast in unseren Ideen davon, wie schnell wir gleich in dieser Riesenrutsche wieder gen Boden rutschen sollten.

Oben angekommen, fühlten wir uns wie Helden. Ein malerischer Weitblick eröffnete sich vor uns. Und zu unseren Füßen: der Einstieg in die Rutsche. Mir wurde ein wenig mulmig. Die schiere Größe dieses sogenannten Spielgeräts schüchterte mich schon etwas ein. Es brauchte ein wenig, bis ich all meinen Mut zusammennahm und mich auf die Kante des Einstiegs setzte. Schließlich gab ich mir selbst einen Ruck, und die Fahrt begann. Der Fahrtwind wehte mir ins Gesicht, und meine anfänglichen Ängste wandelten sich in schier unendliche Begeisterung. Ich rutschte und rutschte, und die Fahrt nahm überhaupt kein Ende. Stattdessen wurde ich schneller und schneller. Es war fast wie im Rausch. Wo meine kleine Rutsche zu Hause schon längst wieder zu Ende war, sauste diese hier erst richtig los. Scharfe Kurven wechselten sich in alle Richtungen ab. Kleinere Passagen mit steileren Abschnitten gaben einem noch mal eine Extraportion Schwung, und die kleinen Bäumchen am Rand sausten nur so an einem vorbei. Unten angekommen, war ich mir sicher: Das hier war die aufregendste Rutschfahrt, die ich je erlebt habe. Und meine Freunde sahen das ganz genauso.

Ich testete an diesem Tag noch jede Menge anderer Spielgeräte. Wie viele es waren, kann ich heute nur schätzen. Auf jeden Fall viele. So viele, dass es unmöglich war, sich an nur einem Tag auf dem gesamten Abenteuerspielplatz auszuprobieren. Aber darum ging es auch gar nicht. Es war vielmehr die schiere Masse an Optionen, die mich begeisterte. Alles schien hier möglich, und es gab so viel zu entdecken. Ich war erfüllt von einem Gefühl, als ob keine Grenzen existierten. Unglaublich!

Auch heute, mit Mitte dreißig, denke ich immer noch oft an diesen Spielplatz. Nicht, weil ich dort unbedingt noch einmal hin möchte – wobei ich dagegen auch nichts einzuwenden hätte. Aber vor allem, weil dieser Ort aus meiner frühen Kindheit immer noch für so vieles steht, was das Leben eigentlich ausmacht. Die Fülle an Möglichkeiten, die wir alle haben. Und vor allem die Fülle an Dingen, die wir alle entdecken können. Wenn ich mir ein Bild des Lebens zeichnen müsste, wäre es genau dieser Spielplatz. Denn es bereitete mir ungeheure Freude, alles zu entdecken, was dieser Ort bot. Auch wenn ich natürlich weiß, dass es unmöglich ist, in nur einem Leben die gesamte Welt kennenzulernen – genauso, wie es unmöglich war, den gesamten Spielplatz an einem Tag zu erkunden. Doch es war die bloße Möglichkeit, die mich euphorisierte.

Wenn ich ein Symbol für einen meiner Träume auswählen müsste, dann wäre es eines der Spielgeräte von diesem Abenteuerspielplatz. Nicht nur wegen der tollen Gefühle, die ich beim Bestaunen der Geräte hatte, sondern aufgrund der Chancen, Dinge zu entdecken und wieder neue Abenteuer vor Augen zu haben, die man unbedingt kennenlernen möchte.

Das Tolle an Spielgeräten ist, dass sie sich direkt in Lebensgröße vor dir aufbauen. Du hast also den bestmöglichen Überblick darüber, was du machen kannst und musst, um am Ende belohnt zu werden; wenn du zum Beispiel die Strickleiter bezwungen hast und dann, endlich oben angekommen, den tollen Ausblick genießen kannst. Bei Träumen ist das ein bisschen schwieriger. Sie existieren erst einmal nur in unseren Köpfen. Träume sind Wörter, Sätze oder Bilder, die man gar nicht so leicht von allen Seiten betrachten kann. Das ist der Grund, warum sie manchmal weiter weg zu sein scheinen, als sie es vielleicht tatsächlich sind.

Manchmal dauert es auch einfach etwas länger, einen kompletten Überblick über all die Möglichkeiten zu bekommen – oder über eine bestimmte Lebenssituation. Genauso wie es länger dauerte, den Hügel zur großen Rutsche hinaufzuklettern als eben nur die zehn Sprossen, welche die Leiter meiner Rutsche zu Hause hatte. Trotzdem führt auch der längere und mühsamere Weg irgendwann zwangsläufig zum Ziel – solange man nur nicht stehen bleibt.

Manche Wünsche lassen sich verhältnismäßig leicht erfüllen – einen romantischen Sonnenuntergang zu erleben zum Beispiel. Spielt das Wetter mit, genügt es vollkommen, seine eigenen vier Wände zu verlassen und bei einem Gläschen Rotwein das allabendliche Naturschauspiel zu genießen. Das Erlebnis ließe sich dabei auch noch relativ leicht optimieren, indem man einen kleinen Hügel oder eine besonders schöne Lichtung aufsucht, um das Verschwinden der Sonne hinterm Horizont zu genießen. Doch es gibt Wünsche, die sich eben nicht so leicht auf Knopfdruck erfüllen lassen – zum Beispiel als professioneller Schauspieler auf der Bühne zu stehen, von seiner Leidenschaft zu leben und das zu tun, was einen fasziniert. Um sich diesen Traum erfüllen zu können, müsste man sich zuerst vielleicht mal einer Laientheater-Gruppe anschließen oder sich gleich auf einen Studienplatz an einer Hochschule für Schauspielkunst bewerben. Aber selbst wenn man das Studium erfolgreich und mit Bestnote absolviert hat, heißt das nicht automatisch, dass man seine Fähigkeiten von jetzt an auf der großen

Bühne präsentieren kann. Vorher muss man sich noch bei Theatern oder Schauspielhäusern bewerben oder eine Agentur finden, die bereit ist, diesen Job zu übernehmen. In jedem Fall sind eine Menge Schritte notwendig, um den Traum von der großen Bühne Wirklichkeit werden zu lassen.

Die Kraft der Träume

Dementsprechend verbinden wir den Begriff »Traum« oft mit Kitsch. Im Traum dürfen wir alles. Wir dürfen alles sein und alles tun. Es gibt keine Grenzen, und keine Idee scheint zu verrückt. Ein Traum ist der Raum, in dem wir uneingeschränkt frei sein können. In dem wir uns nicht zu rechtfertigen brauchen. Wo wir nicht vernünftig sein oder irgendwelche Erwartungen erfüllen müssen. Im Traum kann uns niemand verurteilen.

Doch wie sollen Träume wahr werden, wenn wir erst gar nicht an sie glauben und ihnen somit jegliche Chancen nehmen, jemals real zu werden? Träume können eine schier unendliche Kraft in uns auslösen. Eine Kraft, die mit nichts zu vergleichen ist. Keine Angst, kein Druck und kein Zwang dieser Welt kann es mit der Kraft eines Traums auf sich nehmen. Mein Leben ist das Resultat dieser Kraft. Ich hätte nichts von dem, was ich heute erreicht habe, wenn ich nicht die Kraft der Träume für mich genutzt hätte.

Aber dafür sind zwei Dinge elementar wichtig. Zum einen ist es der Glaube daran, dass Träume durchaus erreichbar sind. Zum anderen braucht es die Fähigkeit, zu erkennen, was unsere wahren Träume eigentlich sind. Denn viel zu oft ist das, was wir uns wünschen, gar nicht unser eigener Traum. Vielmehr handelt es sich um das Ergebnis von Erwartungen, die an uns gestellt werden. Gesellschaftliche Zwänge oder auch Bedürfnisse, die künstlich in uns erzeugt werden. Jeder Gang durch ein Geschäft und jede Werbeanzeige haben einzig und allein dieses Ziel: ein Bedürfnis in uns auszulösen.

Meist ist die Befriedigung dieses Bedürfnisses nicht weit. Ein kurzer Griff ins Portemonnaie scheint Abhilfe zu schaffen. Keine gute Verkäuferin versucht jemals, dir etwas zu verkaufen. Sie versucht ein Bedürfnis in dir zu wecken. Das Bedürfnis, mehr Zeit für die schönen Dinge des Lebens zu haben, indem sie dir eine nagelneue Waschmaschine verkauft. Natürlich eine, die am besten noch trocknen kann und die fertige Wäsche gebügelt und gefaltet in deinen Schrank legt. Oder sie weckt in dir das Bedürfnis, ein langes, gesundes Leben zu führen, indem sie dir ein Abo für einen revolutionären Gesundheitsdrink schmackhaft macht.

Den Blick für das Wesentliche behalten

Die Welt ist voll von solchen Botschaften, die uns ständig neue Bedürfnisse suggerieren. Doch nur weil ein Bedürfnis in uns geweckt wird, heißt das nicht, dass es automatisch auch unser Traum wäre. Ganz im Gegenteil. All diese Informationen, die tagtäglich auf uns einprasseln, können uns vernebeln und uns den Blick für das Wesentliche versperren.

Eine andere große Gefahr geht von uns selbst aus. Damit meine ich nicht die Gefahr, die wir auf uns selbst ausüben. Sondern die Gefahr, die wir als Gesellschaft kreieren. Gesellschaftlicher Druck und Erwartungen sind wahrscheinlich der häufigste Grund, weshalb wir zum einen falschen

Träumen hinterherlaufen und zum anderen auch nicht erkennen, welche eigentlich unsere eigenen Träume sind.

Es gibt gemeinhin einen gesellschaftlichen Konsens, wie ein Leben ablaufen sollte. Man beginnt in der Schule, macht anschließend eine Ausbildung oder ein Studium, findet einen festen Job und lebt dann einfach sein Leben vor sich hin. Versteh mich nicht falsch: Viele Menschen sind mit diesem Modell glücklich. Und daran ist auch absolut nichts Verwerfliches. Das Problem besteht vielmehr darin, dass es fast das einzige System ist, das in unserer Gesellschaft anerkannt ist. Es ist eine starre Struktur. Eine Struktur, die wenig Raum für Interpretationen lässt. Entweder man arrangiert sich mit diesem System oder man wird unglücklich. Dabei gibt es so viele Lebenswege, die mindestens genauso erstrebenswert sind. Doch sind es oft gesellschaftliche Zwänge, die uns dies verbieten.

Wie viele Menschen kennst du zum Beispiel, die alle paar Jahre beruflich etwas komplett Neues machen? Nicht weil die Umstände sie dazu zwingen, sondern weil es sie schlichtweg interessiert?

Mein Lebensplan war auch einer, der bei vielen Menschen in meiner Jugend und auch noch während des Studiums regelmäßig für Kopfschütteln sorgte. Wie du dir sicher denken kannst, meine ich damit meinen Plan, Hornist zu werden. »Wer braucht schon Hornisten?« war ein Einwand, den ich oft zu hören bekam. »Und dann auch noch einen ohne Arme?« – »Niemand«, sollte wohl die Antwort auf diese Suggestivfrage sein. Es war nur eben nicht meine Antwort.

Vor allem ein Gespräch mit meinem damaligen Biologielehrer ist mir im Gedächtnis geblieben. Ich besuchte gerade die zwölfte Klasse und stand damit ein Jahr vor meinem Abitur. Zeitgleich war ich auch Mitglied im Bundesjugendorchester. Wir hatten jedes Jahr drei Tourneen, die uns durch ganz Deutschland und um die halbe Welt führten. Das hatte natürlich zur Folge, dass ich einen großen Teil des Jahres über nicht in der Schule war. Den in der Zwischenzeit verpassten Stoff brachte ich mir daher größtenteils selbst bei. Meine Klausuren schrieb ich natürlich mit und wurde auch sonst ganz normal wie jeder andere Schüler bewertet.

Nur meinem Biologielehrer behagte dies gar nicht. Nach einer Unterrichtsstunde zitierte er mich zu sich und erläuterte mir, dass er meine Prioritäten nicht nachvollziehen könne. Es sei schließlich nur noch ein Jahr bis zum Abitur. Danach könnte ich ja tun und lassen, was ich wollte, teilte er mir mit. Aber jetzt? Jetzt sei es doch wichtig, mich auf die Schule zu konzentrieren und ein gutes Abitur zu schreiben!

Ich versuchte ihm zu erklären, warum ich tat, was ich tat. In so jungen Jahren mit den größten Dirigenten und Solisten zusammenarbeiten zu können, sei etwas ganz Besonderes. Etwas, wovon ich mein ganzes Leben lang zehren würde.

Sein gleichgültiges Schulterzucken zeigte mir jedoch sofort, dass er für diese Argumentation nichts übrighatte. Für ihn war klar, man geht zur Schule, weil man eben zur Schule geht. Und sein Abitur machte man eben auch, weil das nun mal so üblich ist. Für ihn schien das Grund genug zu sein, jede Alternative in den Wind zu schlagen. Er machte keinerlei Anstalten, seine Denkweise zu hinterfragen. Dementsprechend ergebnisoffen ging auch unser Gespräch zu Ende. Meine Schulbefreiung lag offiziell vor. Daher konnte er mir nichts anhaben. Das, was mich an diesem Gespräch schockierte, war vielmehr die Tatsache, dass dieser Lehrer scheinbar nicht aus Überzeugung tat, was er tat, sondern weil es aus seiner Sicht der einzig relevante Weg war. Und noch viel schlimmer: Es schien ihm gar nicht in den Sinn zu kommen, dass es auch andere Motivationen für ein Handeln geben könne als die Tatsache, dass man etwas eben so macht.

Träume sind für alle da

Manchmal ist es notwendig, den Boden mit klarem Wasser zu spülen. Sodass all die Ablagerungen, die das Putzmittel beim Wischen des Bodens hinterlässt, beiseitegeschwemmt werden und man den wahren Untergrund erkennt. Genauso ist es auch mit unseren Träumen. Wir müssen unsere wahren Träume erkennen. Doch das ist alles andere als einfach und benötigt Zeit. Es ist wie die Frage danach, was uns glücklich macht: eine scheinbar einfache Frage, deren Antwort den meisten Menschen dann doch sehr schwerfällt. Die ersten, spontanen Antworten sind oft oberflächlich. Im Lotto gewinnen zum Beispiel: eine scheinbar einfache Antwort auf eine scheinbar einfache Frage. Bei längerem Nachdenken fällt einem oft auf, dass die Dinge, die einen wirklich glücklich machen, mit Geld gar nicht umzusetzen sind.

Es ist also völlig in Ordnung, sich Zeit zu lassen. Es ist nicht schlimm, nicht sofort einen Traum zu haben. Genauso ist es auch absolut nicht schlimm, mit dem zufrieden zu sein, was man hat. Jeder Mensch hat das Recht, sein Leben so zu gestalten, wie es ihn glücklich macht. Im Gegenzug sollte sich niemand das Recht nehmen, den Weg einer anderen Person zu verurteilen. Denn Träume sind absolut individuell, und was für den einen der ultimative Lebenstraum ist, kann sich für den nächsten zum totalen Albtraum entwickeln. Niemand hat das Recht, über die Träume einer anderen Person zu richten – so, wie es mein Biologielehrer damals bei mir tat.

Nun hat natürlich nicht jeder das zweifelhafte Privileg, von seinem Biologielehrer nach Unterrichtsschluss nach vorn zitiert zu werden, um sich seine Träume ausreden zu lassen. Was ist neben gesellschaftlichen Zwängen der häufigste Grund, seine Träume nicht ernsthaft zu verfolgen? Vielleicht fehlender Mut? Schließlich braucht es den ohne Zweifel, um seine Träume zu realisieren.

Stell dir vor, wir würden zusammen ein Spiel spielen. In diesem Spiel gäbe es zwei Szenarien mit zwei unterschiedlichen Konsequenzen. Szenario eins ist, du gewinnst das Spiel. In diesem Fall würdest du 100 Euro gewinnen. Im zweiten Szenario verlierst du und gewinnst auch keine 100 Euro. Abgesehen davon würden dir keinerlei Konsequenzen drohen. Du bekommst keine Strafe und musst keine Spielschulden einlösen. Es gäbe also nur die Option, 100 Euro zu gewinnen – oder das Spielfeld mit dem Kontostand zu verlassen, mit dem du es betreten hast. Würdest du dieses Spiel spielen?

Diese Art von Spiel begegnet uns recht oft im Leben. Allerdings mit einem großen Unterschied: Meist ist es so verpackt, dass nicht auf den ersten Blick ersichtlich ist, wie groß die negativen Konsequenzen eigentlich sind. Denn es ist nun mal so: Wir Menschen treffen Entscheidungen oft aus Angst vor negativen Konsequenzen. Die Angst, etwas zu verlieren, wiegt oft schwerer als die Aussicht, etwas zu gewinnen. Und so entscheiden wir uns oft für den Weg mit der geringsten Wahrscheinlichkeit, in eine missliche Lage zu geraten.

Dieser Weg ist aber nicht automatisch auch der, der uns glücklich macht.

Was gibt es schon zu verlieren?

Viele Menschen entscheiden sich zum Beispiel für einen Job, der Sicherheit verspricht, sowohl im Hinblick auf ihre Finanzen als auch auf die Lebens- und Karriereplanung. Ist ein Arbeitgeber schon lange am Markt und weist große Stabilität auf, ist das sicher für viele ein wichtiges Kriterium im Zuge ihrer Entscheidung. Fragen wie »Wie glücklich macht mich ein Job?« mögen ganz zu Beginn einer beruflichen Laufbahn noch größere Relevanz habe, doch diese sinkt mit der Zeit. Der Mut, etwas Neues anzufangen, schwindet nach und nach, denn: Der Sicherheitstrip funktioniert ja scheinbar. Die Hauptgründe dafür, nicht noch mal etwas Neues zu beginnen, liegen meist eher in der Sorge vor Verlust als in der Sorge, vielleicht nicht so viel zu gewinnen, wie man womöglich könnte.

Das sollten wir uns stets vor Augen halten, wenn wir wichtige Entscheidungen treffen: Unser Gehirn ist quasi darauf programmiert, Entscheidungen mit möglichst geringem Risiko zu treffen. Dementsprechend sollten wir uns immer vergegenwärtigen, was unsere maximale Fallhöhe ist. Also vereinfacht gesagt: Was ist das Schlimmste, was uns passieren kann? Sind die Ängste, die ich mit der Veränderung verbinde, wirklich real? Oder ist es das Unbekannte, was ein mulmiges Gefühl in mir auslöst?

Seine Komfortzone zu verlassen ist auf den ersten Blick nie angenehm. Daher nennen wir sie ja auch unsere »Komfortzone«. Auch Unbekanntes kann schnell ein mulmiges Gefühl in uns auslösen, was völlig normal ist. Doch machen wir uns dies meist gar nicht bewusst. Wir spüren nur, wie unser Körpergefühl auf Abwehr geht und der Kopf ungefragt einfach mitkommt. Bitte verstehe mich richtig: Damit meine ich nicht, dass wir unser Bauchgefühl einfach ignorieren und als nerviges Übel abtun sollten. Ganz im Gegenteil. Unser Instinkt hilft uns in so mancher Situation weiter.

So hilft er uns beispielsweise, neue Menschen, die wir kennenlernen, einzuschätzen. Auch in mancher Entscheidungssituation kann unser Bauchgefühl eine gute Orientierung sein. Es geht also nicht darum, es als kategorisch falsch zu verbuchen und zu ignorieren. Doch manchmal hilft die Auseinandersetzung mit diesem Gefühl uns dabei, herauszufinden, ob dieses begründet ist oder eher nicht – wie ein Polizeibeamter, der routinemäßig ein Alibi überprüft. Selbst wenn nichts darauf hindeutet, dass der Zeuge gerade eine falsche Aussage gemacht hat, ist es unabdingbar, sie zu überprüfen. Stellt sie sich als wahr heraus, besitzt man Gewissheit. Kommt man zu einem anderen Ergebnis, wurde man eines Besseren belehrt. Genau darum geht es: die eigene Wahrnehmung, das eigene Gefühl zu überprüfen, anstatt es unhinterfragt für bare Münze zu nehmen. Wie begründet ist eine Sorge oder ein Misstrauen wirklich?

Ängste treten oft nicht aus rationalen Gründen auf. Am besten ist es, wenn wir sie uns möglichst rational definieren. Nur weil wir uns vor etwas mehr fürchten als vor etwas anderem, heißt das nicht automatisch, dass diese größere Angst auch begründet ist. Vielmehr kann es die Sorge vor der Ungewissheit sein, die uns stocken lässt: nicht zu wissen, was einen erwartet. In unseren Gedanken finden Szenarien mit unschönen Ausgängen schnell einen großen Nährboden, denn die Angst wohnt uns nun einmal inne. Wir können regelrecht kreativ werden, wenn es darum geht, uns auszumalen, was alles schieflaufen kann.

Nach meinen Konzerten gebe ich gerne Signierstunden. Etwas, was ich neben der Zeit auf der Bühne mit am meisten an meinem Beruf liebe. Dabei geht es mir in erster Linie nicht um das Signieren selbst, sondern um den Kontakt mit den Menschen. Zugegeben, dieser Kontakt ist meistens sehr kurz und beschränkt sich auf ein paar Sätze, die man austauscht. Trotzdem sind diese kurzen Begegnungen oft sehr interessant. Die meisten Leute freuen sich einfach über das Konzert und fragen, wo es vielleicht das nächste in ihrer Nähe gibt. Doch manche erzählen auch ein wenig von sich selbst. Eine Geschichte taucht dabei immer wieder auf – und erstaunlicherweise ist die Einstellung der Leute zu diesem Thema auch meistens ziemlich ähnlich.

Meistens handelt es sich um Menschen im Rentenalter, die mir davon erzählen, dass sie als Kind ebenfalls mal ein Instrument gelernt haben. Oft kam die Initialzündung damals von Eltern oder Lehrern. Sie selbst hatten kein großes Interesse daran und hängten die Musik oder eben das Instrument, sobald sie konnten, wieder an den Nagel. Doch heute bereuen sie diese Entscheidung. Andere erzählen mir auch, dass sie als Kind nie die Möglichkeit hatten, ein Instrument zu lernen, es sich heute aber nicht mehr zutrauen. Oft schwingt in all diesen Erzählungen eine große Portion Wehmut mit, etwas verpasst zu haben; etwas, das unwiderruflich verloren scheint.

»Und warum holen Sie es jetzt nicht einfach nach?«, lautet meine Reaktion darauf.

»In meinem Alter? Nein, der Zug ist abgefahren!«, heißt es dann.

Diese Menschen sind meistens nicht vom Gegenteil zu überzeugen. Dabei gibt es keinen einzigen Beleg dafür, dass

Menschen im höheren Alter nicht mehr in der Lage sind, ein Instrument zu erlernen. Vielmehr fürchten sie sich davor, noch einmal als Anfänger mit etwas zu beginnen. Dahinter steckt die Sorge, zu versagen, es nicht zu schaffen, den eigenen Ansprüchen nicht zu genügen. Noch nie hat mir jemand entgegnet, sich nicht hundertprozentig sicher zu sein, ob das Erlernen eines Instruments ihm wirklich Freude bereiten würde. Stattdessen ist stets das Argument, im Alter sei man nicht mehr fähig, neue Dinge zu lernen.

Die Macht der Sprichwörter

Diese Überzeugung ist in uns so tief verankert, dass wir ihr sogar eigene Sprichwörter gewidmet haben. »Was Hänschen nicht lernt, lernt Hans nimmermehr« war eine dieser Lebensweisheiten, die ich als Kind recht häufig zu hören bekam. Meist, wenn ich mal wieder nicht so viel für die Schule getan hatte, wie ich vielleicht hätte tun sollen. Meine Lehrer hatten wohl die Absicht, mir weiszumachen, was ich jetzt nicht auf die Kette bekäme, würde ich nie mehr auf die Kette bekommen. Denn wenn sich die Tür des lernfähigen Alters einmal schließe, bliebe sie für immer verschlossen.

Heute wird lebenslanges Lernen immer wichtiger. In einer Welt, die so im Wandel ist wie unsere, ist es enorm hinderlich, wenn solche Sätze sich tief in uns festsetzen. Sie wieder loszuwerden, ist schwierig, füttern sie doch genau unsere Ängste: die Angst, etwas nicht zu können, zu versagen, frustriert zu werden. Um sich das zu ersparen, entscheidet man sich im Zweifel gegen einen Versuch, es einfach mal darauf ankommen zu lassen – und verpasst vielleicht eine große Lebensfreude.

Ich bin mir nicht sicher, ob meine Lehrer damals selbst daran glaubten. Doch allein die scheinbar unauslöschliche Existenz solcher zweifelhaften Weisheiten wie »Schuster, bleib bei deinem Leisten« zeigt, wie sich Überzeugungen von Generation zu Generation immer wieder aufs Neue manifestieren. Wie sie nicht nur gesellschaftliche Akzeptanz erlangen, sondern sich klammheimlich zu ungeschriebenen Gesetzen entwickeln. Gesetze, die – ohne dass sie hinterfragt würden – scheinbar für immer und ewig als korrekt angesehen werden. Und warum? Weil es viel mehr Energie braucht, eine falsche Manifestation aus dem Kopf zu streichen, als sie in uns Wurzeln schlagen zu lassen. Dabei gibt es keinerlei Belege dafür, dass es ab einem gewissen Alter nicht mehr möglich sei, beispielsweise Klavierspielen zu erlernen. Ganz im Gegenteil. Der Vorteil im höheren Alter ist, dass wir deutlich mehr relevante Erfahrung besitzen. Wir haben genauere Vorstellungen davon, was wir gern wollen, und haben viele Fehler bereits gemacht, die wir nun nicht erst wiederholen müssen – ganz im Gegensatz zu einem Kind. Das hat oftmals noch gar keine Vorstellung davon, wie ein Stück eigentlich klingen soll, was ihm musikalisch gefällt und was nicht. Erfahrung ist ein Gut, welches wir gern unterschätzen – nicht nur beim Erlernen eines Instruments, sondern in sämtlichen Lebensbereichen.

Lernen können wir ein Leben lang – jedem noch so klug daherkommenden Sprichwort zum Trotz.

Auch dir wird sicher noch der eine oder andere Spruch einfallen, der genau in diese Kerbe schlägt. Meistens hören wir sie in jungen Jahren. Der genaue Wortlaut mag uns irgendwann im Detail nicht mehr einfallen. Doch die Botschaft »Neue Dinge kannst du nur in jungen Jahren lernen, denn da sind wir Menschen noch formbar« wird sich trotzdem in dein Gedächtnis einbrennen wie eine Narbe. Da reicht das bloße Wissen, dass bestimmte Denkmuster bei objektiver Betrachtung völlig absurd sind, leider nicht aus, um die innere Stimme loszuwerden, die mahnt: So hieß es schon immer, so wird es auch sein.

»Du kannst das nicht. Du kannst das nicht. Du kannst das nicht«, hämmert es immer wieder durch unseren Kopf. Oder: »Du bist zu alt dafür. Du bist zu alt dafür. Du bist zu alt dafür!« Auch du bist gewiss schon mindestens einer dieser Stimmen begegnet. Selbst wenn wir im bewussten Denken schon wesentlich weiter und klüger sind: Unser Unbewusstsein befindet sich oft noch in alten Denkmustern. Es ist hartnäckig – und zwar so hartnäckig, dass wir oftmals körperlich darauf reagieren, wenn wir es zu umgehen versuchen. Wir bekommen ein flaues Gefühl im Magen, werden nervös, unser Puls steigt, und wir beginnen zu schwitzen. Genau diese Tatsache macht es uns so schwer, sich von diesen inneren Überzeugungen zu lösen. Es kann unendlich schwer sein, ihnen die Stirn zu bieten und »Ich weiß es besser als du!« entgegenzubrüllen. Denn diese Stimme wird nur sehr allmählich leiser.

Es ist wie bei einem Raucher, der mit dem Rauchen aufhören will: Natürlich ist ihm bewusst, dass jede Zigarette schädlich für ihn ist. Doch sein Körper erzählt ihm etwas anderes.

Um diese inneren Widerstände zu überwinden, ist es wichtig, sich bewusst zu machen, dass diese negativen Stimmen oft auf irrationalen Ängsten und alten Überzeugungen beruhen, die uns nicht weiterbringen. Indem wir diese Stimmen identifizieren und ihre Glaubwürdigkeit infrage stellen, können wir beginnen, ihren Einfluss auf unser Handeln zu verringern. Es erfordert jedoch Geduld und Übung, diese inneren Dialoge zu verändern und durch positive und unterstützende Gedanken zu ersetzen.

In dem Fall müssen wir unser Unbewusstsein regelmäßig daran erinnern, dass es unrecht hat. Wir müssen ihm die neue Geschichte so oft erzählen, bis es sie irgendwann glaubt. Denn erst dann wird die Stimme in unserem Kopf, die uns daran hindert, den nächsten Schritt zu gehen, nach und nach leiser – bis sie irgendwann ganz verstummt.

Die Angst vor Verlust und der Mut zum Neuen

Die Sorge vor Verlust ist also größer als die Überzeugung, etwas zu tun, das uns Freude bereitet. Aber was wäre denn überhaupt ein möglicher Verlust? Wie tief könnte man fallen, wenn man beschließt, etwas Neues zu erlernen? Ich glaube, die Frage kannst du dir selbst beantworten. Denn dass du beim Versuch, etwas zu erlernen, am Ende mit weniger dastehst, als wenn du es nicht versuchen würdest, lässt sich zu praktisch hundert Prozent ausschließen. Es ist ganz so wie bei unserem kleinen Spiel weiter oben. Du kannst 100 Euro gewinnen, doch solltest du verlieren, stündest du genau da, wo du jetzt auch bereits stehst. Schlimm?

Tatsächlich sind wir jedoch nicht allein für diese innere Ladehemmung verantwortlich. Oft wird sie durch Menschen in unserem Umfeld verstärkt. Denn wir wissen alle: Menschen können schrecklich sein. Vor allem können sie schrecklich gegenüber anderen Menschen sein. Doch die meisten schrecklichen Dinge tun sie unbewusst, meinen es oft sogar gut damit. Doch heißt gut gemeint leider nicht immer, dass es auch gut gemacht ist.

Du hast bestimmt auch schon mal erlebt, dass jemand zu dir kommt und dir mit der Begründung, dass es vielleicht nicht zu deinen Stärken gehört, von etwas abrät. Dieser Mensch spricht dir also ohne konkreten Beweis eine Fähigkeit oder ein Ziel ab, bevor du dich überhaupt daran versucht hast. Diese Menschen meinen das in der Regel nicht böse. Sie wollen dich lediglich vor einer möglichen Enttäuschung bewahren. Doch was sie eigentlich bewirken, ist, dir dein Selbstbewusstsein zu nehmen – indem sie dir einreden, du könntest etwas nicht. Da unsere Angst vor Fehlern meist deutlich größer ist als alles andere, glauben wir diesen Menschen oft allzu leicht. Schlimmer noch: Wir nehmen ihre Behauptung ungeprüft als unumstößliche Tatsache hin. Diese Überzeugungen loszuwerden bedarf deutlich mehr Aufwand, als sie zu übernehmen.

Ich selbst habe sehr oft gehört, dass ich bestimmte Dinge nicht schaffen würde oder, was noch schlimmer war, dass manche Dinge für mich erst gar nicht möglich seien. Interessanterweise höre ich das immer noch häufig. So kann ich auch heute noch regelmäßig für Verzückung beim Publikum sorgen, indem ich schlichtweg beim Konzert mit dem Fuß die Noten umblättere. Früher fand ich das gelinde gesagt anstrengend, wenn ich gerade ein für das Horn hochkomplexes Programm spielte und die Leute hinterher am beeindruckendsten fanden, dass ich die Noten umgeblättert hatte. Das ist ungefähr so, als fände man bei einem NASA-Astronauten beeindruckend, dass er das Alphabet beherrscht. Würden die Leute mich nicht kennen, wäre Notenumblättern also etwas, was ich aus ihrer Sicht nicht könnte und wovon sie mir vermutlich abraten würden, es zu versuchen. Wüsste ich es nicht besser, würde ich es ihnen vielleicht glauben. Wenn die wüssten, wie einfach das eigentlich ist …

Dass man mir Dinge nicht zutraute, ging schon im Kindergarten los, setzte sich in der Schule fort und hörte auch im Studium nicht auf. Zugegeben: Hätte ich ausgerechnet den Wunsch gehabt, Handballer zu werden, wäre das sicher schwierig geworden. Doch da ich nie auch nur im Ansatz diesen Wunsch verspürte, störte mich das nicht weiter. Interessanterweise waren so gut wie alle Dinge, die mir abgesprochen wurden, am Ende doch möglich. Und die meisten Probleme waren außerdem einfacher zu lösen, als es im ersten Moment schien. Meine Schwierigkeit bestand also weniger darin, mein Leben zu meistern, als mit der Überzeugung anderer Menschen zurechtzukommen. Mich selbst davon zu überzeugen, dass Dinge möglich sind, benötigte oft wesentlich größeren Aufwand als das Problem selbst.

Die Entdeckung verborgener Fähigkeiten

Wie bereits erwähnt, musste ich diesen Aufwand schon früh betreiben. Meist hören wir ja schon in unserer Kindheit sehr häufig Sätze wie »Tu dies!« oder »Tu das nicht!« Und so mancher Kommentar eines Lehrers über eine Schwäche kann uns mehr zurückwerfen als die Schwäche selbst. Bei mir war es meine Deutschlehrerin am Gymnasium, die mich auf diese Weise hemmte. Deutsch gehörte nicht unbedingt zu meinen Lieblingsfächern. Ich war eher Mitglied im Team Naturwissenschaften. Besonders Chemie fand ich wahnsinnig spannend. Ich hatte schon immer ein Faible für Dinge, die dampften, knallten oder scheinbar wie aus dem Nichts bunt zu leuchten begannen.

Der Deutschunterricht war davon natürlich maximal weit entfernt. Dementsprechend begeistert war ich auch von diesem Fach. Besonders meine Schreibfaulheit stand mir stets im Weg. Jedes geschriebene Wort, das ich irgendwie sparen konnte, sparte ich. Man könnte sagen, dass ich im Laufe meiner Schullaufbahn eine regelrechte Aversion gegen das Schreiben entwickelte. Dies begann bereits in der Grundschule. Ich erinnere mich noch genau daran, dass wir uns beim Texte-Abschreiben von mehreren möglichen Schlüssen, die uns zur Verfügung standen, für einen entscheiden mussten. Die meisten meiner Mitschüler entschieden sich für ein Ende, welches ihnen für die kurze Geschichte am besten gefiel. Doch ich entschied mich stets für den kürzesten Schluss, um mir überflüssige Schreibarbeit zu ersparen. Dies ging sogar so weit, dass ich mehr Zeit damit verbrachte, die Buchstaben zu zählen, um ja nicht aus Versehen den zweitkürzesten Schluss zu erwischen, als mich der Aufwand des Abschreibens insgesamt kostete. Du kannst dir vorstellen: Meine Aversion gegen das Schreiben brachte meine Lehrerin regelmäßig zur Weißglut.

Bald entwickelte sich Deutsch zu meinem absolut schlechtesten Fach. Ich hatte einfach keine Freude daran. Das wurde nicht besser dadurch, dass meine Mutter mich irgendwann zum regelmäßigen Lesen zwang, um dieser Schwäche entgegenzuwirken. Sie suchte ein Buch für mich aus, von dem sie überzeugt war, dass es mir gefallen würde. Dann zwang sie mich, jeden Tag eine halbe Stunde lang darin zu lesen. Ich las also nicht, weil ich Lust dazu hatte, sondern um meine vermeintliche »Schwäche« auszubügeln.

Meine Antipathie gegen das Schreiben – und das Lesen – gipfelte in einem Gespräch mit meiner Deutschlehrerin auf dem Gymnasium. Es stand mal wieder ein Aufsatz an, den wir zu irgendeinem Thema schreiben sollten. Ihr gefiel überhaupt nicht, was ich zusammengeschustert hatte. In einem Monolog, den ich nie vergessen werde, machte sie mir das überdeutlich. Ich sei nicht einmal in der Lage, die einfachsten Dinge mit Worten verständlich zu schreiben, ließ sie mich wissen. Meine Texte seien wirr und unverständlich. Ein Gefühl für Sprache fehle mir vollständig. Und für das Abitur solle ich Deutsch möglichst als Nebenfach wählen, sonst sähe sie schwarz, oder vielmehr: rot für meine Noten.

Rumms, das saß! Ihre Absicht, mich wachzurütteln, um mich vielleicht ein wenig mehr anzustrengen, führte aber leider zum kompletten Gegenteil. Von diesem Moment an hatte ich nicht mehr nur nicht so viel Freude an Deutsch, sondern entwickelte eine regelrechte Phobie vor dem Fach. Überzeugt davon, für das Schreiben gänzlich ungeeignet zu sein, zog ich mich noch weiter zurück. Das hatte natürlich zur Folge, dass meine Leistungen in Deutsch nicht besser, sondern schlechter wurden; ein Teufelskreis.

Rückblickend würde ich heute sagen, dass ich nicht unbedingt schreibfaul war. Es waren eher die Themen, die mich überhaupt nicht interessierten. Ich erinnere mich noch an eine Geschichte im Unterricht, in der es um ein Knödelwettessen ging. Die Aufgabe des Protagonisten bestand darin, zwanzig Knödel aufzuessen. Nach dem achtzehnten Knödel musste er allerdings aufgeben. Daraufhin begann er, sich Gedanken zu machen, weshalb er die letzten beiden Knödel nicht auch noch geschafft hatte. Sein Urteil fiel schnell auf die Reihenfolge, in der er jeden Knödel verspeiste. Hätte er nämlich die letzten beiden, übrig gebliebenen Knödel zuerst gegessen, hätte er es geschafft, so seine Schlussfolgerung.

Selbst heute packt mich diese Geschichte kein Stück. Und auch heute kann ich noch gut nachvollziehen, dass ich daran so überhaupt keine Freude hatte. Doch was von alldem zurückblieb, war die felsenfeste Überzeugung, ein Antitalent für das Schreiben zu besitzen. Jedes Mal, wenn auch nur das Geringste schriftlich formuliert werden musste, drückte ich mich davor. Und wenn es doch unumgänglich war, bemühte ich mich nur zögerlich – in dem Glauben, es könnte sowieso nichts Vernünftiges dabei herauskommen.

Diese Überzeugung löste sich selbst im Erwachsenenalter nur äußerst zögerlich in mir auf. Um ehrlich zu sein, tat sie es erst mit dem Schreiben dieses Buches. Natürlich hatte ich dabei Unterstützung. Doch mehr als einmal zwitscherte mir beim Tippen ein kleines Vöglein in meinem Kopf zu: »Mehr als okay wird das, was du gerade fabrizierst, garantiert nicht!«

Allerdings entwickelte sich im Laufe des Schreibens auch ein Gefühl in mir, von dem ich vorher nicht einmal geahnt hätte, es zu besitzen – und zwar die Freude am Schreiben! Wirklich wahr!

Dieses Buch zu schreiben war eines der wunderbarsten Dinge, die ich in den letzten Jahren getan habe. Zugegeben schreibe ich auch über ein Thema, welches mich vollkommen elektrisiert. Die Vorstellung, andere Menschen zu motivieren, an sich zu glauben, und dir zu zeigen, welche wunderbaren Möglichkeiten in dir stecken, sind meine größten Motivationen für dieses Buch. Und doch hat es mich am Anfang jede Menge Überwindung gekostet. Immer wieder erstaunt es mich, wie ein einzelner Kommentar vor langer

Zeit so prägend für ein Menschenleben sein kann – und wie schwer es manchmal ist, sich ihm zu widersetzen.

Für mich zeigt das eindrucksvoll, dass wir manchmal nicht alles glauben sollten, wovon wir selbst überzeugt sind. Besonders, wenn es uns schadet oder daran hindert, Dinge auszuprobieren. Hätte ich nicht den Traum gehabt, dieses Buch zu schreiben, wäre ich mit der Überzeugung, nichts fürs Schreiben übrigzuhaben, vermutlich irgendwann ins Grab gegangen. Erst die Kraft meines Traums hat mir eine neue Freude geschenkt.

Ich bin felsenfest davon überzeugt, dass diese Kraft stärker ist als alles andere. Nur müssen wir dazu unsere Träume ernst nehmen und sie nicht einfach als unrealistisch abhaken. Wir müssen an sie glauben und oftmals geduldig mit ihnen sein; sie gegen Angriffe von außen beschützen; ihnen auch den einen oder anderen Rückschlag zugestehen. Dabei ist es stets unerheblich, wie groß der Traum ist: ob wir gleich Olympiasieger werden oder unser eigenes kleines Gemüsebeet im Garten anlegen wollen. Träume müssen nicht immer groß sein. Ganz im Gegenteil. Sie können auch ganz klein sein. Die Hauptsache ist, dass es unsere Träume sind. Denn wenn es unsere sind, werden sie uns glücklich machen.

Kleine Entscheidungen, große Auswirkungen

Kinder haben viele Träume. Aus gutem Grund: Sie sind noch nicht belastet mit all den negativen Erfahrungen, die wir im Laufe unseres Lebens sammeln. Sie wurden noch nicht mit negativen Kommentaren überhäuft, die ihnen einreden, was sie alles nicht können. Dementsprechend unbedarft sind sie der Welt gegenüber noch. Ich weiß zum Beispiel, dass ich als

Kind den Traum hatte, fliegen können zu wollen. Mit Freunden versuchte ich regelmäßig, ein Flugzeug zu bauen, in welches wir uns hineinsetzen und einfach losfliegen würden. Wir bauten einen Rumpf aus Papier und fertigten im Anschluss auch noch Flügel und einen Propeller an.

Was soll ich sagen? Natürlich flog unser Gebilde nicht. Aber immerhin war es so groß, dass wir uns dort hineinsetzen konnten. Egal, wie lange wir an dem Flugzeug bastelten, wie stur es bei jedem Versuch, mit ihm zu fliegen, doch wieder am Boden blieb und partout nicht abheben wollte: Unsere Faszination, es vielleicht doch noch zu schaffen, konnte uns niemand nehmen.

Heute bin ich Mitte dreißig. Trotzdem fühle ich mich oft noch wie ein Kind. Sobald mich etwas fasziniert und begeistert, will ich es ausprobieren. Ich stürze mich in das Leben, als wäre es ein großes Abenteuer. Ganz so wie der Abenteuerspielplatz in meiner Kindergartenzeit. Denn meistens habe ich nicht viel zu verlieren. Dafür gibt es so viel zu gewinnen. Manchmal eröffnet sich beim Einschlagen eines Weges plötzlich ein ganz neuer Weg. Ein Weg, von dem ich vorher gar nicht wusste, dass es ihn gibt. Genau diese neuen Wege sind es, die das Leben spannend machen.

Manchmal benötigt es auch Glück, seine Träume zu leben. Doch wenn man Glück als prozentuale Wahrscheinlichkeit sieht, muss man es manchmal herausfordern – es sich sozusagen erarbeiten. Manchmal muss man das Glück so lange heraufbeschwören, bis es keine Chance mehr hat, vor einem wegzulaufen. Lieber ein Spiel spielen, bei dem man am Ende vielleicht nichts gewinnt, als sich von vornherein der Möglichkeit zu berauben, das Spiel zu gewinnen. Und wenn die Wahrscheinlichkeit zu gewinnen oder zu verlieren jeweils bei 50 Prozent liegt, ist es nur eine Frage der Zeit, bis man beim regelmäßigen Spielen das System irgendwann besiegt.

Mein größter Lebenstraum war es definitiv, eines Tages ein Hornist zu sein. Es war alles andere als ein einfacher Weg. Du wirst in diesem Buch noch einiges darüber lesen. Es gab unzählige Momente, in denen ich ans Aufhören dachte und in denen ich nicht mehr wusste, wie es weitergehen sollte. In all diesen Momenten habe ich immer gleich reagiert: Ich habe mir klargemacht, was ich verlieren und was ich gewinnen konnte. Dieses einfache Gedankenspiel reichte aus, um doch immer wieder noch ein bisschen weiterzumachen. Am Ende hat das gereicht, um mir meinen großen Lebenstraum zu erfüllen. Und dafür bin ich unendlich dankbar.

Manchmal sind es kleine Entscheidungen, die einen großen Einfluss auf unser Leben haben. Oftmals ist uns die Tragweite in dem Moment nicht bewusst. Deshalb ist es klug, sich Zeit zu lassen und uns selbst zu vertrauen. Das Leben bietet uns so viel. Manchmal müssen wir uns selbst einen kleinen Schubs geben, um es anzunehmen.

Houston, wir haben ein Problem

Auf die Bahn ist dieser Tage nicht wirklich Verlass. Ständig liefern die Tageszeitungen Schlagzeilen darüber, wie oft und um wie viel zu spät die Züge auch dieses Jahr wieder in ihre Zielbahnhöfe eintrudeln – wenn sie es überhaupt bis dorthin schaffen. Erschreckend für das Land der Effizienz und der Ingenieure. Und doch gibt es immer wieder einmal gute Gründe, die Bahn anderen Verkehrsmitteln vorzuziehen.

Folge mir kurz durch folgendes Szenario, das dir vielleicht bekannt vorkommt: Da du zu den stets positiv denkenden Menschen gehörst und der Umwelt etwas Gutes tun möchtest, beschließt du, für den Besuch deines alten Schulfreundes das Auto in der Garage stehen zu lassen und erwählst die Bahn als Transportmittel für diese Reise. Du entscheidest dich für eine nicht allzu frühe Verbindung gegen Mittag, die es dir erlaubt, sogar noch ein bisschen auszuschlafen. Der einzige Haken: die kurze Umsteigezeit. Wird schon irgendwie klappen, denkst du dir, und heißt gleich darauf stolz dein frisch erworbenes Bahnticket im E-Mail-Postfach oder in der App willkommen.

Dann ist der große Tag endlich gekommen. Dein Koffer ist gepackt, die Vorfreude auf maximalem Level. Selbst die Sonne lässt sich ausnahmsweise blicken, und es verspricht ein herrlicher Tag zu werden. Doch schnell wird dein Enthusiasmus getrübt. Der Zug hat doch tatsächlich Verspätung. Natürlich kommt dir sofort deine ohnehin schon kurze Umsteigezeit in den Sinn, die Minute um Minute dahinschmilzt. Und plötzlich bereust du, deinem Auto nicht den Vorzug gegeben zu haben.

Am Umsteigebahnhof angekommen, wird die unangenehme Vorahnung zur Gewissheit: Dein Anschlusszug ist schon über alle Berge. Und zwar ohne dich. Wut macht sich in dir breit. Große Wut. Zumal die nächste Verbindung erst in über einer Stunde angezeigt ist. Du überlegst, gegen einen Mülleimer zu treten. Doch der arme Mülleimer kann ja gar nichts dafür. Die zweite Idee wäre, dich einfach auf die Gleise zu werfen, um den Bahnverkehr mal so richtig lahmzulegen: Einen »Mann im Gleis« könnten sie ja schlecht ignorieren, die Logistiker. In dem Fall bestünde allerdings die Gefahr, dass noch mehr Züge mit einer noch größeren Verspätung durchs Land tuckern und andere genauso leiden wie du – und du abgesehen davon deine alternative Verbindung nicht mehr bekommen würdest, denn die Polizei hätte da vermutlich ein paar Fragen. Auch nicht gut.

Wenn das Leben dir ein Sudoku-Rätsel aufgibt …

Also beschließt du, deinen Frust hinunterzuschlucken und die unverhofft geschenkte Stunde für die schönen Dinge des Lebens zu verwenden. Die örtliche Bahnhofsbuchhandlung bietet sich als Zufluchtsort an. Dort angekommen, beginnt dein Blick sofort über die Fülle der Möglichkeiten zum Zeitvertreib zu schweifen: Romane, Sachbücher, Ratgeber. Alles da, was das Herz begehrt. Doch plötzlich bleiben deine Augen bei den Rätselheften kleben. Ein Sudoku-Buch? Das wär's doch jetzt!

Schnell bezahlt, beschließt du, es dir in dem kleinen Café an der Straßenecke gegenüber gemütlich zu machen. Du bestellst dir einen Espresso, dessen Duft dir sofort in die Nase steigt, und ein kleines Stückchen von diesem Mohnkuchen, der dich beim Betreten der gemütlichen Gaststube angelacht hat. Schnell ist auch ein Kugelschreiber in der Innentasche deines Rucksacks gefunden, und voller Vorfreude öffnest du die erste Seite deines frisch erworbenen Sudoku-Buches.

Doch was ist das? In den kleinen Kästchen befinden sich schon überall Zahlen. Die eine Hälfte ist vom Herausgeber vorgedruckt. Das haben Sudokus so an sich. Doch die andere Hälfte scheint bereits von jemandem mit einem Bleistift ausgefüllt worden zu sein. Du denkst dir nichts weiter dabei und schlägst die zweite Seite auf. Aber auch da: alles schon ausgefüllt. Wie wild fängst du an, das ganze Büchlein zu durchforsten. Doch egal, welche Seite du aufschlägst, überall findet sich dasselbe Bild: komplett gelöst – und zwar bis auf das letzte Kästchen.

Je länger du durch die ausgefüllten Seiten blätterst, desto breiter wird das Grinsen auf deinem Gesicht. Irgendjemand muss heimlich im Laden alle Rätsel gelöst und das Buch dann wieder zurück ins Regal gestellt haben. Du kannst dein Glück kaum fassen. Es gibt doch noch gute Menschen auf der Welt, schießt es dir durch den Kopf. Denn dieser anonyme Held hat sich deines Problems angenommen und dein Heft vervollständigt. Du musst es nicht mehr selbst tun. Ist das nicht wunderbar? Zufrieden mit dir und der Welt lässt du dein Büchlein wieder im Rucksack verschwinden und widmest deine volle Aufmerksamkeit dem Espresso und dessen nicht minder köstlichem Kompagnon, dem Mohnkuchen. Und so wendet sich ein bahnverhagelter Tag doch noch zum Guten.

Die Qual der Wahl

Vielleicht bist du jetzt etwas verwirrt. Möglicherweise zweifelst du gerade auch an meiner Zurechnungsfähigkeit. Aber keine Sorge, wir klären das alles auf. Denn das Paradoxe an dieser kleinen Geschichte ist, dass sie eigentlich gar nicht paradox ist. Du denkst dir vermutlich gerade: Hättest du diese kleine Geschichte tatsächlich erlebt, wärst du alles andere als freudig erregt bezüglich deiner Lage. So entspannt reagiert wie oben beschrieben hättest du ganz und gar nicht. Stattdessen wärst du mit deinem Buch schnurstracks zurück in die Buchhandlung gegangen und hättest den Verkäufer erst mal ordentlich rundgemacht. Der hätte sich vielfach bei dir entschuldigt und dir ein neues Exemplar ausgehändigt.

Um ganz ehrlich zu sein: So hätte ich das vermutlich auch gemacht. Denn der Sinn eines Sudokus besteht ja gerade darin, dass es nicht vollständig ist. Der Zeitvertreib besteht darin, es auszufüllen.

Jetzt verändern wir mein Gedankenexperiment mal ein wenig. Du entscheidest dich nicht mehr für die Buchhandlung, sondern für den Besuch eines dieser weltbekannten schwedischen Möbelhäuser. Und wie es der Zufall so will, entdeckst du dort einen kleinen Schreibtisch-Organizer. In ihm ließe sich der gesamte Krimskrams, der sonst gern mal unsortiert auf deiner Arbeitsplatte herumliegt, elegant verstauen. Und weil sich der Organizer ganz wunderbar und reisekompatibel im Rucksack unterbringen lässt, nimmst du ihn mit und packst ihn in jenem kleinen Café an der Ecke aus, wo der Mohnkuchen lacht und der Espresso duftet. Doch siehe da: Es ist nicht, wie es für dieses Möbelhaus eigentlich Tradition ist, ein Organizer zum Selberbauen. Stattdessen ist der kleine Aufbewahrungsbehälter schon fix und fertig zusammengesetzt.

Und nun? Würdest du wieder ins Möbelhaus rennen und dich beschweren? Ich denke, in diesem Fall würdest du davon Abstand nehmen.

Weil aller guten Dinge bekanntlich drei sind, würde ich dich gern noch in ein weiteres Szenario mitnehmen. Dieses Mal führt der Zufall dich weder in eine Buchhandlung noch in ein Möbelhaus. Stattdessen geht es zu einem dänischen Spielwarenhersteller, der in seinen Regalen Bausätze aus bunten Plastiksteinchen mit Noppen anbietet, aus denen man die verrücktesten Gegenstände kreieren kann. Deine Entscheidung fällt rasch auf ein kleines rotes Modellauto. Damit machst du es dir im Café gemütlich. Und auch in diesem Fall musst du beim Öffnen des Pappkartons feststellen, dass dein kleiner Flitzer bereits vollständig zusammengebaut ist.

Und nun? Zurück in den Laden? Oder den Klemmbauboliden einfach Klemmbauboliden sein lassen und entspannt Espresso und Kuchen genießen?

Ich glaube, so langsam verstehst du, worauf ich hinauswill: auf die Tatsache, dass ein und derselbe Umstand, nämlich das Erledigen einer Aufgabe beziehungsweise das Lösen eines Problems, zwei völlig unterschiedliche Reaktionen in uns auslösen kann.

Die meisten Menschen verbinden negative Assoziationen

mit dem Begriff »Problem«. Probleme sind etwas, das niemand braucht. Probleme nerven. Probleme schiebt man gern mal vor sich her. Oder springst du morgens aus dem Bett und brüllst deinem Spiegelbild entgegen: »Juhu, heute stehen vier Probleme auf meiner To-do-Liste, die ich lösen darf!«? Vermutlich an eher wenigen Tagen.

Auf der anderen Seite lieben wir es, unsere mitunter spärlich gesäte Freizeit mit Problemen über Problemen zu spicken. Wir lösen Kreuzworträtsel, schauen uns Quizshows an oder nehmen an sportlichen Wettkämpfen teil. Auch wenn man im ersten Moment denken würde, dass es sich ja um Spiele handelt, sind all diese Dinge nichts anderes als Probleme, die gelöst werden wollen – oder müssen. Anders formuliert: Probleme sind nicht immer nur nervige Aufgaben, auf die man gerne verzichtet. Probleme können auch Freude bereiten. Es kann Spaß machen, sie zu lösen und sich mit ihnen zu beschäftigen. Wohl kaum etwas ist so befriedigend wie ein fertig – und selbst – ausgefülltes Kreuzworträtsel der schwierigsten Kategorie. Und das, obwohl das fertige Produkt keinerlei Nutzen für uns hat.

Wir lösen ein solches Rätsel also nicht, da uns am Ende dieses Prozesses ein nützliches Produkt vorliegt. Ganz im Gegenteil. Kaum ist ein Rätselheft vollständig ausgefüllt, ist es für uns nutzlos. Müll, den wir zur Papiertonne bringen. Es ist also nicht das fertige Ergebnis, das uns antreibt. Anders formuliert: Das Ziel ist irrelevant. Der Weg ist das, was uns interessiert.

Ganz anders ist es bei einem Regal, das wir selbst montieren müssen. Das Ergebnis, also das fertige Regal, ist für uns von großem Nutzen. In diesem Fall ist das Aufbauen das, was uns nervt. Bei dem dänischen Spielzeughersteller wiederum spornt uns genau das an: Der »Aufbauspaß« ist der entscheidende Faktor, wohingegen das fertige Produkt danach wieder auf irgendwelchen Schränken einstaubt.

Ist diese Differenzierung zwischen nützlichen Ergebnissen mit ungewollten Problemen und gewollten Problemen mit nutzlosen Ergebnissen nicht vollkommen paradox? Hast du schon mal darüber nachgedacht, wie es wäre, wenn wir jedem Problem dieser Welt mit dem Enthusiasmus begegnen würden, den wir einem schnöden Kreuzworträtsel entgegenbringen?

Probleme über Probleme

Problem ist mein zweiter Vorname. Ich bin mit Problemen aufgewachsen wie andere mit ihrem Teddybär. Egal, was ich als Kind tun wollte, es war ein Problem. Wobei die meisten Probleme gar keine wirklichen Probleme waren. Sie stellten nur für mich welche dar, weil mir niemand zeigen konnte, wie ich sie lösen sollte. Einen Stift zu halten zum Beispiel. Wie die meisten Kinder hatte auch ich viel Freude daran, Piratenschiffe, Polizeiautos und kleine Monster zu Papier zu bringen. Aber ich liebte auch Mandalas, Ausmalbilder oder Malen nach Zahlen. Malen gehört wahrscheinlich zu den Standardbeschäftigungen eines Kindes schlechthin. Auch ich hatte meine Malphase. Das Problem: Zum Malen benötigt man einen Stift – und den hält man für gewöhnlich mit den Fingern. Die Länge und Flexibilität eines jeden Fingers ermöglicht es gewöhnlichen Menschen nicht nur, einen Stift zu halten, sondern ihn auch passgenau über das Papier gleiten zu lassen. Ein Mindestmaß an Talent vorausgesetzt, wird kein Strich zu lang, keiner zu kurz. Jeder Kontakt des Stifts mit dem Papier verläuft dank der großartigen menschlichen Feinmotorik genau so, wie du ihn anstrebst.

Nun stell dir meine Situation vor. Ich mache heute viele Dinge, die für die Hände vorgesehen sind, mit den Füßen. Doch wie du selbst recht schnell überprüfen kannst, indem du an dir herunterblickst, sind Finger und Zehen grundverschieden. Finger sind lang und schmal, Zehen hingen kurz und knubbelig. Besonders der große Zeh ist, was seine außerordentliche Breite angeht, alles andere als fein und beweglich. Ich musste mir also für das Festhalten des Stifts ein Konzept einfallen lassen. Ich hätte ihn einfach zwischen großen und den »Zeigezeh«, also den Zeh neben dem großen Zeh, klemmen können. Falls du zufällig einen Stift zur Hand hast, probiere es doch mal aus. Du wirst schnell feststellen, dass das vom Prinzip her eine schlaue Idee ist, du dabei allerdings gleich wieder mit einem neuen Problem konfrontiert wirst: dem der Stabilität. Sobald die Spitze deines Stifts das Papier berührt und du versuchst, einen halbwegs geraden Strich zu zeichnen, rutscht der Stift dir sofort wieder weg.

Ich könnte jetzt gemein sein und dich mit dieser Problematik ein wenig allein lassen. Ich bin mir sicher, nach einigen Versuchen wirst du eine Lösung gefunden haben. Sollte es dich in den Zehen jucken, die kleine Herausforderung anzunehmen, überspringe die nächsten Zeilen gern und blättere einfach eine Seite weiter.

Für alle anderen (beziehungsweise diejenigen, die sich gerade nicht an einem Ort befinden, an dem das Testen der eigenen Fußakrobatik mit einem Stift unangenehme Fragen aufwerfen könnte) habe ich hier die Lösung: Der große Zeh und der Zeigezeh halten zwar den Stift fest. Allerdings bildet man zusätzlich mit dem Mittelzeh, also dem Zeh neben dem Zeigezeh, eine stabile Barriere, durch die der Stift nicht rutschen kann. Die Barriere bildet man wiederum, indem man den Mittelzeh mit dem großen Zeh verbindet, der Mittelzeh sich also hinter dem Stift befindet. Dadurch ist der Stift zwischen allen drei Zehen hervorragend eingebettet. Wegrutschen ausgeschlossen!

Eine entscheidende Problematik konnten wir nun auf unserem Weg zum ersten selbst gemalten Piratenschiff ohne die Verwendung eines einzigen Fingers aus dem Weg räumen. Perfekte Voraussetzungen, um sich mit Problem Nummer zwei zu beschäftigen: dem Zeichnen selbst!

Schön und gut, wenn der Stift stabil in unserem Zehentrio sitzt. Doch wie soll man damit jetzt einen geraden Strich zeichnen? Das ganze Gebilde ist doch recht starr. Zum einen benötigt es für eine gerade Linie mehr Flexibilität. Möchte man beispielsweise zwei Punkte miteinander verbinden, muss man es irgendwie schaffen, die Spitze des Stiftes von Punkt A zu Punkt B zu manövrieren. Doch wie soll das gehen? Mit Fingern ist das etwas einfacher. Schließlich sind sie lang und flexibel – genau wie die Hand an sich und auch das dazugehörige Handgelenk. Doch ein Fuß?

Hier kommt der entscheidende Tipp: Wir müssen uns den einzigen beweglichen Teil des Fußes zunutze machen. Und wo befindet der sich? Genau, oberhalb des Knöchels. Solltest du das Experiment gerade selbst versuchen, wird dir vermutlich noch ein zweiter Umstand zu schaffen machen. Es kann ganz schön anstrengend sein, Fuß und Bein so lange in der Luft zu halten. Wir müssen also zwei Probleme lösen: Zum einen wollen wir die äußerst eingeschränkte Flexibilität von Fuß und Zehen optimal nutzen. Gleichzeitig müssen wir aber auch dafür sorgen, dass unser Fuß irgendwo auf dem Untergrund abgestellt werden kann, sodass er uns nicht nach wenigen Minuten vor Erschöpfung einfach abfällt. (Keine Sorge: Bevor er abfällt, schläft er wahrscheinlich als Vorwarnung noch ein.)

Ich bin ja kein Unmensch, deshalb will ich dich auch hier nicht zu lange auf die Folter spannen: Die Ferse ist des Rätsels Lösung. Denn sie vereint mehrere für unser Vorhaben vorteilhafte Eigenschaften. Zum einen lässt sich auf ihr wunderbar der Fuß abstellen. Zum anderen nutzt sie die vorhandene Beweglichkeit des Fußgelenks optimal aus. Du bemerkst es sofort, wenn du dein Bein ausstreckst und deinen Fuß nur auf der Ferse ablegst. Dein Fuß liegt auf der einen Seite stabil auf, trotzdem ist er höchst beweglich. Jetzt nimmst du den Stift wie zuvor beschrieben zwischen großen, Zeige- und Mittelzeh. Die Drehfähigkeit, die dein Fuß nun durch die Ferse bekommt, nutzt du für die Bewegungen des Zeichnens aus. So ist dein Stift sowohl stabil als auch flexibel genug, um deiner malerischen Kreativität freien Lauf zu lassen.

Natürlich bedarf diese Technik ein wenig Übung; die ersten Strichpiraten auf deinem Schiff werden ein wenig expressionistisch wirken. Doch auch Kinder mit Händen benötigen einiges an Training, bis ein Picasso aus ihnen geworden ist.

Solchen Situationen bin ich in meiner Kindheit oft begegnet: gewöhnliche Dinge, die für mich zu einer ungewöhnlichen Herausforderung wurden. Das geschah nicht immer unbedingt aus dem Grund, dass sie wirklich eine große Herausforderung waren; für die meisten Probleme fand sich rasch eine Lösung. Zum Thema wurden sie einfach deshalb, weil sie mir niemand beibringen konnte wie meinen Altersgenossen. Die Lösung für viele meiner Probleme existierte ganz einfach noch nicht. Also musste ich selbst kreativ werden. Kinder lernen, indem sie Dinge nachmachen, also andere beobachten und ihr Verhalten kopieren. Ein bisschen so wie bei Klassenarbeiten in der Schule, die man nicht selbst löst, sondern heimlich beim Sitznachbarn abschreibt. Nur hatte ich einen solchen Sitznachbarn nie.

Heute sind solche Herausforderungen wie das Verwenden eines Stifts für mich natürlich keine kniffligen Aufgaben mehr, sondern genauso selbstverständlich wie für jeden anderen auch. An die Mühen, die wir als Kleinkinder bei jeder noch so banalen Aufgabe hatten, erinnern wir uns nun mal nicht mehr.

Mir geht das selbstverständlich nicht anders. Nur durch die Reaktionen meiner Mitmenschen – etwa beim Ausfüllen des Meldescheins zum Einchecken im Hotel – merke ich manchmal, welche Faszination genau das bei anderen auslösen kann. Was mich im ersten Moment wiederum irritiert, da ich über solche Tätigkeiten natürlich nicht mehr nachdenke. Für mich ist es das Selbstverständlichste auf der Welt. Doch genau diese Tatsache ist es, die uns oft vergessen lässt, welche Herausforderungen wir im Leben bereits gemeistert haben. Denn ein gelöstes Problem scheint im Nachhinein wesentlich kleiner und unbedeutender zu sein, als wir es im ungelösten Zustand wahrgenommen haben. Und so haben wir beim nächsten aufkommenden Problem schnell wieder das Gefühl, einem riesigen, kaum zu überwindenden Berg gegenüberzustehen.

Schockverliebt in einen Schulranzen

An einen Tag in meiner Kindheit kann ich mich noch heute erinnern, als wäre es erst gestern gewesen. Meine turbulente und aufregende Kindergartenzeit neigte sich dem Ende zu, und ich konnte es kaum abwarten, endlich zur Schule zu gehen. Dafür gab es auch einen konkreten Grund: Ich hatte mich in einen Schulranzen schockverliebt, den ich beim Vorbeischlendern an einem kleinen Geschäft im Schaufenster gesehen hatte. Blau mit gelben Ziernähten, war er übersät mit kleinen Rennautos, die wie wild durch die Gegend zu flitzen schienen. Bis dahin war das Thema Schule für mich eher unwichtig gewesen. Doch seit der Begegnung mit diesem Tornister war plötzlich alles anders. Denn neben dem Ranzen waren auch noch eine Federmappe und das passende Stiftetui ausgestellt. Ebenfalls in Blau mit gelben Ziernähten jagte darauf ein roter Formel-1-Flitzer den nächsten. Ein Traum! Nur folgerichtig, dass ich es kaum abwarten konnte, mit diesem schnittigen Ensemble meine Schulkarriere zu starten.

Eines Samstags sollte es schließlich so weit sein. Nachdem ich meinen Eltern wochenlang in den Ohren gelegen hatte, ließen sie sich erweichen. Mein erster Schultag würde zwar noch einige Monate auf sich warten lassen, aber trotzdem machten meine Mutter und ich uns zu jenem Taschengeschäft auf, welches sich seit meinem ersten Blick ins Schaufenster zum Ort meiner Sehnsüchte entwickelt hatte. Beim Öffnen der Ladentür kündigte das feine Läuten einer kleinen Glocke über der Eingangstür dem Herrn hinter dem Tresen unser Erscheinen an. Freudig und mit einem sympathischen Lächeln bewaffnet, huschte er sofort zu uns herüber.

»Einen wunderschönen guten Tag«, entglitt es dem modisch etwas aus der Zeit gefallenen Herrn mit Hosenträgern, Hornbrille und Fliege. »Kann ich Ihnen vielleicht schon weiterhelfen?«

»Der junge Mann hier interessiert sich für den Schulranzen, der bei Ihnen im Schaufenster steht. Der mit den Autos«, erläuterte meine Mutter, nicht ohne mir dabei mit der Hand auf die Schulter zu fassen. Vermutlich, damit auch wirklich klar wurde, welcher junge Mann gemeint war.

»Oh, kommt da etwa jemand bald in die Schule?«, versuchte der Verkäufer das Gespräch in jenem Tonfall mit mir zu eröffnen, den Erwachsene ausschließlich kleinen Kindern oder äußerst senilen älteren Herrschaften gegenüber verwenden.

»Ja«, war meine kurze und absolut präzise Antwort. Schließlich war ich in dieses Geschäft nicht für einen Smalltalk gekommen, sondern wegen der Kollektion mit den Rennautos. Mein klares Auftreten schien dies mehr als deutlich zu machen. Jedenfalls verschwendete der eigentlich sehr nette Herr keine Zeit mehr mit dem Austausch von Höflichkeiten, sondern griff beherzt zum Tornister meiner Träume.

»Möchtest du ihn mal anprobieren?«

Blöde Frage, dachte ich mir in dem Moment. Selbstverständlich wollte ich das, dafür war ich ja hier. Flugs die Träger über meine Schulter geschmissen, stand ich nun das erste Mal mit meinem neuen Wegbegleiter da. Richtig schnittig sah ich damit aus, was mir ein kurzer Blick in den gegenüberstehenden Spiegel sofort verriet.

»Magst du mal ein paar Schritte gehen, um zu sehen, ob er bequem ist?«, ermutigte mich der Verkäufer schließlich. Zuerst hielt ich diese Idee für äußerst albern. Schließlich ging es mir nicht um die Bequemlichkeit, sondern um die schnittigen Flitzer. Gleichzeitig wollte ich aber auch artig sein. Der Mann würde schon seine Gründe haben. Tu ihm den Gefallen und geh einfach ein paar Meter, dachte ich bei mir.

So marschierte ich los – und bereute es umgehend. Denn nach den ersten Schritten zeichnete sich ein ungeahntes Problem ab, das nach einigen weiteren Schritten zur traurigen Gewissheit wurde: Die Träger rutschten von meinen Schultern, und der Ranzen krachte zu Boden.

»Oh«, entglitt es dem Ladenbesitzer.

»Shit«, sauste es mir durch den Kopf.

Aufgrund der fehlenden Arme fehlte den Trägern der nötige Halt, sodass sie ungehindert abrutschen konnten.

»Wollen wir es noch mal probieren?«, fragte der Verkäufer mit gespieltem Enthusiasmus in der Stimme.

Doch auch beim zweiten Versuch rauschte die Tasche nach wenigen Schritten gen Boden. Die Stimmung war schlagartig im Keller, vor allem meine eigene. War es das also mit meinem Traum vom Rennwagen-Outfit?

»Vielleicht wäre ein anderes Modell besser geeignet«, versuchte der nun etwas verunsicherte Verkäufer die Situation zu kitten. »Es gäbe auch Taschen mit einem einzelnen Träger. Da kann man mit dem Kopf hindurchschlüpfen, und sie kann nicht herunterrutschen. Magst du so eine mal ausprobieren?«

Er entschwand in einen Nebenraum und kam mit einem neuen Modell bewaffnet zurück. Doch auf dem waren keine Rennautos zu sehen. Nicht mal peppige Farben. Stattdessen war die Tasche einfach nur grau. Vorne, hinten, oben, unten. Nichts als grau. Wenn man mir im Kindergarten die Aufgabe gegeben hätte, eine richtig langweilige Tasche zu malen, dann hätte ich genau dieses Modell zu Papier gebracht.

»Nee«, lautete meine wiederum kurze, doch klare Beurteilung zu diesem Machwerk der Taschenkunst. »Die finde ich doof«, fügte ich noch schnell hinzu, um ja keinen Zweifel an meinem Standpunkt aufkommen zu lassen.

Mit meiner Entscheidung gegen sein Alternativangebot war auch der Optimismus des Verkäufers deutlich getrübt. Doch er war sichtlich bemüht, sich nichts anmerken zu lassen.

Sollte meine Schullaufbahn also enden, bevor sie begonnen hatte? Schließlich war der Hauptgrund, warum ich eigentlich in die Schule wollte, genau dieser Ranzen. Ohne ihn könnte ich auch einfach im Kindergarten bleiben.

»Hm«, versuchte der Verkäufer plötzlich die unangenehme Stille zu durchbrechen, die sich im Raum breitmachte. »Vielleicht gäbe es ja die Möglichkeit, eine andere Schnalle an dem Schulranzen anzubringen.«

Die Idee war nicht schlecht, das musste ich ihm lassen. Allerdings wäre das mit größerem Aufwand verbunden gewesen. Die alten Schnallen müsste man irgendwie abtrennen, die neue obendrein fixieren, was angesichts der Fülle an Hartplastikteilen eine gewisse Herausforderung gewesen wäre. Außerdem würde sich die Frage stellen, welche Art von Schnalle man verwenden sollte? Ein einfacher Gurt, wie ihn die graue Tasche hatte, würde hier nicht funktionieren. Schließlich bestand der Korpus des Tornisters aus einem starren kastenartigen Gebilde, das dafür geschaffen wurde, aufrecht am Rücken anzuliegen. Also musste eine Lösung her, bei der sich der Korpus zwar am Rücken befand, aber dennoch anders als mit den herkömmlichen Schnallen befestigt war.

»Wir benötigen eigentlich nur eine Lösung dafür, dass die Schnallen auf deinen Schultern bleiben«, fuhr der Verkäufer fort. »Denn solange du stehen bleibst und dich nicht bewegst, ist alles gut.«

Die Stimmung begann aufzuklaren. Besonders die des Verkäufers. Wo sich für einen Moment eine gewisse Resignation eingestellt hatte, schien nun so etwas wie Kampfeslust geweckt worden zu sein. Klare Sache: Dieser Herr wollte eine Lösung für das Problem finden. Und es schien ihm regelrecht Freude zu bereiten, eine Option nach der anderen auszuprobieren. Seine Analyse war hervorragend: Das Problem bestand nicht darin, dass ich die Tasche nicht würde tragen können. Sondern darin, dass trotz Bewegungen, die beim Laufen natürlich unvermeidlich sind, alles an seinem Platz bleiben musste.

»Ich glaube, ich habe da eine Idee«, platze es plötzlich aus ihm heraus. Wieder verschwand er im Nebenraum, aus dem er dieses Mal keine Tasche, sondern eine Art Kordel mitbrachte. »Ja, das sollte klappen.« Beherzt griff er zum Objekt meiner Träume und begann die Kordel an einer der beiden Schnallen zu befestigen. Dann wickelte er das andere Ende der Kordel um die andere Schnalle und befestigte sie auch dort. Nun waren beide Schnallen durch die Kordel miteinander verbunden: eine Art improvisierter Brustgurt war entstanden. »So könnte es funktionieren«, verkündete der Verkäufer optimistisch. Erneut setzte er mir den Ranzen auf und ermutigte mich, ein paar Schritte zu gehen.

Zuerst noch etwas vorsichtig, doch mit jedem Schritt ein wenig selbstbewusster marschierte ich los. Und tatsächlich:

Die Schnallen blieben auf meiner Schulter. Denn die Kordel sorgte dafür, dass sie zusammengehalten wurden und somit alles an Ort und Stelle blieb. Ich konnte mein Glück kaum fassen. Immer mutiger wurden meine Bewegungen. Aus meinen zaghaften Schritten entwickelte sich ein regelrechter Stechschritt. Ich begann zu hüpfen und mich zu drehen, doch der Ranzen blieb auf meinem Rücken.

Genial, dachte ich. Jetzt gab es nur noch ein klitzekleines Rest-Problemchen. Wie sollte ich den Tornister selbst aufsetzen? Und wie ihn selbstständig wieder ablegen?

Der Clou bestand nun darin, dass man irgendwie von unten hineinschlüpfen musste. Doch dafür hatte ich den Dreh schnell raus. Ich stellte den Ranzen mit dem Fuß einfach an die Kante eines Tisches oder Stuhls, sodass Träger und Kordel über der Kante hingen. Jetzt musste ich mich einfach nur ein wenig klein machen und konnte von unten hineinschlüpfen. Der Verkäufer strahlte über das ganze Gesicht. Ihm schien diese kleine Herausforderung deutlich Freude bereitet zu haben. So rasch eine einfache, doch taugliche Lösung gefunden zu haben, war mehr als befriedigend. Auch meine Mutter sah äußerst glücklich aus.

Und ich erst! Nun würde es doch noch etwas werden mit meiner Einschulung im Formel-1-Outfit.

Probleme sind dazu da, gelöst zu werden

Geschichten wie die mit dem Ranzen habe ich in meiner Kindheit oft erlebt. Sie waren für mich eher die Regel als die Ausnahme. Das ging so weit, dass ich manchmal regelrecht verwirrt war, wenn etwas mal ohne Probleme funktionierte. Doch ich empfand das damals als nicht so schlimm, wie es heute vielleicht klingen mag. In dieser Zeit lernte ich vieles, wovon ich heute noch profitiere. Dabei hat sich ein Erfahrungswert entwickelt, den ich seitdem unumstößlich in mir trage: die felsenfeste Überzeugung, dass Probleme lösbar sind. Was auf den ersten Blick nach einem billigen Kalenderspruch aussieht, hat in Wahrheit eine zentrale Bedeutung in meinem Leben – und ich bin überzeugt, dass das für jeden von uns gilt. Diesen Grundsatz zu seiner vollen Wirksamkeit zu nutzen setzt allerdings voraus, dass dieser Gedanke nicht nur eine oberflächlich dahingesagte Floskel bleibt, sondern zu einer tiefen Überzeugung wird. Dafür braucht es den wiederholten Anwendungsfall: Problemlösungsroutine sozusagen. Denn mit jedem Problem, das wir lösen, lernen wir. Machen positive Erfahrungen. Auf diese Weise verlieren wir Stück für Stück die Furcht vor ihnen.

Diese Überzeugtheit besaß ich, wie gesagt, nicht von Geburt an. Es war eine Entwicklung, die erst im Laufe meines Lebens zu dieser Erkenntnis führte. Denn mit jedem Problem, welches in meinem Leben auftauchte und für welches sich nach längerem Ausprobieren eine Lösung fand, gab es wieder einen Beweis mehr dafür, dass diese Haltung zutrifft: Für Probleme gibt es Lösungen! Mir hat diese Erkenntnis im Laufe der Jahre unglaublich viel Kraft gegeben. Denn sie bedeutete, dass mir im Grunde nichts passieren konnte. Das wiederum hatte eine große Wirkung auf die Wahrnehmung meiner eigenen Lebensqualität: Nach und nach erkannte ich, dass ich mir mein Leben so würde gestalten können, wie ich es wollte – und nicht etwa so, wie die Umstände es mir vorgaben. Ich war derjenige, der die Kontrolle darüber hatte. Diese Einsicht hat mein Leben geprägt.

Das tut sie auch heute noch – obwohl die Anzahl der Probleme, mit denen ich jeden Tag konfrontiert werde, natürlich wesentlich geringer geworden ist. Bis heute sehe ich ein auftauchendes Problem nicht zwingend als etwas Negatives. Vielmehr betrachte ich es als willkommene Herausforderung.

Im Grund ist es so wie beim Kreuzworträtsel: Natürlich wissen wir, dass es für jedes Kreuzworträtsel eine Lösung gibt. Wir beginnen nicht erst zu überprüfen, ob es sich lohnt, sich mit der Herausforderung zu beschäftigen. Die Tatsache, dass selbst die schwierigsten Rätsel lösbar sind, motiviert uns. Es nimmt uns die Furcht. Genauso wie wir einen Löwen im Zoo bewundern können, weil er keine Gefahr darstellt, obwohl wir vor dem Raubtier in freier Wildbahn panisch davonrennen würden.

Sobald ein Risiko für uns kalkulierbar wird und wir glauben, es abschätzen zu können, beruhigt uns das, und der Panikmodus wird deaktiviert. Dadurch können wir einer kniffligen Situation mit der nötigen Ruhe entgegentreten. Wenn wir es also schaffen, einem Problem die Furchtkomponente zu nehmen, können wir anders mit ihm umgehen. Wenn wir wissen, dass es lösbar ist, können wir sogar Freude daran entwickeln, uns mit ihm zu beschäftigen – wie der Verkäufer meines ersten Schulranzens. Hätte er ihn mir einfach nur verkauft wie jedem anderen Kunden, hätte er sicher nicht so viel Begeisterung empfunden, wie es nach seiner geglückten Idee mit der Kordel der Fall war.

Probleme sind so bunt wie das Leben selbst. Es gibt sie in allen möglichen Ausführungen, Strukturen und Konstellationen. Deshalb fällt es uns bei Problemen, denen wir zum ersten Mal begegnen, oft schwer, systematische Zusammenhänge zu erkennen. Manche Probleme lassen sich in wenigen Minuten lösen. Für andere benötigen Menschen ihr gesamtes Leben. Es gibt Personen, die sich das Lösen eines Problems zu ihrer Lebensaufgabe gemacht haben. Diese Aufgabe entwickelt sich oftmals zum elementaren Sinn ihres Lebens. Für diese Menschen ist der Weg wesentlich wichtiger als das Ziel selbst. Denn sobald sie das Ziel erreicht haben, ist der Zauber plötzlich verflogen.

Die Befriedigung, die wir durch eine Problemlösung empfinden, ist vergleichbar mit der Vorfreude auf ein bestimmtes Ereignis. Das kann zum Beispiel eine große Reise sein, die du schon ein Jahr zuvor geplant hast. Du kannst es kaum abwarten, bis es endlich losgeht. Du kaufst dir diverse Reiseführer, planst die Route, legst dir eine tolle Wanderausrüstung zu, und all das lässt deine Vorfreude nur noch mehr in die Höhe schießen. Doch kaum ist dieser Urlaub um, ist auch der Zauber verflogen. Natürlich bist du jetzt mit wundervollen Erinnerungen bestückt. Das Kribbeln der Vorfreude allerdings ist verschwunden. Dabei war das doch so ein herrliches Hochgefühl! Du beschließt also, ein neues großes Reiseprojekt zu planen – und die Reiseeuphorie beginnt von vorn.

Vielleicht kannst du dich auch in folgenden Vergleich hineinversetzen: Da gibt es diesen wundervollen Mantel, den du zufällig im Geschäft gesehen hast. Eigentlich sprengt er komplett deinen finanziellen Rahmen. Du beginnst also, für ihn zu sparen, verzichtest dafür auf den täglichen Coffee to go von deinem Lieblingscafé auf dem Weg zur Arbeit, der zwar lecker ist, aber ohnehin völlig überteuert. Sobald dein Gehalt am Monatsende eintrudelt, hebst du sofort einen kleinen Betrag ab und packst ihn in dein Mantel-Sparschwein. Nach ein paar Monaten ist es endlich so weit, und du darfst den schnittigen Mantel dein Eigen nennen. Voller Stolz trägst du ihn ab jetzt jeden Tag. Auch dein Umfeld ist begeistert. Du kannst dich vor Komplimenten kaum retten.

Interessanterweise ist aber immer das Erste, was du über deinen Mantel erzählst, wie lange du auf ihn hingespart und worauf du in dieser Zeit so alles verzichtet hast.

Irgendwann verschwindet der Mantel in den Untiefen deines Kleiderschranks. Neue Mäntel haben den Weg zu dir gefunden und lassen dein Herz höherschlagen.

Doch nach einigen Jahren fällt dir dein alter Mantel deiner Träume wieder in die Hände. Wie schön er doch ist, denkst du bei dir – und gleich im nächsten Moment an all die Coffee to gos, auf die du für das wärmende Accessoire verzichtet hast.

Probleme zu lösen bewegt uns, weil es unser Leben verändert. In meinem Fall ist daraus eine ganze Lebensweise geworden. »Problemlöser« ist inzwischen mein zweiter Vorname.

Der Weg ist das Ziel

Wir Menschen sind oft auf Ergebnisse fixiert. Dabei ist der Weg dorthin oftmals viel spannender. Trotzdem kommt es uns irgendwie seltsam vor, einen Weg höher zu stellen als das Ziel selbst. Schließlich sind wir ergebnisorientierte Wesen. Beim Bau des neuen Eigenheims interessiert uns nur, wann es fertig ist. Beim neuen Sofa wollen wir zuerst wissen, wie lang die Lieferzeit ist. Und am Montag bewegt uns die Frage, wann endlich wieder Wochenende ist. Sobald wir ein Ziel vor Augen haben, ist der Weg dorthin nicht mehr als ein lästiges Übel. Am liebsten würden wir ihn abkürzen oder am besten gleich überspringen.

Sobald wir aber mit Herausforderungen konfrontiert werden, die den Weg in den Fokus stellen, bereitet er uns plötzlich Freude – wie beim Rätselheft, dem Lego-Bausatz oder dem Plätzchenbacken zur Weihnachtszeit.

»Der Weg ist das Ziel«: Diese alte Weisheit bedeutet Entschleunigung. Sie mahnt uns, den Dingen die Zeit zu geben, die sie benötigen – und den Weg nicht mehr als unvermeidbares Übel anzusehen. In unserer schnelllebigen Gesellschaft schenken wir dieser Lebensweisheit viel zu wenig Beachtung. Ich bin immer wieder erstaunt darüber, wie der Wunsch nach schnellen Wegen dazu führt, dass getriebene Menschen kaum vorankommen, während Menschen, die sich viel Zeit für einen Weg nehmen, scheinbar mühelos durch den Lösungsweg fliegen.

Ich bin mittlerweile in einer Phase meines Lebens angekommen, in der ich den Weg als oberste Priorität ansehe. Zum Beispiel weiß ich, dass es, sobald ich dieses Buch fertig geschrieben habe, für mich eine andere Bedeutung haben wird. Ich genieße es, morgens aufzustehen und mich direkt an den Rechner zu setzen, um ein paar Stunden mit dem Schreiben zu verbringen. Trotzdem weiß ich auch, dass diese Phase irgendwann zu Ende sein wird. Das Manuskript ist abgeben, das Buch veröffentlicht. Interessanterweise ist dieser Zeitpunkt allerdings nicht der, auf den ich mich fokussiere. Er wird ganz automatisch kommen. Und ich weiß auch, dass dann wieder neue Wege auf mich warten werden. Neue Ideen und Herausforderungen. Und auch diese Wege werden zwangsläufig zu einem Ziel führen – auch wenn ich jetzt noch nicht weiß, wie dieses aussehen wird.

Obwohl ich auf den Weg fokussiert bin und die Herausforderungen unterwegs manchmal durchaus Zeit kosten, habe ich nicht das Gefühl, auf der Stelle zu stehen oder gar zu versagen. Ganz im Gegenteil. Zum ersten Mal ist mir das mit fünfzehn Jahren so richtig bewusst geworden. Ich war zu diesem Zeitpunkt bereits zwei Jahre als Jungstudent an der Musikhochschule Hannover. Meine Karriere lief ganz solide. Allerdings war ich von einem richtigen Durchbruch noch weit entfernt. Ich spielte hier und da kleine Konzerte in Kirchen, bei Hochschulveranstaltungen oder kleineren Events – aber es gab noch nichts, was auf eine Weltkarriere hindeuten würde.

Dementsprechend erfreut war ich damals, als mich die Nachricht erreichte, eine Hannoveraner Stiftung hätte mich für einen Preis ausgewählt. 5000 Euro sollte ich zur Unterstützung meiner Karriere bekommen. Das Geld sollte mir ermöglichen, an Meisterkursen teilnehmen zu können, neues Zubehör für mein Horn zu erwerben oder Reisen zu Wettbewerben zu finanzieren. Für mich war das damals eine großartige Chance. Nicht nur wegen des Geldes, sondern auch wegen der Aufmerksamkeit, die ich dadurch als Musiker bekam.

Dementsprechend nervös war ich auch, als der Tag der Verleihung anstand. Die Veranstaltung fand in der Musikhochschule Hannover statt. Jede Menge wichtiger Leute waren geladen, und auch einige Pressevertreter waren anwesend. Die Veranstaltung begann mit einem kleinen Konzert, das ich gab. Ich war unglaublich aufgeregt. So viel Aufmerksamkeit war ich zu diesem Zeitpunkt noch nicht gewöhnt. Schließlich war ich an dem Tag nicht Teil von etwas wie sonst zumeist, sondern selbst die Attraktion, wegen der alle in die heiligen Hallen strömten.

Mein Konzert lief ganz gut; besser sogar, als ich im Vorfeld erwartet hatte. Erleichterung machte sich in mir breit. Für mich war dies der nervenaufreibendste Teil des Ganzen. Die anschließende Preisübergabe würde ich nun auch noch unfallfrei stemmen, dachte ich mir. Und so war es dann auch. Nachdem noch ein paar Mitglieder der Stiftung ihre Reden geschwungen hatten, wurde ich erneut auf die Bühne gerufen. Feierlich wurde mir ein Scheck im XXL-Format überreicht. Die Fotografen knipsten ein paar Bilder von dem feierlichen Moment, und so neigte sich ein ereignisreicher Tag dem Ende entgegen.

Dachte ich jedenfalls. Doch plötzlich eilte mir ein Herr mittleren Alters entgegen, um sich vorzustellen. »Entschuldigen Sie, Herr Klieser, ich bin von der *Hannoverschen Allgemeinen Zeitung*. Hätten Sie noch kurz Zeit für ein Interview? Es dauert auch nicht lange.«

Ich stimmte zu.

»Ich habe auch noch Ihren Lehrer gefragt. Ich würde das Interview gerne mit Ihnen beiden zusammen machen. Ich hoffe, das ist kein Problem für Sie?«

Auch hier willigte ich ein, ohne lange darüber nachzudenken. Ich ahnte ja nicht, welche Konsequenzen diese Entscheidung für mich noch haben sollte.

Das Interview begann völlig harmlos. Der Journalist wollte wissen, was mir das Horn bedeutete, womit ich mich sonst noch gern beschäftigte und ob ich vor Auftritten nervös sei. Die Fragen waren nicht sonderlich kreativ, aber ich machte meine Sache recht souverän und plauderte munter drauflos.

Auch mein Lehrer bekam ein paar Fragen gestellt. Zum Beispiel, ob er zufrieden mit mir sei und ob ich auch immer brav üben würde. Absolute Standardfragen, die niemanden in irgendeine Bedrängnis brachten. Das Gespräch neigte sich schon dem erlösenden Ende zu, da stellt der Reporter plötzlich noch eine letzte Frage: »Hast du denn schon mal darüber nachgedacht, das Hornspielen nach der Schule beruflich zu machen?«

Um ehrlich zu sein, hatte ich mir zu diesem Zeitpunkt noch nicht so viele Gedanken darüber gemacht. Hornspielen war mein Hobby. Natürlich hatte ich auch einen gewissen Ehrgeiz, doch lag mein Ziel zu diesem Zeitpunkt eher darin, einfach nur ein möglichst guter Hornist zu werden – ohne zu wissen, was ich mit dieser Fähigkeit vielleicht einmal anstellen könnte. Dementsprechend vage war auch meine Antwort. »Na ja«, begann ich, »vorstellen könnte ich es mir vielleicht schon.«

Doch plötzlich, ich war noch mitten in meiner Aussage, fuhr mir mein Lehrer ins Wort: »Ich würde dazu gerne eine kleine Anmerkung machen. Felix ist ein toller junger Hornist. Doch mehr als ein Hobby wird bei ihm leider nicht möglich sein. Denn für gewöhnlich haben Hornisten ihre rechte Hand im Schalltrichter. Damit können sie den Klang modifizieren. Da Felix ohne Hand im Schalltrichter spielt, wird er niemals so klingen wie ein normaler Hornist. So wird er es professionell nie schaffen. Denn für ihn gelten genau dieselben Ansprüche wie für jeden anderen Hornisten. Und wenn die Entscheidung zwischen ihm, mit seinem offenen Klang, und einem anderen Hornisten fällt, wird man sich immer für den anderen Hornisten entscheiden. Diesen Frust würde ich ihm gern ersparen. Es gibt so viele tolle Berufe, für die er sich entscheiden kann. Da muss es ja nicht das Horn sein.«

Plötzlich war es totenstill. Dem Reporter entglitten alle Gesichtszüge – und mir vermutlich auch. Schließlich war es das erste Mal, dass ich von meinem Lehrer eine solche Aussage hörte. Dass sie in diesem Rahmen und in dieser Konstellation vielleicht ein bisschen unpassend war, schien ihm gar nicht in den Sinn gekommen zu sein. Der Journalist war sichtlich irritiert. Hatte er doch versucht, eine bewusst angenehme Atmosphäre zu schaffen, war der Schuss plötzlich gehörig nach hinten losgegangen.

»Ähm, ja«, stotterte er und hielt sich dabei mit schweißnassen Fingern an seinem Kugelschreiber fest. »Aber Felix ist doch noch jung. Und er hat so vieles bis hierhin geschafft. Vielleicht schafft er das auch noch«, versuchte er, die unangenehme Situation noch zu retten. Auf diese Weise warf er meinem Lehrer eigentlich sehr elegant den Ball zu, damit der aus der Nummer nicht ganz ohne Gesichtsverlust herauskommen musste.

Meinen Lehrer schien das allerdings nicht zu kümmern. »Wie gesagt, den Frust würde ich ihm gern ersparen«, entgegnete er trocken.

Der Journalist beendete das Interview daraufhin. Ihm schien die Lust nach weiteren Fragen vergangen zu sein. Hastig verstaute er seinen kleinen Notizblock nebst Kugelschreiber in seiner Tasche. Er konnte es erkennbar kaum abwarten, den Raum zu verlassen. »Auf Wiedersehen«, verabschiedete er sich eilends. »Hat mich sehr gefreut. Kommen Sie gut nach Hause und haben Sie noch einen schönen restlichen Tag«, rief er uns halb über die Schulter zu, während seine Füße ihn schon Richtung Tür trugen.

»Tschüss«, entgegnete ich ihm ebenfalls sichtlich irritiert, denn mehr gaben meine rhetorischen Kapazitäten in dieser verwirrenden Situation nicht mehr her.

Ich konnte in diesem Moment nur an eins denken: Hoffentlich würde nichts von dieser letzten Antwort meines Lehrers in seinem Artikel auftauchen. Denn das hätte karrieretechnisch den Tod bedeutet.

Die Hand im Schalltrichter

Nachdem ich wieder zu Hause angekommen war und den ersten Schock verdaut hatte, begann ich, meine Gedanken zu sortieren: Was hatte sich da bitte eben zugetragen? Ein Lehrer sollte schließlich die wichtigste Vertrauensperson seines Schülers sein: die Person, die an einen glaubt, wenn es sonst niemand mehr tut. Vor allem sollte sie immer das Beste für einen wollen. Von diesem Grundsatz schien mein Lehrer nicht viel zu halten.

Natürlich konnte ich auch nicht ganz umhin festzustellen: Inhaltlich hatte er in gewisser Weise recht. Nicht unbedingt damit, dass ich es nie zum professionellen Hornisten würde schaffen können – eine Hypothese, die wir getrost ad acta legen können. Sondern damit, dass ich ohne Hand im Schalltrichter immer anders klingen würde als jemand, der seine Hand verwenden kann.

Man muss sich eine Hand im Schalltrichter ungefähr so vorstellen wie einen Lautsprecher, in den man etwas hineinsteckt – nur dass der Lautsprecher beim Horn der Schalltrichter ist. Aus ihm kommt der fertige Ton heraus. Und natürlich kann man sich vorstellen, dass es, wenn man einen Lautsprecher beispielsweise mit einem Tuch bedeckt, großen

Einfluss auf den Klang hat. Zum einen wird er etwas gedämpft, zum anderen ändert sich auch seine Klangfarbe. Alles wird etwas dumpfer, runder. Der Klang verliert etwas von seiner Schärfe. Und genau diese Tatsache macht man sich mit der Hand im Schalltrichter zunutze.

Jetzt denkst du dir vielleicht, dass man doch einfach etwas anderes in den Schalltrichter stecken könnte und vielleicht denselben Effekt hätte. Das stimmt grundsätzlich auch. Allerdings wäre das nicht die komplette Lösung. Denn der Vorteil, den eine Hand gegenüber einem Gegenstand hat, ist ihre Flexibilität. Man kann mit ihr unterschiedliche Positionen einnehmen – und dadurch den Klang unterschiedlich modulieren. Genau darin lag mein großer Nachteil. Das, was andere einfach mit der rechten Hand hinbekommen, würde ich ohne sie schaffen müssen – allerdings in genau derselben Qualität. Am allerbesten wäre es natürlich, wenn der Effekt nicht nur identisch, sondern sogar besser wäre; dann wäre mein Nachteil plötzlich ein Vorteil.

Mit meinem Lehrer sprach ich nie wieder über das Interview. Er war von diesem Moment an von der Liste meiner Vertrauenspersonen gestrichen. Der Unterricht bei ihm wurde sachlicher. Ich versuchte, bei ihm die Dinge zu lernen, die er mir noch beibringen konnte. Abgesehen davon grenzte ich mich bewusst von ihm ab. Mir war klar, dass er mir bei dem Problem mit dem Klang nicht helfen konnte – und ich versuchte auch gar nicht erst, ihn dazu zu bewegen. Sein Desinteresse hatte er ja deutlich bekundet. Und auf ein erneutes »Das geht alles nicht« konnte ich gut und gern verzichten. Mir war klar: Wenn es eine Lösung gab, dann musste ich sie selbst finden. Schließlich hatte ja auch noch nie jemand versucht, Horn ohne Hand im Schalltrichter zu spielen, und das auch noch auf professionellem Niveau. Ich konnte also niemanden fragen, geschweige denn in einem Buch nachsehen.

Und noch etwas war mir schmerzhaft klar: Letztlich wusste ich gar nicht, ob es überhaupt funktionieren würde.

Dieser Abschnitt meiner Karriere gehörte definitiv zu den schwierigsten. Mehr als einmal dachte ich darüber nach, aufzuhören, um mit einem Schlag all die Sorgen und Ängste loszuwerden. Ich wäre sicher nicht der erste Jugendliche gewesen, der mit der Musik aufgehört hätte. Auf der anderen Seite hatte ich bis dahin schon so viel Energie und Leidenschaft in das Hornspielen gesteckt. Sollte ich das einfach aufgeben, nur wegen des Urteils eines einzigen Mannes? Zugegeben, es kam nicht von irgendjemandem. Schließlich konnte mein Lehrer eine große Karriere vorweisen. Er spielte bei den Wagner-Festspielen in Bayreuth und gab Solokonzerte auf der ganzen Welt. Er war das, was man gemeinhin als einen »Experten« bezeichnet. Und Experten schenkt man meist viel Glauben. Sollte ich mich tatsächlich einem Experten entgegenstellen?

Aufgeben? Keine Option!

In dieser Phase meines Lebens dachte ich sehr viel über mich und mein Leben nach – und darüber, was ich damit anstellen wollte. Mir wurde klar, dass ich eine klare Entscheidung treffen musste. Eine, mit der ich würde leben können. Ich stellte mir immer wieder die Frage, was mein größter Wunsch im Leben sei. Und immer wieder kam ich zu derselben Antwort: Ich wollte ein großer Hornist werden!

Je öfter ich mir die Frage stellte, desto klarer wurde mir die logische Schlussfolgerung: Aufgeben kannst du nicht. Wenn du hier aufgibst, wirst du alles begraben, wovon du träumst. Es würde nie wieder Sinn ergeben, einen Traum zu haben, wenn du so mit deinem größten Traum umgehst. Wenn du nicht all deine Energie für ihn opferst, würdest zu einer leblosen Seele verkommen. Einer Seele, die orientierungslos vor sich hin existiert. Ohne Leidenschaft und ohne Sinn.

Natürlich war mir bewusst, dass ich scheitern könnte. Am Ende mochte sich tatsächlich herausstellen, dass es nicht funktionierte. Dass ich doch kein großer Hornist werden konnte. Doch in dem Fall würde ich immerhin von mir sagen können, dass ich es versucht hatte. Dann würde ich an demselben Punkt stehen, als wenn ich einfach aufgeben würde – aber mehr konnte mir nicht passieren. Und im Gegensatz zum Aufgeben würde ich dann die Gewissheit haben, alles mir Mögliche getan zu haben. Ich würde mir treu geblieben sein und hätte meinem Traum die Beachtung geschenkt, die er verdient hat.

Mir war klar, dass ein langer Weg vor mir lag, auf dem ich mit vielen Rückschlägen und Zweifeln konfrontiert werden würde. Deshalb nahm ich mir jedweden Druck und beschloss, gar nicht erst zu versuchen, auf Biegen und Brechen so schnell wie möglich an mein Ziel zu kommen. Stattdessen wollte ich mir alle Zeit der Welt nehmen. Mein einziger Anspruch war, jeden Tag so optimal wie nur irgend möglich zu nutzen und nach bestem Wissen und Gewissen an meinem Hornspiel zu arbeiten. So beschloss ich, keine Hausaufgaben mehr zu machen. Ob das eine kluge Entscheidung war, kann jeder für sich selbst beantworten. Ich tat es nicht, um mehr

Freizeit zu haben, sondern um die gewonnene Zeit ins Hornspiel zu investieren. Denn mir war klar: Würde ich jeden Tag erst um vier aus der Schule kommen und noch zwei Stunden Hausaufgaben machen, würden weder Zeit noch Energie ausreichen, um mich intensiv genug mit dem Horn zu beschäftigen.

Meine Herangehensweise war im Grunde banal. Natürlich wusste ich, wie man den Klang prinzipiell mit den Lippen und der korrekten Luftführung moduliert. Doch wie man einen besonders warmen und runden Klang erzielt, wusste ich natürlich nicht. Kreativität war gefragt. Und so probierte ich alles aus, was mir gerade in den Sinn kam. Ich änderte die Position der Lippen, die Luftgeschwindigkeit, den Luftdruck. Es war mir zunächst nicht wichtig, dass jede Veränderung das gewünschte Ergebnis brachte. Wichtig war nur, dass der Klang sich überhaupt veränderte. Denn das war sozusagen meine Nulllinie für das Experimentieren. Stellte sich eine Veränderung ein, beurteilte ich, ob sie zum Positiven oder zum Negativen war. Davon abhängig verfolgte ich den eingeschlagenen Weg weiter oder verwarf ihn wieder. Ganz so, als würde man versuchen, ein schmackhaftes Gericht zu kochen – nur mit gänzlich unbekannten Zutaten. Durch das Experimentieren tastet man sich heran. Natürlich gibt es dabei Fehlschläge. Doch mit jedem davon lernt man dazu.

In dieser Weise tastete ich mich immer weiter an meinen Klang heran. Dabei gab es auch Phasen, in denen ich das Gefühl hatte, auf der Stelle zu stehen, in denen nichts voranging. Doch dann plötzlich, nach wochenlangem Stillstand, machte ich von einem Tag auf den anderen wieder einen großen Schritt nach vorn.

Problemlösungen sind nicht immer einfach, schnell oder geradlinig. Wer das behauptet, hat noch nicht genügend Probleme gewälzt.

Das Schwierige an solchen Prozessen ist oft, dass sie nicht linear verlaufen, sondern eher wie die Kurve einer Aktie. Mal geht es hoch, mal geht es runter, und manchmal einfach nur seitwärts. Das kann sehr demotivierend sein. Schließlich versucht man jeden Tag sein Bestes. Doch es ist möglich, dass man die Früchte seiner Bemühungen erst Wochen, Monate oder gar Jahre später erntet. Genau diese Phasen sind es, in denen man dem Aufgeben am nächsten ist und am meisten am Sinn seines Tuns zweifelt. Dann kann nur die innere Überzeugung uns helfen, weiterzumachen, bis sich endlich das nächste kleine Erfolgserlebnis einstellt. Manchmal fühlt man sich dabei wie ein kleiner Affe, der sich von Ast zu Ast hangelt und dabei keine Ahnung hat, wo es langgeht – bis er plötzlich irgendwo weiter oben im Baum die nächste Frucht entdeckt und weiß, wie es weitergeht.

So habe ich mich lange Zeit von Baum zu Baum gehangelt. Oftmals bin ich dabei auch abgestürzt. Doch diese kleinen Erfolgserlebnisse, die zwischendurch immer wieder aufblitzten, hielten mich bei der Stange. Denn sie zeigten mir, dass sich etwas tut. Dass Verbesserungen möglich sind. Sie gaben mir die Gewissheit, dass ich mich, wenn auch sehr langsam, meinem Ziel näherte. Das sorgte dafür, dass jeder kleine Durchbruch mich von Mal zu Mal euphorischer stimmte. Jedes kleine Erfolgserlebnis ließ aufs Neue den Gedanken in mir aufkeimen, dass ich es vielleicht doch schaffen konnte. Vielleicht würde ich eines Tages ja doch ein großer Hornist sein, und die Experten würden sich alle geirrt haben.

Es ist schwer zu sagen, wie lange dieser Prozess gedauert hat. An seinem Klang zu arbeiten ist schließlich etwas, was man als Musiker sein Leben lang tut. Es gibt theoretisch immer etwas zu verbessern. Nur war bei mir diese Arbeit deutlich intensiver, als sie es bei anderen Musikern ist.

Den Punkt, an dem ich das Gefühl hatte, klanglich auf demselben Niveau wie meine Kolleginnen und Kollegen zu sein, erreichte ich mit Beginn meines regulären Studiums. Da war ich neunzehn Jahre alt. Zu diesem Zeitpunkt hatte ich vier sehr intensive Jahre hinter mir. Voller Zweifel, Euphorie und doch wieder einstürzenden Kartenhäusern. Es gab viele Momente, in denen ich ans Aufhören dachte. Doch in dieser Zeit lernte ich eben auch, mich mit aller Konsequenz auf den Weg zu konzentrieren und ihm meine volle Aufmerksamkeit zu schenken – nicht dem Ergebnis. Dazu gehörte auch, Freude daran zu entwickeln und mit Elan zu experimentieren und auszuprobieren – ohne Perfektionsanspruch, mit Fehlertoleranz. So kam es, dass ich oftmals selbst darüber erstaunt war, was doch alles möglich ist, wenn wir nur dranbleiben.

Ein Ziel für jeden Weg

Möglicherweise bist du jetzt ein wenig irritiert von meiner scheinbar ergebnisfernen Lösungsorientierung: Sind Ziele denn nicht wichtig? Schließlich sind sie die Motivation, einen längeren Weg überhaupt erst in Angriff zu nehmen. Sie motivieren uns, nicht aufzugeben und dienen am Ende dazu, uns zu belohnen. Das ist vollkommen korrekt!

Auch ich hatte auf all meinen Wegen immer Ziele vor Augen. Sie halfen mir, mich zu orientieren. Ich vergleiche das gern mit einem Wanderausflug. Wandern ist ein beliebtes Hobby. Das Laufen durch die Natur kann etwas unglaublich Meditatives haben. Doch eine Wanderung ist keine richtige Wanderung ohne einen vorher ausgetüftelten Plan. Dies kann eine besondere Route mit atemberaubenden Naturschauspielen sein, genauso aber auch eine einsame Berghütte oder das Gipfelkreuz am Ende eines langen Aufstiegs. Kaum ein anderer Wanderer, dem man über den Weg läuft und fragt, wo es denn hingehen soll, wird antworten: »Keine Ahnung. Ich laufe einfach diesen Weg lang. Irgendwo wird er schon hinführen.« Vielmehr wird er freudestrahlend von seiner heutigen Route erzählen. Davon, wie er auf sie gekommen ist, welcher Wanderführer für die Region besonders empfehlenswert ist und was ihm auf seinem Weg noch alles Tolles begegnen wird.

Beim Wandern verschmelzen beide Parameter: der Weg und das Ziel. Das eine geht nicht ohne das andere. Beide Teile bekommen die gleiche Aufmerksamkeit. Die Berghütte mit ihrem verlockenden Kaiserschmarrn ist genauso wichtig wie die Tatsache, dass man es zu Fuß dorthin geschafft hat.

Ich mag es, mich in Ideen hineinzustürzen und mich auf unbekanntes Terrain zu begeben. Das ist für mich wie ein neues Land zu entdecken, seine Menschen kennenzulernen, seine Kultur und Bräuche zu studieren, neues Essen zu probieren und neue Geschmäcker zu erleben. Bei alldem ist zentral, die Herausforderung anzunehmen, mit der alles verknüpft ist. Zu tüfteln und zu testen. Zu lernen und zu verstehen. Das ist das Faszinierende an einem neuen Weg: der Lern- und Entdeckungsprozess, mit dessen Hilfe wir anschließend neue Wege ausprobieren können. Indem wir neue Erfahrungen sammeln, können wir uns selbst zum Staunen bringen.

Deshalb sollten wir bei allem Erlebnis- und Beteiligungsdruck unseres modernen Lebenswandels dem Weg viel mehr Aufmerksamkeit schenken. Hier liegt der wahre Kern der Lebenskunst. Wir sollten schätzen lernen, wie viel Freude er uns bereiten und wie bereichernd er für uns sein kann. Egal, wie steinig ein Weg manchmal scheinen mag: Am Ende führt er doch immer zu einem Ziel. Versprochen.

Der Teppich der Erleuchtung

Kannst du dich noch daran erinnern, was du mit dreizehn Jahren gemacht hast? Die meisten Leute haben vermutlich nur noch eine vage Erinnerung daran, was zu diesem Zeitpunkt in ihrem Leben so alles passiert ist. Soll man nicht ohnehin immer ganz im Hier und Jetzt leben? Keine Sorge: Es ist völlig normal, wenn du nur noch die wenigsten Details aus dieser Zeit abrufen kannst. Vielleicht kannst du dich noch daran erinnern, in welcher Klasse du damals gewesen sein musst. Wenn du dich ein wenig mehr anstrengst, tauchen möglicherweise noch ein paar Namen von Schulfreunden auf – und mit ihnen eventuell Erinnerungen daran, was du mit ihnen für verrückte Dinge unternommen hast. Aber das war es dann auch schon. Viel mehr wird dort vermutlich an Erinnerungen nicht mehr vorhanden sein, wenn in diesem Alter nicht gerade etwas besonders Gravierendes vorgefallen ist.

Bei mir ist das ein wenig anders. Nicht etwa, weil ich über ein größeres Erinnerungsvermögen verfügen würde als andere oder seit meiner Kindheit meine Erlebnisse in einem Notizbuch vermerkt hätte. Für mich gehörte das dreizehnte Lebensjahr zu einem der wichtigsten Abschnitte meines Lebens überhaupt, rückblickend auch noch bis heute. Dazu wurde es nicht nur, weil ich von meiner gemütlichen kleinen

Musikschule in Göttingen zur Musikhochschule nach Hannover wechselte und dort mein Jungstudium begann, sondern auch, weil ich in dieser Zeit einer unglaublichen Erkenntnis auf die Spur kam. Es war eine, die mich für den Rest meines Lebens prägen sollte und einen großen Anteil daran hatte, wer ich heute bin.

Dabei spielte ein Teppich die zentrale Rolle. Denn ohne ihn wäre ich heute nicht der erfolgreiche Hornist, der ich bin – und du würdest vermutlich auch dieses Buch nicht in den Händen halten. Doch der Reihe nach …

Als ich zehn Jahre alt war, lernte ich den damaligen Professor für Horn an der Musikhochschule Hannover kennen. Er war Mitglied der Jury eines Wettbewerbs, an dem ich damals teilnahm. Eigentlich machte ich mir damals nicht viel aus den Menschen, die dort dem Spiel der Mitbewerber und mir lauschten. Doch nach dem Vorspiel eilte ein Mann in hanseatischem Schick in seinen Fünfzigern auf mich zu und strahlte mich mit einem freudigen Grinsen auf dem Gesicht an. Wie sich herausstellte, war er besagter Professor für Horn an der Musikhochschule Hannover. Ihm gefiele einiges, was ich auf dem Horn fabrizierte, schon sehr gut, begann er seine lebhaften Ausführungen. Allerdings, fuhr er fort, habe er auch noch einige Punkte entdeckt, bei denen er deutlich Luft nach oben sah. Gespannt und etwas überfordert lauschte ich seinem Feedback. Das kam dafür, dass es an einen gerade einmal Zehnjährigen gerichtet war, doch recht komplex daher. Konzentriert versuchte ich, mir all seine Anmerkungen und Beobachtungen zu merken – was angesichts der Fülle an Informationen allerdings eine Herausforderung darstellte. Denn er kaute sämtliche Bereiche meines Hornspiels im Detail durch. Dementsprechend muss wohl auch mein Gesichtsausdruck am Ende seines Monologs ausgesehen haben. Einerseits verwirrt und überfordert, andererseits aber natürlich auch sehr dankbar für all die Tipps, die er mir gab.

Da ihm das scheinbar auffiel und sich gutes Hornspielen ohnehin nicht in zehn Minuten erklären lässt, zückte er kurzerhand eine Visitenkarte aus seinem karierten Sakko und überreichte sie mir mit dem Hinweis, ich solle mich doch mal bei ihm melden. Eventuell gäbe es die Möglichkeit, bei ihm Unterricht zu nehmen.

Damals schien nur der Gedanke daran, bei ebenjenem Professor Unterricht zu nehmen, schier unendlich weit entfernt. Immerhin ging ich zu diesem Zeitpunkt noch in die Grundschule. Die Vorstellung, von meinem kleinen Klassenraum mit den anderen Kindern an diese riesige Hochschule voller Erwachsener zu wechseln, kam mir doch arg abstrakt vor. Doch das änderte sich, als ich dreizehn Jahre alt wurde. Ich hatte das Gefühl, bei meinem Lehrer in der Musikschule in Göttingen alles gelernt zu haben, was er mir beibringen konnte.

Ein unverhoffter Anruf

Eine kurze Hintergrundinformation dazu: Jeder Lehrer hat spezielle Bereiche innerhalb seiner Expertise, die ihm wichtig sind. Ein Instrument zu lernen ist eine äußerst vielschichtige Angelegenheit. Und natürlich ist kein Lehrer in der Lage, in allen Aspekten des Instruments gleich gut zu sein. Auch ein Lehrer hat immer nur eine Handvoll Lösungsansätze und Ideen, mit technischen Herausforderungen umzugehen. Das ist ja auch im Alltagsleben so: Wir lernen nie alles von einer Person, sondern klauben uns unser Wissen aus den unterschiedlichsten Ecken zusammen. Im Grunde genommen können wir von jedem Menschen etwas lernen, wenn wir nur die Zeit hätten – gesetzt den Fall, wir ließen uns hinreichend auf jeden davon ein.

Selten im Leben müssen wir das Rad noch mal neu erfinden. Fast immer können wir das Wissen und die Erfahrung anderer teilen. So unterschiedlich wir Menschen sind, so unterschiedlich sind auch unsere Erfahrungen. Und so vielseitig ist auch das Wissen, welches uns theoretisch zur Verfügung steht.

Genauso ist es auch bei einem Hornlehrer. Hat man bei einer Person »ausgelernt«, macht es durchaus Sinn, sich neue Ideen und Sichtweisen einzuholen. Diese führen wiederum zu neuen Lösungsansätzen und Impulsen – genauso wie ein neuer Fußballtrainer einer Mannschaft frischen Wind einhaucht. Daher ist es sinnvoll, den Lehrer nach einer gewissen Lernzeit zu wechseln.

So kam mir die Visitenkarte des Professors von damals wieder in den Sinn. Ich entschied mich dazu, ihm einen Brief zu schreiben. Eines Abends klingelte zu später Stunde unser Telefon. Meine Mutter nahm ab, und es stellte sich heraus, dass mein Brief seinen Empfänger gefunden hatte. Der Professor lud mich zu einem ausführlichen Bewerbungsvorspiel ein. Wenig später war es tatsächlich so weit: Ich wurde Jungstudent an der Musikhochschule Hannover.

Na super, denkst du dir jetzt bestimmt; wo ist denn nun das ominöse Problem, das es auf dem Weg zur Weltkarriere zu lösen galt? Scheint doch alles ganz locker-flockig gelaufen zu sein für Felix und seinen Traum vom Hornspielen.

Könnte man meinen. Doch das Problem sollte erst noch

kommen. Genau genommen bereits an dem Tag, an dem ich die Hochschule zum ersten Mal betrat.

Ein Schock fürs Leben

Für alle, die die Musikhochschule in Hannover noch nie betreten haben, würde ich an dieser Stelle gern einen kurzen Disclaimer vorausschicken: Sie ist hässlich. Und mit hässlich meine ich nicht, dass sie nicht so schön ist, sondern dass sie wirklich hässlich ist. Die Wände bestehen aus nacktem, seelenlosem Sichtbeton. Die Metalltüren, die zu den jeweiligen vom Flur der Hochschule abzweigenden Räumen leiten, erstrahlen in schrillem Violett. Und als ob das noch nicht genug wäre, ist der Boden mit einem pinkfarbenen Teppich verziert.

Rolf Ramcke, der Architekt des Gebäudes, ließ sich bei der Planung der Hochschule Anfang der 70er-Jahre vom Brutalismus inspirieren. Er war der Meinung, dass diese Form von Interieur die menschlichen Sinne reizt und dadurch die individuelle Kreativität gesteigert wird. Diese Wirkung ist in der Tat nicht von der Hand zu weisen. Auch weil der Teppich zwar alle paar Jahre getauscht wird, sich aber trotzdem in regelmäßigen Abständen immer neue Flecken darauf sammeln, die bei genauer Betrachtung zwangsläufig die Frage aufwerfen, welcher Substanz sie wohl zu verdanken sein mögen. Zudem weht durch die Gänge des Hauses ein selbst für Abgestumpfte nicht zu ignorierender Geruch; leicht modrig, gehört er zur Hochschule wie die fettigen Ausdünstungen zur Pommesbude von nebenan.

Verglichen mit meiner heimeligen Musikschule in Göttingen, in der es vor Gemütlichkeit nur so strotzte, war die

Musikhochschule in Hannover ein Schock für mich. Dementsprechend unwohl fühlte ich mich gleich in dem Moment, in dem ich zum ersten Mal einen Fuß dort hineinsetzte.

Auch der Leistungsdruck war plötzlich ein ganz anderer. Fähigkeiten am Horn, die an meiner alten Musikschule noch für Verzückung gesorgt hatten, wurden plötzlich als selbstverständlich angesehen. Noch dazu war mein Umfeld jetzt ein ganz anderes. Wo vorher überall gleichaltrige Kinder neben mir saßen, mit denen ich mich vergleichen konnte, fand ich mich nun zwischen ausschließlich erwachsenen Studenten wieder. Kurzum: Mit dem Wechsel gingen Veränderungen einher, die kaum größer hätten sein können.

Doch ich hatte noch mit einem anderen Problem zu kämpfen: dem Gefühl, im Unterricht plötzlich nicht mehr auf demselben Niveau spielen zu können, wie ich es zuvor in Göttingen getan hatte. Das Merkwürdige war: Zu Hause beim Üben klappten viele Stücke wunderbar. Doch kaum saß ich am nächsten Tag wieder an der Musikhochschule im Unterricht, ging plötzlich gar nichts mehr. Sobald ich den Raum betrat und mein Horn auspackte, verspürte ich neben dem generellen Unwohlsein noch eine weitere Form von Unbehagen. Und das war wesentlich hartnäckiger als das diffusere Unwohlsein in dieser Umgebung. Es gab mir das Gefühl, plötzlich nicht mehr Horn spielen zu können. Was natürlich – so gut funktionierte mein rationales Denken dann doch noch – nicht sein konnte. Denn nur weil man einen bestimmten Ort betritt, verliert man ja nicht plötzlich all seine Fähigkeiten. Genau das war auch der Grund dafür, weshalb ich mich auf dem Weg nach Hause jedes Mal wieder schrecklich ärgerte.

Ständig geisterten mir die gleichen Fragen durch den

Kopf: Warum hast du heute wieder so schlecht gespielt? Du kannst das doch eigentlich viel besser? Kaum zu Hause angekommen, holte ich mein Horn sofort aus dem Kasten und musste ausprobieren, woran es wohl gelegen haben mochte. Und siehe da: Zu Hause klappte wieder alles wie am Schnürchen. Ich spielte so, wie ich es von mir kannte. Auch dieses entsetzliche Gefühl, das Hornspielen verlernt zu haben, war plötzlich wie weggeblasen.

Wie zum Teufel konnte das sein? Was stimmte nicht mit mir? Wie würde ich der Welt da draußen je zeigen können, was für ein guter Hornist ich war, wenn ich schon beim einfachen Unterricht versagte? Die Situation wurmte mich, mehr noch: Sie machte mich regelrecht wütend.

So sehr litt ich unter diesem Zustand, dass ich beschloss, das Gespräch mit meinem Lehrer zu suchen. Ich schilderte ihm mein Problem, erzählte ihm von dem unguten Gefühl in der Hochschule, von den missglückten Unterrichtsstunden und meinem bravourösen Spiel daheim. Er hörte sich meinen emotionalen Monolog an und schwieg dann einen kurzen Moment.

»Was du gerade erlebst, ist völlig normal für einen Musikschüler«, beruhigte mein Lehrer mich schließlich in seiner typisch hanseatisch-sachlichen Art. »Du bist einfach nur nervös, wenn du mir etwas vorspielst. Schließlich ist der Unterricht im Grunde ja auch eine Art Vorspiel. Nur eben mit mir, dem Lehrer, als Publikum. Einem besonders kritischen, wohlgemerkt. Und in so einer Situation ist doch jeder nervös – oder etwa nicht?«

Ich war ernüchtert. Denn so sehr mein Lehrer sich um eine verständnisvolle, empathische und aussichtsreiche Lösung für mein Problem bemühte, kommunizierte er mir damit auch, dass ich an diesem Schicksal nicht viel ändern konnte. Mehr noch: Ich würde es einfach ertragen müssen, bis sich irgendwann von selbst eine Besserung einstellen mochte. Diese Vorstellung erschien mir sehr unbefriedigend. So unbefriedigend, dass ich beschloss, selbst nach einer Lösung zu suchen. Und wo? Natürlich bei mir selbst!

Wie funktionieren wir?

Eines der spannendsten Dinge im Leben ist es, sich selbst kennenzulernen. Warum treffen wir die Entscheidungen, die wir treffen? Was treibt uns an? Warum fühlen wir uns in bestimmten Situationen unwohl, obwohl es – objektiv betrachtet – eigentlich gar keinen Grund dafür gibt? Sich selbst zum Versuchsobjekt zu machen kann unglaublich spannend sein. Denn es bedeutet, bewusst durchs Leben zu laufen. Zu verstehen, wie man in bestimmten Situationen reagiert. So lässt sich beispielsweise herausfinden, welche Empfindungen Gerüche in uns auslösen, welche Erinnerungen wir damit verbinden und wie wir auf sie reagieren. In ähnlicher Weise können wir auch ermitteln, in welchen Situationen wir typischerweise Unbehagen verspüren.

Neue Menschen kennenzulernen zum Beispiel führt bei vielen zu einer Nervosität, die sich im Nachhinein als völlig unbegründet herausstellt. Egal, ob es ein neuer Arbeitsplatz, die Einladung zu einer Geburtstagsparty mit vielen unbekannten Gesichtern oder das erste Kennenlernen der neuen Nachbarn nach einem Umzug ist. Das Spannende ist doch: Meistens verlaufen solche Treffen entgegen der eigenen Erwartung total harmlos oder entpuppen sich als wirklich nette Zusammenkunft. Gut, vielleicht gibt es jemanden in der Gruppe, den man unsympathisch findet, und gewiss wird man nicht gleich von allen euphorisch mit Liebe überschüttet. Aber ist das wirklich schlimm? Die Wahrscheinlichkeit, dass man umgehend mit einem Messer angegriffen wird, nur weil sich vielleicht nicht sofort Sympathie einstellt, dürfte begrenzt sein. Doch genau dieses Gefühl ist es, das wir beim Aufeinandertreffen mit Menschen in einer noch unbekannten Gruppe oft haben: eine diffuse Bedrohtheit. Was sich da bemerkbar macht, ist die tief in uns verankerte Urangst, ausgestoßen zu werden. Selbst wenn es dazu kommt, ist das vielleicht nicht schön. Doch es hat längst nicht mehr dieselben Folgen wie vor vielen Hundert Jahren, als der Ausschluss von der Gesellschaft über Leben und Tod entschied. Und trotzdem ist uns dieses Programm noch eingebaut – so wie viele weitere auch, die unser Leben unterschwellig beeinflussen oder sogar bestimmen können.

Wie funktionieren wir? Oder: Wie funktioniere ich? Genau diese Frage war es, die ich mir als dreizehnjähriger Junge selbst stellte: Was löst bei mir das Gefühl aus, plötzlich nicht mehr Horn spielen zu können? Ich begann damit, Vergleiche anzustellen. In welchen Situationen war ich noch nervös? In der Schule hatte ich oft das Gefühl, etwas nicht zu können. Auch bei Klassenarbeiten überkam mich eine gewisse Unruhe. Das beruhte aber eher darauf, dass ich mich besser hätte vorbereiten können. Beim Horn präparierte ich mich hingegen stets nach bestem Wissen und Gewissen. Zudem unterschied sich diese Nervosität stark von dem, was ich während des Unterrichts empfand.

Es war ein Gefühl, wie beim Zahnarzt im Wartezimmer zu sitzen und zu wissen, dass man gleich eine Wurzelbehandlung ohne Betäubungsspritze bekommt. Eigentlich ist die Situation in diesem Moment im Vorraum des Behandlungszimmers noch total harmlos. Doch der Körper signalisiert bereits, was gleich auf uns zukommen wird. Mir war also schnell klar, dass die klassische Nervosität, die man selbstverständlich immer hat, wenn man vorspielt, nicht der Grund für mein Problem war.

Die zweite Idee, die mir in den Sinn kam: Vielleicht könnte es auch an der allgemeinen Atmosphäre der Hochschule liegen? Ich beschloss also, beim nächsten Betreten des Gebäudes genau in mich hineinzuhorchen. Was empfand ich beim Öffnen der Tür? Welche Gedanken kreisten mir durch den Kopf? Ich stellte fest, dass allein der Geruch beim Betreten des Hochschulgebäudes vollkommen ausreichend war, um dieses unwohle Gefühl in mir auszulösen.

Und noch eine Beobachtung weckte mein Interesse: Ich hielt diesen Observationsmodus kaum aus. Es fiel mir unheimlich schwer, so genau in mich hineinzuhören, und brauchte einige Überwindung – weil es ja nichts ist, was uns beigebracht wird. Sich auf diese Weise zu hinterfragen braucht einen gewissen Mut und eine gewisse Ausdauer. Aber es gelang mir schließlich doch. Sogar so gut, dass ich noch etwas anderes bemerkte: Zwar fühlte ich mich beim Betreten der Hochschule bereits unwohl. Doch das Gefühl, das Hornspielen plötzlich verlernt zu haben, kam erst ein wenig später in mir auf. Nämlich genau in dem Moment, in dem ich den Unterrichtsraum betrat und mein Horn auspackte. Irgendwo in der Magengegend war dann plötzlich diese Stimme, die zu mir sprach. »Du kannst das nicht!«, sagte sie, immer und immer wieder. So oft und so beharrlich, dass ich in jeder Unterrichtsstunde wieder auf sie hörte und nur halb so gut spielte, wie ich es eigentlich konnte.

Aber warum nur? Weshalb hörte ich diese Stimme genau in diesem Moment? Und – was noch verwirrender war – warum um alles in der Welt verschwand sie wieder, wenn ich aus dem Raum ging?

Hatte mein schlechtes Spiel vielleicht etwas mit dem Raum an sich zu tun? Ich begann, beim nächsten Mal seine Beschaffenheit zu analysieren. Die Wände waren weiß gestrichen und die Fensterrahmen aus rot gestrichenem Holz. Doch statt des pinkfarbenen Teppichs wie draußen auf den Fluren war der Boden in den Unterrichtsräumen mit einem nicht minder hässlichen PVC-Boden in Grün und Blau ausgelegt. Doch dies war ein entscheidender Unterschied: Es war kein Teppich!

Plötzlich fiel es mir wie Schuppen von den Augen. Im Haus meiner Eltern war überall Teppichboden verlegt. Und im Unterrichtsraum meiner alten Musikschule hatte es zwar einen Holzboden gegeben, allerdings hatte auf diesem ein alter, ausgefranster Läufer gelegen. Langsam beschlich mich eine Idee … Doch um sie auf Herz und Nieren zu prüfen, musste ich etwas ausprobieren. Die große Frage war nur: Wo um alles in der Welt konnte ich meine Theorie in die Praxis umsetzen, wenn das gesamte Haus meiner Eltern mit Teppichboden ausgelegt war?

Richtig, im Badezimmer! Ich schnappte mir also mein Horn, schmiss sämtliche Badvorleger und alles andere, was auch nur den Hauch von Gemütlichkeit ausstrahlen könnte, aus dem Badezimmer heraus und machte es mir mit meinem Instrument auf den kalten Fliesen so richtig schön ungemütlich.

Und was soll ich sagen? Schon beim ersten Ton spürte ich es wieder. Erst noch etwas zaghaft, dann mit jeder weiteren

Note intensiver: Dieses unangenehme Gefühl in der Magengegend. Dieses Gefühl, plötzlich nicht mehr Horn spielen zu können. Freude machte sich in mir breit – obwohl die Empfindung, welche ich durch mein Experiment in mir auslöste, natürlich alles andere als freudig war. Doch darum ging es nicht. Es schien ganz so, als hätte ich den Code geknackt. Das war ja unglaublich! So müssen sich Wissenschaftler fühlen, wenn sie einer großen Entdeckung auf die Spur gekommen sind, dachte ich mir in diesem Moment. Das war mein Problem: Sobald ich in einem Raum ohne Teppich versuchte Horn zu spielen, stieg dieses negative Gefühl in mir auf, das all meine Bemühungen zu boykottieren schien.

Doch was nun? Sein Problem zu erkennen ist der erste wichtige Schritt, wie wir bereits festgehalten haben. Doch wie sollte ich es lösen? Sollte ich vielleicht ab sofort mit meinem eigenen kleinen Teppich auf Reisen gehen?

Genau das kam auf gar keinen Fall infrage. Denn das hätte bedeutet, dass ich mich abhängig gemacht hätte – und zwar von einem Teppich. Man stelle sich nur vor, ich hätte ein wichtiges Vorspiel und hätte den Teppich im Zug liegen gelassen. Mal ganz abgesehen davon, wie das auf andere wirken würde: Der armlose Hornist kommt zu jedem Auftritt mit einem auf den Rücken geschnallten Teppich angetrottet und macht es sich auf der Bühne gemütlich. Vermutlich würde diese Marotte als ziemlich befremdlich wahrgenommen werden, um es mal vorsichtig auszudrücken.

Vielleicht fragst du dich jetzt, warum denn eigentlich nicht? Wäre es wirklich so schlimm, mit einem kleinen Teppich zu reisen? Andere Musiker sind für weitaus exzentrischere Macken bekannt. Ich will ehrlich sein: Die Lösungsoption mit dem Teppich ist mir erst später eingefallen – und auch nur, weil andere mich danach gefragt haben, als ich ihnen die Geschichte erzählte. »Ich dachte, du sagst jetzt, du bist von diesem Moment an mit deinem eigenen Teppich gereist!« Diesen Satz habe ich in diesem Zusammenhang öfter gehört.

Dass ich nicht auf die Idee kam, hat mit meiner Denkweise zu tun, genauer gesagt: wem ich die Verantwortung für eine Situation gebe. Mir oder einem Teppich? Mit einem Teppich zu reisen wäre gleichbedeutend damit, auf diesen Teppich angewiesen zu sein, also nicht autark agieren zu können. Genau das aber ist mir sehr wichtig.

Der Klang der Beharrlichkeit

Ab sofort war also der Platz, an dem ich übte, nicht mehr mein eigenes Zimmer mit dem schönen flauschigen Teppich auf dem Boden, sondern das Bad mit seinen kalten und harten Fliesen. Ich kann dir sagen: Hatte mir das Üben bis dahin eigentlich immer Spaß gemacht, war es ab jetzt die absolute Hölle. Nicht nur, dass ein nacktes Badezimmer alles andere als gemütlich ist. Es hat noch dazu eine furchtbare Akustik. Nach einer Stunde des Übens fielen mir praktisch die Ohren ab – so laut war es in meinem gekachelten Übungsraum durch den chaotischen Klang, der von all den Fliesen ungedämpft reflektiert wurde und mir schrill wieder zurück in die Gehörgänge knallte. Doch ich blieb hartnäckig. Denn insgeheim wusste ich: Sollte ich mich beim Spielen im elterlichen Badezimmer wohlfühlen, würde ich es im Unterrichtsraum erst recht tun.

Nach einigen Wochen stellte sich so etwas wie Wohlbefinden im Badezimmer ein. Die kleine, nervige Stimme in mir wurde immer leiser. Und selbst an die Akustik hatte ich mich mittlerweile gewöhnt. Ich war begeistert von meiner Entdeckung – schien ich doch einen Weg gefunden zu haben, mein subjektives Empfinden zu verändern. Das ist eine Fähigkeit, die besonders für einen Musiker von großem Nutzen sein kann. Denn eine der großen Herausforderungen besteht für uns stets darin, unsere Leistung in den unterschiedlichsten Situationen auf den Punkt genau abzurufen. Jeder Konzertsaal, jeder Unterrichtsraum und jedes Übungszimmer ist anders – und um ehrlich zu sein, sind sie nun einmal nicht immer gemütlich. Doch spielt das subjektive Wohlbefinden für jeden von uns eine wichtige Rolle, wenn es um die eigene Leistungsfähigkeit geht.

Natürlich konnte ich auch im elterlichen Badezimmer nicht jede klimatische Bedingung, jede Akustik und jede räumliche Situation simulieren. Dazu wäre die Anzahl an Variationsmöglichkeiten dann doch zu groß. Doch ich konnte etwas anderes tun: meinen Drang nach Ungemütlichkeit bis zum Maximum ausreizen. Denn eines war mir klar: Konnte ich mich in der Hölle wohlfühlen, konnte ich es überall.

Bald wurde es mir auf meiner Mission im Badezimmer eine Spur zu wohlig. Ich beschloss also, dass es an der Zeit war, umzuziehen – und zwar ins Gästebad. Mindestens genauso ungemütlich wie das eigentliche Badezimmer, war dieses obendrein ein klaustrophobisch kleines Kabuff, in dem man die Bereitschaft verspürte, für jeden zusätzlichen Zentimeter seinen kleinen Zeh zu opfern. Anders formuliert: Ich war dort nicht nur mit dem ungemütlichen Untergrund und der grottenschlechten Akustik konfrontiert, sondern musste mich zusätzlich auch mit der Erkenntnis arrangieren, dass Platz ein kostbares Gut sein kann.

Es gab nur eine Position, in der ich mit Horn und Stuhl in diesen Raum hineinpasste. Selbst wenn ich mich nach allen Regeln der Kunst verrenkte, passte zwischen Schalltrichter und Wand kaum noch ein Blatt Papier. Es war beklemmend eng. So eng, dass man eigentlich unter keinen Umständen darauf gekommen wäre, in dieser Umgebung Horn spielen zu wollen. Und doch beschloss ich, so lange in meiner schmalen Zelle zu bleiben, bis ich mich auch hier vollumfänglich wohlfühlte.

Um ehrlich zu sein, hatte ich mittlerweile richtig Spaß an meinem kleinen Experiment gefunden. Deshalb war auch das Gästebad schon bald keine echte Herausforderung mehr. Also beschloss ich, dass ich nun endlich so weit war, die allerletzte Stufe zu zünden. Dafür suchte ich mir den furchtbarsten Raum aus, den ich nur finden konnte: den Hauswirtschaftsraum. Die Kälte des unebenen Betonbodens ließ mich jedes Mal schaudern, wenn ich meine blanken Füße auf ihn setzte. Das Surren der Gefriertruhe spielte das Lied der Trostlosigkeit. Der stechende Gestank alter Farben und Lacke lag in der Luft. In den Regalen rosteten Schrauben und Nägel ungestört vor sich hin, nur angeschienen von einem schmalen Lichtkegel, der sich den Weg durch das viel zu kleine Fenster in der hinterletzten Ecke des Raums kämpfte. Ansonsten nichts als feuchte Kälte und triste Dunkelheit. Der perfekte Ort für mein Vorhaben. Denn mir war schon bei der ersten Sitzung da drinnen sofort klar: Wenn ich in diesem Raum entspannt würde spielen können, würde mich kein Ambiente auf der Welt mehr schockieren.

Ob du es glaubst oder nicht: Nach einigen Wochen fühlten

mein Horn und ich uns auch im Hauswirtschaftsraum zwischen Schrauben, Nägeln und Gefriertruhe so richtig wohl. Wäre ich zu Beginn meines Experiments am liebsten bei jedem Betreten gleich wieder rückwärts herausgegangen, arrangierte ich mich immer mehr mit der unliebsamen Umgebung.

Das Beste aber war, wie sensationell gut mein Experiment funktionierte. Der Unterricht an der Musikhochschule war ab sofort kein Problem mehr für mich. Selbstverständlich war ich immer noch etwas nervös in der Unterrichtssituation. Doch war es die Art von Nervosität, die jeder wohl verspürt, wenn er etwas vorspielt, einen Vortrag hält oder eine wichtige Entscheidung ansteht.

Es gibt zwei grundlegende Herangehensweisen, mit einem Problem umzugehen. Du bist sicherlich beiden schon einmal begegnet, entweder bei dir selbst oder vielleicht bei einer Person aus deinem Umfeld. Ich stelle sie gern folgendermaßen gegenüber: »Kämpfst du dafür, dass sich die Welt dir anpasst – oder passt du dich der Welt an?« Mit Anpassen an die Welt meine ich selbstverständlich nicht, in jeder Situation klein beizu- und sich seinem Schicksal zu ergeben. Es geht vielmehr darum, wem du die Verantwortung für die Situation gibst.

Anders formuliert: Wen beauftragst du damit, dein Problem zu lösen? Dich selbst oder eine andere Person?

Zeit, Verantwortung zu übernehmen!

Es gibt Menschen, welche die Verantwortung für sich selbst mit einer – ich kann es nicht anders sagen – wahren Passion anderen überlassen. Sie schimpfen darüber, wie ungerecht die Welt ist oder sie behandelt und sind daran natürlich nie selbst schuld. Die Schuld bekommen selbstredend immer die anderen – ganz egal, ob es sich dabei um Nachbarn, die Gesellschaft oder auch das viel zitierte Schicksal handelt. Irgendwie, irgendwo, irgendwann findet sich immer eine Begründung dafür, warum dieses oder jenes genau jetzt und hier nicht klappt.

Menschen, die so argumentieren, befinden sich meist an vorderster Front, wenn es darum geht, Forderungen zu stellen. Mehr noch: Sie wenden ihre gesamte Energie dafür auf, dass sich die Welt ihnen anpasst.

Ich habe früh verstanden, dass diese Art zu handeln nur äußerst selten zum gewünschten Ergebnis führt. Denn: Warum sollte die Welt folgen? Warum sollte sie sich dir anpassen? Weil du am lautesten schreist? Weil du derjenige bist, dessen Faustschlag am energischsten auf die Tischplatte schlägt? Wohl kaum. Vielmehr bist du davon abhängig, wie weit dein Umfeld dazu bereit ist, sich dir anzupassen – und damit hat dein Umfeld auch die Entscheidungsgewalt über dich. Und das kann für dich wiederum den Nachteil haben, dass es vielleicht ganz andere Interessen verfolgt als du selbst.

Denn wem wir die Kontrolle geben, dem geben wir die Macht. Das gilt nicht nur für Teppiche, sondern auch für Menschen. Wie oft erlebe ich, dass jemand die Verantwortung an seiner Situation jemand anderem übergibt. Dies passiert schon, indem wir die Schuld für eine missliche Lage bei anderen suchen. Ich gebe zu, oft trifft das auch zu. Wenn mir jemand an einer Kreuzung die Vorfahrt nimmt und mein Auto danach nur noch aus Einzelteilen besteht, ist klar, wer die Schuld dafür trägt. Darüber darf und soll man sich ärgern.

Nur wird der Ärger die sich daran anschließende Situation nicht lösen. Wir müssen den Wagen in die Werkstatt bringen, uns in der Zwischenzeit um Ersatz kümmern und schauen, wie wir von A nach B kommen. So sehr wir uns über den Vorfahrtmissachter auch ärgern, bringt es nichts, diesem auch die Verantwortung für unsere jetzige Situation zu übertragen. Mag ja sein, dass du Glück hast und ein besonders freundliches Exemplar erwischst, das dich von nun an überall persönlich chauffiert, sich für dich bei der Versicherung einsetzt, um den Schaden möglichst rasch zu regulieren, und mit der Werkstatt die anstehenden Reparaturen abstimmt. Sehr wahrscheinlich ist das allerdings nicht. Wenn du dich nicht um das Problem kümmerst, wird es vermutlich niemand tun.

In meiner Studienzeit hatte ich einen sehr guten Freund, mit dem ich so manches Konzert zusammen gespielt habe. Meist waren es kleine Auftritte in nahe gelegenen Kirchen oder kleinen Veranstaltungssälen. Auch die Gagen waren oft recht überschaubar. Trotzdem führten sie dazu, dass wir uns damit recht ordentlich über Wasser halten konnten.

Doch eines Tages eröffnete mir mein Kumpel, dass er den Großteil seiner Gagen der letzten Monate noch nicht hätte und daher aktuell ein wenig klamm wäre. Ich fragte ihn völlig verdutzt: »Wieso sagst du denn nichts beziehungsweise hakst nicht bei den Veranstaltern nach?« Seine Antwort war einleuchtend und ein wenig verwirrend zugleich. »Nun, die Veranstalter schulden mir das Geld. Nicht umgekehrt. Also müssen auch sie dafür sorgen, dass ich es bekomme. Und nicht ich.«

Ich weiß noch, wie ungläubig ich ihn daraufhin anschaute. Auf der einen Seite hatte er natürlich recht: Der Veranstalter schuldete ihm das Geld, nicht umgekehrt. Doch hatte ich noch nie jemanden zuvor getroffen, der eine solche Situation auf diese Weise interpretierte. Er hatte kurzerhand die Verantwortung für seine finanzielle Situation den Veranstaltern übertragen. Die freuten sich vermutlich insgeheim darüber, dass niemand nachfragte. Doch er war leider auch derjenige, der dadurch in der Patsche saß.

Wir sind nur von uns selbst abhängig

Der große Vorteil proaktiver Problemlösungen ist: Sobald wir die Initiative übernehmen, sind wir auch diejenigen, die die Fäden in der Hand haben und das Maximum an möglicher Kontrolle in dieser Situation besitzen. Genau darum geht es im Grunde doch: das Bestmögliche aus einer Situation zu machen, wie miserabel sie auch scheinen mag. Besitzen wir die Kontrolle, geben wir die Richtung vor. Wir sind nicht vom Wohlwollen anderer abhängig, sondern nur von uns selbst.

Für viele bedeutet Verantwortung abzugeben in erster Linie, nervige Arbeit loszuwerden. Oder sie tun es, weil sie sich damit besser fühlen, frei nach dem Motto: »Ich würde ja, wenn die Umstände mich nur lassen würden.«

Es fühlt sich manchmal gut an, nicht die Verantwortung zu besitzen. Vor allem in unangenehmen Situationen. Hin und wieder scheint es praktisch zu sein, jemanden vorschicken zu können und alles von sich wegzuschieben. Das mag für viele Menschen in Ordnung sein. Allerdings sollte man in dem Moment auch damit einverstanden sein, wenn die Dinge eben nicht im eigenen Sinne verlaufen. Beides geht nicht. Ich versuche die Verantwortung möglichst immer bei mir selbst zu haben. Denn je mehr Verantwortung bei mir liegt, desto mehr Kontrolle habe ich über das Geschehen. Dadurch mag ich zwar mehr Aufwand haben – doch ich bin eben auch unabhängig von Umständen und dem guten Willen anderer.

Wichtig ist mir der Hinweis: Diese Art zu denken und zu handeln schließt natürlich nicht aus, dass man Hilfe annehmen kann. Ganz im Gegenteil. Die Unterstützung anderer ist wichtig im Leben. Nicht alles können wir allein. Diese Form der Unabhängigkeit bedeutet vielmehr, sich nicht von äußeren Parametern abhängig zu machen, indem man die Verantwortung für sich selbst wegschiebt. Es geht mir darum, nicht mehr Kontrolle aufzugeben, als tatsächlich sinnvoll ist.

So hätte etwa die Mitnahme meines eigenen Teppichs nur bedingt dazu beigetragen, mein Problem zu lösen. Diese Vorgehensweise hätte vielmehr bedeutet, es zu umkurven, ihm aus dem Weg zu gehen und mich abhängig zu machen – von einem Teppich. Das ist etwas, das ich in meinem Leben so gut wie irgend möglich vermeide. Wenn man sich später, nachdem man das Problem selbst gelöst hat, trotzdem dafür entscheidet, einen Teppich mitzunehmen – vielleicht, weil man ein Faible für Teppiche hat oder einfach noch Platz im Koffer ist –, kann man das ja machen. Nur wäre es dann eine freie, persönliche Entscheidung, die man selbst treffen kann – und keine, zu der man durch die Umstände gezwungen wurde.

Ich habe mich selbst nie über meine Behinderung definiert. Sie hat mich nie sonderlich interessiert. Nicht etwa, weil ich sie als Makel empfinde und ich darüber nicht nachdenken möchte. Ich finde sie nur einfach nicht besonders schlimm. Stattdessen habe mich immer darüber definiert, was ich mir vom Leben gewünscht habe. Wenn das für mich klar war, habe ich mich hingesetzt und mir überlegt, wie ich es schaffen könnte, genau diesen Wunsch in die Realität umzusetzen. Bis heute fühle ich mich immer noch unwohl dabei, wenn ich in einer Situation bin, in der ich eben nicht derjenige bin, der die Initiative ergreifen und handeln kann und ich dementsprechend auch nicht die Kontrolle besitze.

Ich möchte selbst bestimmen, wie weit ich bereit bin zu gehen. Mit anderen Worten: Ich habe gelernt, mich der Welt anzupassen. Das bedeutet nichts anderes, als selbst die Verantwortung zu übernehmen und das Beste aus jeder Situation zu machen. Dazu gehört, unverrückbare Tatsachen zu akzeptieren und sich auf die Faktoren zu konzentrieren, die wir beeinflussen können. Wenn es draußen regnet, können wir gewiss eine lebhafte Diskussion mit der Wolke beginnen und versuchen, mit ihr zu verhandeln. Oder wir können uns dem Wetter einfach anpassen und einen Regenmantel tragen. Auch wenn dies bedeutet, manchmal im Leben ein paar Schritte extra gehen zu müssen: sich selbst anzupassen ist effektiver und effizienter. Denn darauf zu hoffen, dass ein störender Umstand sich einfach in Luft auflöst, mag manchmal wie der einfachere Weg erscheinen, während selbst aktiv zu werden den größeren Aufwand darstellt. Doch wenn ich weiß, für welchen Traum ich dies tue, mache ich es sehr gern, um noch etwas mehr Kontrolle über meine Zukunft zu gewinnen.

Mich selbst zu verstehen und zu lernen, wie ich meine Wünsche verwirklichen kann, gibt mir jedes Mal wieder eine unendliche Energie und Motivation. Denn wenn wir unser Schicksal selbst in die Hand nehmen, können wir selbst bestimmen, wohin es sich entwickelt.

Eine kleine Debattier-Übung

Weißt du, welche Frage ich mir in meinem Leben am häufigsten gestellt habe? Die Frage: »Warum?«

Damit meine ich nicht dieses anklagende »Warum?«, in welchem oft ein indirekter Vorwurf mitschwingt und das eigentlich gar keine ernst gemeinte Frage ist. Ich meine eher dieses »Warum?«, mit dem kleine Kinder ihre Eltern zur Weißglut bringen. Warum sind die Dinge, wie sie sind? Warum bin ich, wie ich bin? Ich mache daraus gern ein Spiel. Dafür stelle ich mir die Frage »Warum?« so oft, bis ich sie nicht mehr stellen kann, sie also vollumfänglich beantwortet ist. Für die ersten zwei bis drei »Warum?« wird man sicher ziemlich schnell eine passende Antwort finden. Doch beim vierten »Warum?« wird es vielleicht schon schwieriger. Wenn du dieses Spiel in Problemlösungssituationen konsequent spielst, kann es dir verraten, wo du ansetzen musst.

Probieren wir es doch mal gemeinsam aus. Warum traust du dich nicht, noch einmal etwas Neues zu beginnen? Weil es dafür zu spät ist. Warum? Weil ich dafür schon recht alt bin. Warum bist du dafür schon recht alt? Weil man im höheren Alter nicht mehr so einfach neue Dinge lernen kann. Warum kann man im höheren Alter nicht mehr so gut neue Dinge lernen? Weil man meistens in jungen Jahren lernt und sich da entscheidet, welchen Weg man einschlägt. Warum tut man das im jungen Alter? Weil man da noch auf der Suche nach seinem Weg ist. Warum ist man nur im jungen Alter auf der Suche nach seinem Weg? Nun, man kann eigentlich in jedem Abschnitt seines Lebens auf der Suche nach dem eigenen Weg sein. Warum kann man in jedem Abschnitt seines Lebens auf der Suche nach dem richtigen Weg sein? Weil das Leben nicht nach einem bestimmten Plan läuft; es kann immer etwas Unvorhergesehenes passieren.

Ich könnte dieses Spiel jetzt noch deutlich länger spielen. Aber ich denke, du verstehst, worauf ich hinauswill: Die Ausgangsfrage, weshalb man nur in jungen Jahren lernt, mündet in der Aussage, dass die Phase des Suchens nach dem eigenen Weg durchaus in jeder Lebensphase auftreten kann, denn das Leben ist nur selten in seiner Entwicklung vorhersehbar. Welchen Sinn macht es also, sich einen Neuanfang kategorisch zu versagen?

Du könntest dich ja beispielsweise mal fragen, warum du gerade dieses Buch in der Hand hältst. Eine eigentlich ganz naheliegende Frage für den Anfang. Schließlich ist es das, womit du dich gerade in diesem Moment beschäftigst. Sei unnachgiebig und frage dich immer weiter. Du wirst erstaunt sein, was für wundersame Dinge du über dich selbst erfährst. Probieren wir auch das einmal aus: Warum hältst du dieses Buch denn gerade in den Händen? Weil du es gekauft hast, wäre eine recht naheliegende Antwort. Doch warum hast du es gekauft, also: Was hat dich zu diesem Buch greifen lassen? War es das Cover? Der Titel? Die Art und Weise, wie es in der Buchhandlung präsentiert wurde? Eine Empfehlung? Oder vielleicht eine ganz unbewusste Entscheidung aus dem Bauch heraus? Hast du denn ganz gezielt nach einem Buch wie diesem gesucht oder nur ganz allgemein nach einem mit vergleichbaren Themen? Liegt es vielleicht daran, weil dich Themen aus dem Feld Problemlösung oder auch Resilienz schon immer begeistert haben? Letzteres, okay. Warum begeistert dich dieses Thema? Weshalb ist es für dich so spannend, und was erhoffst du dir durch dieses Buch? Konkrete Ideen? Inspiration? Spiel dieses Spiel doch einfach mal weiter durch und stelle dir die Fragen, die du dir eventuell noch nie gestellt hast. Vielleicht bekommst du dadurch ja auch Antworten, die du noch nie bekommen hast.

Wir können die verschiedensten Dinge aus diesem Spiel lernen – und am meisten über uns selbst. Das Schöne daran ist: Man weiß am Anfang noch nicht, wo es enden wird.

Reise zum Mittelpunkt der Erde

Wer sich mit der Frage nach dem »Warum?« wirklich intensiv auseinandersetzt und mehr als einmal nachfragt, wird feststellen, dass wir oftmals nur an der Oberfläche eines Problems kratzen. Wir geben nach den ersten zwei bis fünf »Warum?« einfach auf und geben uns mit den dazugehörigen Antworten zufrieden. Doch ein Problem ist erst gelöst, wenn wir wirklich bis zu seinem Kern vorgedrungen sind. Nur leider wissen wir oft gar nicht, wie tief der Kern eigentlich vergraben liegt.

Man muss sich das Ganze ein wenig so vorstellen, als würden wir mit einer einfachen Schaufel ein Loch graben wollen, das bis zum Erdkern reicht. Wir buddeln und buddeln und buddeln. Erst einen Meter, dann zwei und schließlich zehn Meter. Wir buddeln immer weiter. So lange, bis wir die hundert Meter erreicht haben. Dann buddeln wir noch tiefer, dringen Meter für Meter weiter in Richtung Erdkern vor. Und schließlich hören wir nach tausend Metern auf. Aus unserer Perspektive scheint ein Loch von tausend Metern Tiefe unfassbar groß zu sein. Blöderweise beträgt der Radius der Erde über sechstausend Kilometer. Was auf den ersten Blick nach einem wahnsinnig tiefen Loch aussieht, ist in Wahrheit kaum mehr als ein Kratzen an der Oberfläche.

Auch ich hätte das tun und mich damals im Alter von dreizehn Jahren mit der Erklärung meines Lehrers zufriedengeben können, dass mein Unwohlsein im Unterricht ganz gewöhnliche Auftrittsangst ist, was eine absolut plausible Erklärung gewesen wäre. Zudem hätte ich mir lobend zugestehen können, dass ich mich dem Problem angenommen und scheinbar eine Lösung gefunden hatte. Dass genau die aber nicht der Kern meines Problems war, wäre mir vermutlich nicht aufgefallen, hätte ich nicht trotzdem noch ein wenig weiter gebuddelt. Irgendwann hätte ich nur festgestellt, dass mein Unwohlsein trotz regelmäßigen Vorspielens nicht wesentlich besser geworden wäre. Ein Umstand, den ich vermutlich darauf zurückgeführt hätte, dass ich vielleicht einfach nicht der nervenstärkste Hornist bin. Und irgendwann hätte ich mich meinem Schicksal ergeben, und mein Leben wäre vermutlich ganz anders verlaufen.

Die Geschichte zeigt, was unser Gehirn für ein faszinierendes Organ ist. Es ist ein wahres Wunderwerk der Natur. Seine Fähigkeit, unermüdlich Informationen zu verarbeiten, Gedanken zu formen und Emotionen zu erleben, ist schlichtweg beeindruckend. Die Milliarden von Neuronen, die in diesem komplexen Organ miteinander interagieren, ermöglichen uns nicht nur, die Welt um uns herum zu verstehen; sie erlauben uns auch, sie zu erkunden und zu gestalten. Wissenschaftler aus verschiedenen Disziplinen haben sich seit jeher vom menschlichen Gehirns angezogen gefühlt. Ihre fortwährende Forschung enthüllt ständig neue Erkenntnisse über seine erstaunlichen Fähigkeiten. Es gibt unzählige Beispiele dafür, zu welch schier unglaublichen Leistungen unsere grauen Zellen imstande sind.

Aber ich muss meinen Enthusiasmus über diesen erstaunlichen Denkapparat zwischen unseren Ohren selbst etwas bremsen. Denn er besitzt trotz beeindruckender Fähigkeiten auch die eine oder andere Schwachstelle. Wenn es darum geht, herauszufinden, ob eine Person gerade traurig oder glücklich ist, reicht eine kurze Wahrnehmung des Gesichtsausdruckes vollkommen aus, um einen Eindruck des derzeitigen Gemütszustands zu bekommen. Auch die Fähigkeit, an einem »Hallo« am Telefon zu erkennen, wer sich auf der anderen Seite der Leitung befindet, ist gut ausgeprägt. Doch wenn es darum geht, herauszufinden, ob 56.231 mal 358 eher 14.375.528 oder 20.130.698 sind, wird es für unser Gehirn schon etwas schwieriger. In dem Fall müssten wir uns tatsächlich etwas mehr Zeit nehmen und nachrechnen.

Uns ist klar, dass uns Intuition in dem Fall nicht wahnsinnig weiterhilft. Wir wissen, dass es für die Multiplikation zweier Zahlen nur eine Lösung geben kann. Niemals würden wir davon ausgehen, dass eine spontan geschätzte Zahl tatsächlich das richtige Ergebnis ist. Bestenfalls könnten wir eine grobe Schätzung abgeben. Dass 56.231 mal 358 nicht 60.000 ergibt, würde uns relativ schnell auffallen. Schließlich ist 56.231 viel zu nahe an 60.000. Viel weiter wird uns unsere Intuition bei einer solchen Aufgabenstellung allerdings nicht helfen.

Doch wie ist es mit Dingen, die auf den ersten Blick intuitiv lösbar scheinen, es in Wahrheit aber gar nicht sind? Das ist etwa mit Zeugenaussagen bei einem Verkehrsunfall oder einem Verbrechen vergleichbar. Wie oft passiert es, dass Zeugen zu einem Vorfall unterschiedliche Aussagen treffen oder sich – noch schlimmer – gegenseitig widersprechen? Auch ist es möglich, dass ein einzelner Zeuge an einem Tag eine bestimmte Version des Tathergangs schildert, an einem anderen Tag aber eine andere Version wiedergibt.

Wie kann das sein? Nun, das ist ganz einfach. »Traue dir nicht immer selbst«, ließe sich die Lehre aus dieser Beobachtung vielleicht zusammenfassen. Das ist eine Erfahrung, die auch ich schmerzlich machen musste. Denn unsere Wahrnehmung und Erinnerungen sind alles andere als objektiv, wie meine folgende Erfahrung zeigt.

Auf den richtigen Ansatz kommt es an

Von meiner Faszination, mich selbst kennenzulernen, habe ich ja bereits hinlänglich berichtet. Die Erfahrungen, die ich mit Teppichen oder vielmehr deren Abwesenheit gemacht hatte, motivierten mich noch mehr, mich näher mit mir selbst zu beschäftigen. Ich hatte mir die Idee in den Kopf gesetzt, nicht dadurch ein besserer Hornist zu werden, indem ich einfach zum Unterricht ging und brav verinnerlichte, was man mir dort erzählte. Stattdessen wollte ich selbst verstehen, warum manche Dinge scheinbar mühelos funktionieren und andere wiederum nicht. Sollte ich mit dieser Methode etwa den Code geknackt haben, der bestmögliche Hornist zu werden, der ich sein konnte? Allein der Gedanke begeisterte und motivierte mich ungemein.

Man muss dazu wissen, dass einer der wichtigsten Punkte beim Hornspielen der Ansatz ist. Damit ist der Teil gemeint, der sich beim Hornspielen hinter dem und rund um das Mundstück befindet – also in erster Linie die Lippen und der

Bereich darunter bis zum Kinn. Möchte man auf dem Horn einen Ton erzeugen, muss man die Lippen dafür anspannen und Luft durch sie hindurchpusten. Durch das daraus resultierende Schwingen der Lippen entsteht der Ton. So weit, so einfach – gäbe es da nicht ein klitzekleines Problem. Denn sobald man die Lippen anspannt, werden sie – wie jeder andere Muskel auch – fest. Ergo schwingen sie nicht mehr so gut. Man könnte hier von einem Dilemma sprechen, bei dem sich die Katze immer irgendwie selbst in den Schwanz beißt.

Die Kunst besteht darin, den Ansatz so zu formen, dass der Bereich der Lippen, der sich in dem Mundstück befindet, locker ist, damit er schwingen kann. Der Bereich außerhalb des Mundstückes muss hingegen genug Kraft aufbringen, um die Töne zu formen. Kurzum, ein perfekter Ansatz ist wie ein guter Auflauf: außen schön stabil, innen lockerfluffig. Diese Balance optimal hinzubekommen ist in hohem Maße das, womit ich mein Geld verdiene. Man könnte sagen, mein Leben dreht sich um die optimale Konsistenz meiner Lippen. Wenn die Balance stimmt, kann ich alles spielen. Stimmt sie nicht, bekomme ich kaum einen vernünftigen Ton heraus.

Ich bin mir sicher, du sitzt gerade selbst vor dem Buch und probierst es aus. Habe ich recht? Zugegeben, gerade am Anfang ist der richtige Ansatz ein ziemlich schwieriges Unterfangen. Denn um die optimale Balance zu bekommen, muss man seine Lippen erst einmal trainieren. Man schickt sie sozusagen ins Fitnessstudio: Je genauer und differenzierter man den Muskel anzusteuern in der Lage ist, desto besser kann er seinen Dienst tun.

So viel zur Theorie. In der Realität sieht das Ganze wie so oft nämlich noch einmal anders aus. Dort stimmt diese Balance praktisch nie. Entweder sind die Lippen gut trainiert und kräftig; in dem Fall schwingen sie nicht richtig. Schwingen sie hingegen sehr gut, sind sie wiederum zu schwach, um hohe Töne zu spielen. Die benötigen nämlich viel Kraft. Als Jugendlicher hat mich dieser Umstand regelmäßig in den Wahnsinn getrieben. Egal, was ich tat, ich schwankte regelmäßig von einem Extrem ins andere. Mal waren die Lippen zu hart, mal waren sie zu weich. Manchmal hatte ich das Gefühl, eine Murmel auf einer Halbkugel platzieren zu wollen. Egal, wie exakt ich sie platzierte, am Ende rollte sie doch wieder irgendwo herunter. Es war zum Verrücktwerden.

Bei mir gibt es einen Punkt, an dem sich Zweifel in Wut umwandelt. Das ist der Moment, in dem ich mir denke: »Verdammt! Und wenn es das Letzte ist, was ich in meinem Leben tue, ich werde es hinbekommen – egal, wie!« Solche Momente kommen bei mir regelmäßig vor – ganz zum Leidwesen des Problems.

Ich entwickelte also auch damals einen Plan, um dieses nervige Balance-Problem ein für allemal aus dem Weg zu räumen. Meine bisherige Taktik bestand darin, eine optimale Übezeit zu entwickeln. Das bedeutete, die Lippen zwar so gut zu trainieren, dass sie alle Töne mühelos spielen konnten – aber eben auch nur so viel, dass sie nicht wieder hart wurden. Dabei beachtete ich außerdem, welche Stücke ich gerade spielte. War es beispielsweise ein Stück mit vielen hohen Tönen, war das für den Ansatz wesentlich anstrengender als ein Stück mit vielen tiefen Tönen. Zudem hatte ich bereits bemerkt, dass beispielsweise längere Zug- oder Autofahrten dazu führen, dass meine Lippen anschließend deutlich härter waren. Meine Idee war, dass ich all diese Faktoren in Einklang bringen müsste, um den perfekten Ansatz zu erlangen. Doch was ich auch tat, es geschah einfach nicht! Egal, wie sehr ich mich anstrengte, die Murmel rollte jedes Mal wieder von der Halbkugel herunter.

Mir war klar, dass meine Herangehensweise vom Prinzip her richtig sein musste. Doch irgendwo verbarg sich noch ein weiterer entscheidender Faktor, den ich übersehen hatte. Und der war ich selbst! Ich beschloss, mir ein Tagebuch zuzulegen. Etwas, das eigentlich so gar nicht zu mir passte. Tagebuchschreiben löst bei mir ungefähr so viel Freude aus wie ein Wurstsalat bei einem eingefleischten Vegetarier. Ehrlich gesagt weiß ich bis heute nicht, warum ich mir dieses Büchlein zulegte, um darin meinen Übungsablauf festzuhalten. Ich schätze, es war die pure Verzweiflung. Aber wenn ich ehrlich zu mir selbst bin, haben viele meiner Ideen genau diesen Ursprung. Bevor ich verzweifelt aufgebe, probiere ich einfach irgendetwas aus. Ganz egal, ob es mir gerade hilfreich erscheint oder nicht. Denn was ist das Schlimmste, was passieren kann? Dass man genau an demselben Punkt steht wie zuvor.

Und was soll ich sagen? Das Anschaffen eines Tagebuchs war vermutlich eine der besten Ideen, die ich je hatte. Denn meine Herangehensweise, die perfekte Belastung für meine Lippen herauszufinden, war an sich vollkommen richtig. Nur hatte ich nicht bedacht, dass mein Erinnerungsvermögen alles andere als objektiv war. Im Grunde war es genauso wie beim Unfallzeugen, der vor Gericht zwei unterschiedliche Versionen von ein und demselben Ereignis schildert.

Sei ein Schwamm!

Wir tendieren oft dazu, Ereignisse, die weiter zurück in der Vergangenheit liegen, in unseren Erinnerungen positiver zu bewerten als im Moment des Erlebnisses selbst. Auch fließen Emotionen, die wir zu einem bestimmten Zeitpunkt empfunden haben, oft in die Bewertung einer Situation ein, obwohl sie für die Bewertung an sich oft irrelevant sind.

Mir geht das heute noch oft so, wenn es um die Einschätzung meines Lampenfiebers vor einem Konzert geht. Verläuft ein Konzert super, scheint mein Lampenfieber im Nachhinein wesentlich weniger schlimm gewesen zu sein. Die Zufriedenheit über mein Konzert hat also größeren Einfluss auf die Bewertung meines Lampenfiebers als das Lampenfieber selbst.

Und genau dort lag mein Problem mit dem Ansatz. Wie sollte ich die perfekte Balance finden, wenn meine Erinnerungen nicht objektiv sind? Wie sollte ich also meinen aktuellen Ansatz mit dem vor einer Woche oder vor einem Monat vergleichen? Wenn meine allgemeine Zufriedenheit vor einem Monat wesentlich größer war als vor einer Woche, war sicherlich auch die Balance meines Ansatzes in meiner Erinnerung vor einem Monat wesentlich besser als vor einer Woche, obwohl dies objektiv vielleicht gar nicht der Realität entsprach.

Was sich aus dem Tagebuchschreiben ergab, war der zweite große Aha-Moment in meinem Leben. Mein Tagebuch fütterte ich täglich, nachdem ich geübt hatte. Dabei nutzte ich drei Spalten. In der ersten stand das Datum. In der zweiten listete ich auf, wie lange ich welches Stück gespielt hatte. Die dritte enthielt die Information, wie sich meine

Lippen angefühlt hatten. Bei der Beschreibung vermied ich wertende Adjektive wie »mein Ansatz fühlt sich gut oder schlecht an«. Stattdessen versuchte ich, möglichst sachlich und wertungsfrei zu bleiben. Schnell fiel mir auf, dass meine subjektive Erinnerung mit dem, was in meinem Tagebuch stand, oft nur wenig gemein hatte. Oftmals war ich regelrecht schockiert, wenn ich darin las und bemerkte, wie weit Erinnerung und Realität doch auseinanderlagen.

Wenn wir ein Ziel vor Augen haben, wollen wir in der Regel zwei Dinge: erstens, dass es schnell erreicht wird und zweitens, dass wir es mit möglichst wenig Aufwand schaffen. Genau diese beiden Punkte sind es, die uns vom Weg abbringen. Denn beide Punkte animieren uns dazu, die Verantwortung abzugeben. Es scheint manchmal der einfachere und schnellere Weg zu sein, mit dem Finger auf andere zu zeigen und einer anderen Person die Schuld für sich selbst zu geben. Ich kenne allerdings kein Beispiel, wo dies zu großem Erfolg geführt hat. Wenn du etwas erreichen möchtest, brauchst du genau das Gegenteil: Zeit und Durchhaltevermögen. Das sind beides Dinge, die in unserer Gesellschaft eher negativ behaftet sind. Für niemanden klingt es verlockend, wenn man ihm sagt, dass es Zeit und Durchhaltevermögen braucht, um seine Träume in Realität umzuwandeln.

All das hätte ich nie erfahren, wenn ich mich nicht selbst zum Objekt der Forschung gemacht hätte. Wo wäre ich heute, wenn ich meine Unzufriedenheit über meine Probleme nicht in Entdeckerlust umgewandelt, sondern stattdessen in andere Hände gelegt hätte? Versteh mich bitte richtig: Es geht nicht darum, keinen Rat von anderen anzunehmen. Ganz im Gegenteil: Nimm jeden Rat mit, den du bekommen kannst! Was du umsetzt, kannst du ja immer noch selbst entscheiden. Schließlich ist es hilfreich, wenn eine andere Person eine schwierige Situation schon durchlebt hat, in der du gerade steckst.

Sei wie ein Schwamm: Sauge alles in dich auf, was du finden kannst. Beschäftige dich auch mit Meinungen und Ideen, die du vielleicht nicht teilst. Denn am Ende lernst du gerade daraus oftmals am meisten. Schließlich sind das die Ideen und Meinungen, denen du bis jetzt vielleicht noch nicht so viel Aufmerksamkeit geschenkt hast, die dich aber möglicherweise den entscheidenden Schritt nach vorn bringen. Verantwortung für sich selbst zu übernehmen bedeutet nicht, ignorant zu sein. Es bedeutet, selbst nach Wegen zu suchen und die Kontrolle zu übernehmen. Wenn du das nicht tust, wird es wahrscheinlich niemand tun. Und das wäre doch tragisch.

Der amerikanische Autopionier Henry Ford hat einmal gesagt: »Wenn du tust, was du immer getan hast, wirst du bekommen, was du immer bekommen hast.« In diesem Sinne kann es oftmals hilfreich sein, alte Pfade zu verlassen und neue Wege auszuprobieren.

Du bist, was du denkst

Es ist erstaunlich, wie eine Entscheidung, die wir im Bruchteil einer Sekunde treffen, unser Leben für immer verändern kann. Diese Situationen beschäftigen uns oft auch im Nachhinein noch lange Zeit: Hätten wir uns anders entschieden, hätte das Schicksal eine ganz andere Wendung genommen. Das Verrückte dabei ist oftmals, dass wir diese Entscheidungen, obwohl so viel von ihnen abhängt, manchmal innerhalb eines Wimpernschlages treffen. Gewiss ist uns die Tragweite in dem Moment noch gar nicht bewusst; schließlich sind wir keine Hellseher. Doch tragen wir die Konsequenzen aus diesem Augenblick manchmal ein Leben lang bei uns – im Schlechten, aber auch im Guten.

Bei mir ist es eine Tür in Kassel. Oder besser gesagt: das Finden dieser Tür. Heute ist mir klar: Hätte ich sie damals nicht entdeckt, wäre mein Leben vielleicht anders verlaufen. Ich würde fast sagen, diese Tür war mein Schlüsselmoment. Der Punkt, an dem mein Leben an einer Weggabelung stand und ich mir die Frage stellen musste, ob ich nun links oder rechts abbiege. Um Haaresbreite hätte ich mich für die andere Abzweigung entschieden – ohne zu wissen, wie die Konsequenzen für diese Entscheidung ausgesehen hätten und welche Tragweite diese eine Tür noch für mich haben sollte. Aber der Reihe nach.

Ab nach Kassel

Es gibt Städte, zu denen hat man irgendwie keine Verbindung. Man weiß zwar um ihre Existenz und vielleicht auch ungefähr, wo sie auf der Karte liegen, aber das war es dann auch schon. Vor dem inneren Auge ploppt beim Klang des Namens keine Assoziation auf. Für mich ist Kassel eine solche Stadt. In Göttingen geboren und aufgewachsen, weiß ich, dass die Städte eigentlich nur eine gute Dreiviertelstunde Autofahrt voneinander entfernt liegen. Trotzdem war ich bis zu jenem Tag nie dort gewesen. Ich wusste auch nicht, wie es dort aussah, ob es vielleicht eine schöne Altstadt, nette Cafés oder interessante Bauwerke zu entdecken gab. Und trotzdem sollten dort die entscheidenden Weichen für meine zukünftige Hornistenkarriere gelegt werden.

Ich hatte mich beim Bundesjugendorchester beworben und eine Einladung zum Probespiel bekommen. Probespiele sind, wenn man so will, die Bewerbungsgespräche für Musiker – nicht nur bei Jugendorchestern, sondern auch bei den Profis. Der Unterschied ist, dass man bei unseren Bewerbungsgesprächen keine mitunter lästigen Fragen zur eigenen beruflichen Vergangenheit oder eventuellen Karriereambitionen beantworten muss, sondern – wie sollte es anders sein – vorspielt. Meist besteht ein Probespiel aus mehreren Runden. Nach jeder weiteren Runde fliegen ein paar der Bewerber raus. So lange, bis am Ende ein Gewinner übrig bleibt. Der bekommt dann die freie Position im Orchester.

Dementsprechend aufgeregt war ich, als der Brief mit der Einladung zu einem Vorspiel für das Bundesjugendorchester bei uns zu Hause eintrudelte. Neben den Stücken, die ich vorbereiten sollte, waren auf dem Schreiben auch die Zeit und vor allem der Ort vermerkt, an dem dieser musikalische Wettstreit stattfinden sollte. Ein kurzer Blick auf die Infoseite verriet mir, dass Kassel dafür auserkoren worden war, was mich im ersten Moment recht positiv stimmte. Denn was den Reiseweg angeht, hätte es durchaus schlimmer kommen können. 45 Minuten waren absolut überschaubar; da ist man als Musiker ganz andere Reisen gewöhnt. Die Probespiele für das Bundesjugendorchester finden immer an unterschiedlichen Orten statt. So hätte es auch gut sein können, dass ich quer durch die halbe Republik hätte tingeln müssen. Mit Kassel hatte sich zumindest diese Sorge erledigt.

Die anschließenden Wochen verbrachte ich also damit, meine Stücke vorzubereiten. So ein Probespiel ist nämlich immer wie ein Ritt auf der Rasierklinge. Man hat nur eine Chance – also muss alles sitzen. Da ist es ganz egal, ob man vielleicht einfach nur einen schlechten Tag erwischt hat und es eigentlich besser könnte: Ist die Chance vertan, schnappt sich jemand anderes den Platz im Orchester. Dementsprechend nervös war ich auch schon in den Wochen und Tagen vor dem Termin. Jede freie Minute verbrachte ich damit, mich gut vorzubereiten, und ging im Kopf möglichst viele Fallstricke durch. Wie ist es, wenn an dem Tag deine Lippen zum Spielen nicht so gut in Form sind? Oder du etwas hungrig bist, weil du vorher vor Nervosität nicht richtig essen konntest? Immer und immer wieder ging ich die unterschiedlichsten Szenarien in meinem Kopf durch und beachtete jede Eventualität, um möglichst gut auf alles vorbereitet zu sein und möglichst viele Situationen schon mal durchgespielt zu haben. Denn eines war mir klar: So eine Chance würde ich nicht so schnell wieder bekommen. Dementsprechend tat ich alles dafür, um sie zu nutzen.

Dann war es endlich so weit und der Tag des Probespiels war gekommen. War ich die Tage davor schon aufgeregt gewesen, sprengte dieses Datum noch einmal alles. Mein Magen war flau. Übelkeit verdarb mir jede Motivation, Nahrung zu mir zu nehmen. Meine Kurzatmigkeit gab mir das Gefühl, gleich ohnmächtig zu Boden zu sinken, bevor ich auch nur einen einzigen Ton gespielt hatte. Meine Mutter fuhr mich mit dem Auto nach Kassel. Es war die gefühlt längste Dreiviertelstunde meines Lebens. Jede Minute verging in Zeitlupe. Und mit jeder Minute stieg meine Nervosität noch weiter, gefühlt bis ins Unermessliche.

Doch dann geschah etwas, was ich mental nicht eingeplant hatte: ein Stau. Da wir rechtzeitig losgefahren waren, beunruhigte mich das zunächst nur sekundär. Schließlich war ich in Gedanken voll und ganz mit meinem Probespiel beschäftigt. Doch auch ich bemerkte, dass dieser Stau nicht das gewöhnliche *stop and go* war, das sich normalerweise nach ein paar Minuten von allein erledigte: zehn Meter rollen, eine Minute stehen, zehn Meter rollen. Stattdessen standen wir einfach. Und zwar so richtig. Komplett, ohne Rollphasen.

Die ersten paar Minuten war das noch in Ordnung. Schließlich hatte der Stau auch etwas Gutes: Ich würde die Zeit in Kassel bis zum Beginn des Vorspiels nicht überbrücken müssen, und das war mir in dem Moment ganz recht. Doch nach zehn Minuten wurde dann auch ich etwas nervös – zusätzlich zu der Nervosität, die mich sowieso schon auf Trab hielt.

Unser großzügiges Zeitpolster von rund einer Stunde begann zu schmelzen wie eine Packung Wassereis in der Wüste Gobi. Und mit jedem Tropfen Schmelzwasser stieg meine Nervosität weiter an. Doch dann, wie aus dem Nichts, ploppten plötzlich neue Gedanken in meinem Kopf auf. Wäre das denn so schlimm, wenn du es nicht schaffen würdest? Schließlich müsste ich dann nicht vorspielen. Und das Beste: Mich würde keinerlei Schuld treffen. So eine Vollsperrung kann schließlich jedem passieren. Niemand ist davor gefeit. Das Schicksal hätte entschieden. Und ich wäre der unangenehmen, mit so viel Sorge behafteten Situation entkommen. Wäre das nicht eigentlich gut?

Auf der anderen Seite war es ein großer Traum von mir, eines Tages im Bundesjugendorchester zu spielen. Die Möglichkeit, auf der ganzen Welt Konzerte zu geben, lockte mich immens: interessante Menschen kennenzulernen und Musik auf dem höchsten Niveau machen zu dürfen. Bei dem Gedanken daran wurde mir ganz warm ums Herz. Gäbe es auf dem Weg dahin nur nicht dieses blöde Probespiel! Hätte ich das nur erst überstanden, wäre ich sicher der glücklichste Mensch auf der Welt. Nur hatte ich es eben noch nicht überstanden. Und wie es in diesem Moment aussah, würde ich es nicht einmal bis dorthin schaffen.

Doch plötzlich wurde ich aus meinem Gedankenkarussell gerissen. Wir rollten! Wie aus heiterem Himmel setzten sich die Fahrzeuge um uns herum wieder in Bewegung, und wir mit ihnen. Erst im Schneckentempo, doch mit jedem Meter erhöhte sich die Geschwindigkeit. Anscheinend war eine Spur geöffnet worden, durch die der Verkehr nun gelotst wurde.

Hoffnung machte sich in mir breit. Würde ich es doch noch schaffen? Anscheinend. Kaum hatte ich diesen Gedanken zu Ende gedacht, tauchte meine Nervosität wegen des Vorspiels wieder auf. Innerlich hatte ich mich schon damit angefreundet, heute nicht mehr vorspielen zu müssen. Doch das Blatt schien sich zu wenden. Damit begann sich auch mein Nervositätskarussell wieder zu drehen. Was ich in dem Moment allerdings noch nicht ahnte, war, dass mein Nervenkostüm noch ein weiteres Mal zusätzlich strapaziert werden würde.

Irgendwann tauchte ein unscheinbares Gebäude an einer unscheinbaren Straße am Horizont auf. »Dort müsste es sein«, gab meine Mutter mir zu verstehen.

Kurz am Seitenstreifen geparkt, warf ich mir Horn und Hornständer über und machte mich mit den beiden Tragetaschen auf den Weg in Richtung des Gebäudes, in dem sich mein Schicksal entscheiden sollte. Doch gerade, als ich mich bereit gemacht hatte, um einzutreten, blieb ich verdutzt stehen. Was war denn das? Das Gebäude verfügte zwar über Fenster, Wände und ein Dach, aber eine Eingangstür war anscheinend nicht mit eingeplant worden.

»Diese verflixte Tür muss doch hier irgendwo sein«, schoss es mir durch den Kopf.

Und ich tat, was man für gewöhnlich tut, wenn man Türen zum Eintreten in ein Gebäude sucht. Man läuft drum herum. Erst links, dann rechts. Irgendwie muss man schließlich hineinkommen. Doch nichts, keine Tür. Fassungslosigkeit machte sich in mir breit. Wer baut denn Häuser ohne Türen?

Es half alles nichts. Ich zückte mein Handy und wählte den Kontakt, der auf der Infoseite meiner Einladung stand. »Tuuut, tuuut, tuuut.« Sonst nichts. Außer einem monotonen

Getute war nichts zu hören. Niemand, der abnahm, oder wenigstens eine Voicemail. Nichts. Nur »tuuut«. Langsam wurde ich sauer. Wie konnte das sein? Ich rief erneut an. Doch wieder: nichts.

Eine unerwartete Hürde

Nun stand ich da. Ich hatte mich so weit nach oben gearbeitet. Jahrelang geübt, Wettbewerbe gespielt. Ich war Jungstudent an der Musikhochschule in Hannover und hatte es so weit geschafft, eine Einladung zum Bundesjugendorchester zu bekommen, was eine große Ehre war. Und jetzt sollte das alles an einer dusseligen Tür scheitern?

Ich gab nicht auf und rief erneut an. Doch egal, wie oft ich die Nummer wählte, niemand nahm ab. Innerlich begann ich, mich mit der Situation anzufreunden: Wie es aussah, würde ich es wohl nicht mehr schaffen. Denn mein Termin zum Vorspiel rückte immer näher, und durch den Stau war ein Großteil des eingeplanten Zeitpuffers bereits aufgebraucht.

Wieder stand ich vor meinem inneren Konflikt. Auf der einen Seite wollte ich unbedingt in das Orchester. Auf der anderen Seite wäre ich auch nicht traurig gewesen, die unangenehme Situation des Vorspiels meiden zu können. Es waren genau die Gedanken, die mir auch während des Wartens im Stau durch den Kopf geschossen waren. Nur gab es einen wesentlichen Unterschied: Dem Stau war ich ausgeliefert gewesen. Es hatte nichts gegeben, was ich in dem Moment hätte tun können. Doch hier hatte ich die Entscheidungsgewalt. Denn eines war klar: Es gab einen Eingang in dieses Gebäude. Ich musste entscheiden: suchen oder aufgeben? Für beide Szenarien hatte ich emotionale Gründe. Für beide schlug irgendwie mein Herz. Doch konnte ich in dem Moment nicht wirklich sagen, für welches es mehr schlug. Ich wusste nicht, ob ich mich der Situation entziehen oder alles geben sollte.

Es ist erstaunlich, wie Emotionen uns manchmal Gedanken gegen jede Vernunft entwickeln lassen. Gedanken, die dann wiederum zu Entscheidungen führen, von denen wir manchmal sogar im selben Moment schon wissen, dass es die falschen sind. Doch gegen Gefühle und Emotionen können wir uns oftmals nur schwerlich wehren.

Zudem treffen wir gern kurzfristig motivierte Entscheidungen. Wenn uns eine Entscheidung kurzfristig guttut, scheint sie meist verlockender als eine Entscheidung mit langfristiger Perspektive. Oft führt unser subjektives Empfinden gar dazu, dass wir die Langzeitwirkung unserer Entscheidungen gänzlich ausklammern. Wir wollen, dass es uns jetzt besser geht. Wie es uns in einer Woche, einem Monat oder gar einem Jahr ergehen mag, scheint im Hier und Jetzt zweitrangig zu sein.

Vor genau dieser Frage stand auch ich damals. Kurzfristig wäre aufzugeben sicher die angenehmere Situation gewesen. Auch hätte mir niemand einen Vorwurf machen können; es wären eben die Umstände gewesen: Stau, nicht vorhandene Türen und niemand, der ans Telefon ging. Ich hätte mir nichts vorwerfen müssen, im Gegenteil. Ich war rechtzeitig losgefahren, hatte mehrmals angerufen und mich wirklich darum bemüht, zum Vorspiel zu erscheinen. Und trotzdem hatte es einfach nicht sein sollen. Schicksal eben. So etwas passiert. Schließlich können wir nicht alles kontrollieren.

Die Zeit verrann. Ich musste eine Entscheidung treffen.

Denn eines war klar: Würde ich es in den nächsten fünf Minuten nicht ins Gebäude schaffen, würde es zu spät sein. Dann hätte sich das Vorspiel erledigt. Ich grübelte also, ob ich vielleicht noch ein einziges Mal anrufen und einen letzten Versuch wagen sollte. Ich war unsicher. Denn vor beiden Szenarien hatte ich irgendwie Bammel. Würde niemand ans Telefon gehen, wäre es das gewesen. Auf der anderen Seite: Würde ich doch jemanden erreichen, würde dies bedeuten, mich dem Vorspiel stellen müssen. Beides war irgendwie schlecht und gut zugleich. Ich haderte mit mir selbst – im Bewusstsein, jetzt eine Entscheidung treffen zu müssen. Denn nur jetzt war das Zeitfenster noch offen.

Da meldete sich plötzlich eine Stimme in mir zu Wort und traf die Entscheidung: »Du rufst noch einmal an. Ein allerletztes Mal. Sollte jemand rangehen, ist es gut. Und wenn nicht, dann ist das auch in Ordnung«, hörte ich die Stimme sagen.

Ohne weiter nachzudenken, griff ich zum Handy und wählte die Nummer.

»Hallo?«

Ich war verdutzt. Hatte dort tatsächlich jemand abgenommen? Ein Mensch aus Fleisch und Blut?

»Ja, hallo. Hier ist Felix Klieser. Ich kann den Eingang nicht finden. Können Sie mir vielleicht weiterhelfen?«

»Oh, natürlich. Das ist ein bisschen blöd gemacht. Sie müssen ins Nachbargebäude. Von dort kommen Sie hier rein.«

Bitte? Wollten die mich hops nehmen? Durch das Nachbargebäude? Welcher Architekt hatte sich das ausgedacht? Und warum hatte mir das vorher niemand mitgeteilt – in der Einladung zum Beispiel? Doch jetzt war das völlig egal.

Ich beendete hastig das Gespräch und sprintete, so schnell ich konnte, mit meinem Gepäck ins Nachbargebäude. Und siehe da, dort befand sich tatsächlich der Durchgang. Ich hatte die ganze Zeit keine zehn Meter von der Tür entfernt gestanden, die mir den Zutritt zum Bundesjugendorchester verschaffen konnte. Na bravo! Doch damit beschäftigte ich mich nicht weiter, sondern konzentrierte mich voll und ganz auf mein Probespiel.

Was wäre, wenn?

Es ist faszinierend, wie man manchmal auf die Vergangenheit zurückblickt und feststellt, dass einem scheinbar banale Situationen noch Jahre und Jahrzehnte im Gedächtnis geblieben sind. Wie die Erinnerung sich anfühlt, als wäre es erst gestern gewesen. Wir malen uns gern aus, wie unser Leben verlaufen wäre, hätten wir uns zu einem bestimmten Zeitpunkt anders entschieden. Wäre unser Leben dann anders verlaufen oder würden wir trotzdem an dem Punkt stehen, an dem wir jetzt auch stehen?

Natürlich werden wir nie eine Antwort darauf bekommen. Und das ist vielleicht auch ganz gut so. Schließlich wäre es ja irgendwie befremdlich, wären Lebenswege bis ins letzte Detail vorhersehbar. Und wir müssten die einzelnen Stationen des Lebens einfach nur wie bei einem Geschicklichkeitsparcours durchlaufen, bei dem wir genau wissen, was uns erwartet. Trotzdem kann es bisweilen recht aufregend sein, sich diesem Gedankenspiel ein wenig hinzugeben.

Ich habe in den letzten drei Jahrzehnten unglaublich viel mit dem Horn erlebt. In dieser Zeit hatte ich großartige Momente, an die ich mich gerne zurückerinnere. Ob ich an meine ausverkauften Konzerte bei den BBC Proms in der Royal Albert Hall vor Tausenden von Menschen denke oder an den Gewinn des Echo Klassik für mein allerersten Album: Oft konnte ich selbst kaum glauben, wie weit ich es mit dem Horn gebracht habe.

Und doch ist kaum eine Erinnerung so präsent wie das Suchen nach der Tür in Kassel an jenem schicksalhaften Tag. Über kaum ein Ereignis habe ich so viel nachgedacht wie über dieses. Was wäre, wenn? Wenn nicht plötzlich eine innere Stimme zu mir gesagt hätte, ruf noch ein letztes Mal an? Wenn in diesem Moment niemand abgenommen hätte? Was wäre dann gewesen? Wäre ich je professioneller Hornist geworden oder hätte mein Leben eine andere Wendung genommen? Hätte ich mich vielleicht einem anderen Thema gewidmet? Wäre ich womöglich Naturwissenschaftler geworden? Das war damals nämlich mein Plan B. Wo stünde ich heute, wenn nicht hier?

Die Krux an dieser Geschichte und vergleichbaren Momenten in deinem Leben ist, dass wir uns der Tragweite in dem Moment gar nicht bewusst sind. Ich wollte einfach nur das Probespiel überstehen und nachts wieder entspannt schlafen können. Alles andere war mir in dem Moment völlig egal. Ich war weit davon entfernt, rational zu denken, geschweige denn vorausschauend das Für und Wider meiner Handlungsoptionen abzuwägen und mit kühlem Kopf eine Entscheidung zu treffen. Dementsprechend oft habe ich mich später gefragt, warum ich mich damals dazu entschieden habe, einen letzten Telefonversuch zu starten. Emotional hatte ich mich zu diesem Zeitpunkt eigentlich schon damit abgefunden, unverrichteter Dinge wieder nach Hause zu fahren. Woher kam dieser Impuls? Heute bin ich darüber natürlich sehr glücklich. Schließlich sollte die Geschichte noch weitergehen.

Denn eines meiner letzten Konzerte mit dem Bundesjugendorchester war die 9. Sinfonie von Bruckner in der Berliner Philharmonie. Dirigiert wurde sie von keinem Geringeren als dem damaligen Herrn des Hauses, dem legendären Sir Simon Rattle. Und wie es der Zufall so wollte, saß bei diesem Konzert eine Journalistin einer großen deutschen Sonntagszeitung im Publikum, die mir anschließend anbot, ein großes Porträt über mich zu schreiben. Der Artikel war ein riesiger Erfolg und brachte mir vom einen auf den anderen Moment eine unglaubliche Aufmerksamkeit. Sie war so groß, dass ein Musiklabel dadurch auf mich aufmerksam wurde und meine Karriere von diesem Punkt an aktiv verfolgte. Das wiederum führte einige Zeit später zu meinem ersten Plattenvertrag. Und für das erste Album, das im Rahmen dieser Zusammenarbeit aufgenommen wurde, bekam ich sofort einen Echo – den bedeutendsten deutschen Musikpreis. Und von da an ging es nur noch bergauf.

Heute ist mir klar, dass es auch ganz anders hätte laufen können.

Eine Karriere besteht aus unzähligen kleinen Mosaiksteinen. Im Idealfall greifen sie wie Zahnräder ineinander. Viele davon haben etwas damit zu tun, welche Leistungen wir vollbringen. Doch mindestens genauso viele hängen von Umständen ab, die an Banalität manchmal kaum zu überbieten sind. Wie das Finden einer Tür zum Beispiel. Selbstverständlich sind diese Tür und mein Umgang damit allein nicht für meine gesamte Karriere verantwortlich – doch hätte sie alles vermasseln können.

Manchmal haben scheinbar harmlose Entscheidungen

einen größeren Einfluss auf unser Leben, als wir es uns vorstellen können. Für Erfolg gibt es nie einen einzigen Grund. Erfolg ist auch nicht immer gerecht. Es ist nicht zwingend, dass die Besten zwangsläufig den größten Erfolg haben werden. Meistens ist es eine endlose Aneinanderreihung von Entscheidungen, die ein großes Ganzes ergeben, das sich am Ende passend fügt. Es ist wie bei einem Mosaik: Erst das Zusammensetzen Tausender Steinchen ergibt ein Kunstwerk, in dem jedes einzelne Teilchen seine Bedeutung, seinen zugeordneten Platz hat – und deshalb von großer Bedeutung ist. Allein ist es nichts, doch ohne es geht es auch nicht.

Der Schmetterlingseffekt

Wir treffen am Tag rund 20.000 Entscheidungen. Das sind gut 833 Entscheidungen pro Stunde und knapp 14 pro Minute. Ich war erstaunt, als ich diese Zahlen zum erstem Mal las. Schließlich ist jede Entscheidung an Konsequenzen geknüpft, auch wenn die meisten davon eher harmlos sind: Soll es lieber Marmelade oder Käse fürs Frühstücksbrot sein? Oder vielleicht gleich zwei Brote? Dann könnte man wählen. Erst die Marmelade, dann den Käse. Oder umgekehrt. Natürlich hätte man auch die Option, nachdem einem das erste Brot mit Marmelade vorzüglich gemundet hat, erneut zur Marmelade zu greifen und den Käse Käse sein zu lassen. Eventuell wäre dann das Marmeladenglas irgendwann zuerst leer, also noch vor dem Käse. Bei deinem nächsten Einkauf würdest du also eher zur Marmelade greifen, denn Käse wäre ja noch in deinem Kühlschrank. Eine Entscheidung, die vermutlich die Marmeladenindustrie beglücken und aufgrund der höheren Nachfrage die Preise erhöhen würde.

Eine Entscheidung der Industrie, die bei deinem nächsten Einkauf eventuell dazu führen könnte, dich gegen die Marmelade zu entscheiden und vielleicht mal was Neues auszuprobieren – luftgetrocknete italienische Salami zum Beispiel.

Oder nehmen wir unsere tagtägliche Aktivität: Von dem Augenblick des Erwachens bis zum Eintritt in den Schlaf wählen wir unaufhörlich, wie wir unsere Zeit investieren möchten. Die Wahl zwischen körperlicher Aktivität und passivem Verweilen auf dem Sofa etwa mag wie eine kleine Gabelung erscheinen, doch sie birgt langfristige Konsequenzen für unsere Gesundheit und unser Wohlbefinden. Ebenso beeinflussen unsere Entscheidungen darüber, wie wir unsere Stunden organisieren und welche Aktivitäten Priorität erhalten, unsere Produktivität, unser persönliches Wachstum und die Bande, die wir zu unseren Mitmenschen knüpfen. Sogar die vermeintlich unbedeutende Entscheidung, welches Buch wir vor dem Schlafengehen lesen, webt sich in das Gewebe unseres Denkens und Träumens ein. Diese scheinbar unscheinbaren Wegkreuzungen summieren sich zu einem kaleidoskopischen Muster, das letztlich unser Leben und unsere Zukunft prägt. Es liegt an uns, mit Bedacht zu wählen und die Route zu bestimmen, die wir durch dieses Labyrinth des Lebens einschlagen wollen.

Ich könnte dieses Spiel noch ewig so weiterführen. Aber was ich damit sagen will, ist: Entscheidungen tragen immer Konsequenzen. Meistens sind sie eher unbedeutend. Doch fällt es uns im Alltag manchmal recht schwer, einzuschätzen, was wichtig und was eher unwichtig ist. Und manchmal wird uns die Tragweite erst im Nachhinein bewusst – wie bei dem berühmten Schmetterling, dessen Flügelschlag auf der einen Seite des Erdballs zu einem Wirbelsturm auf der anderen Seite führt.

Ich haben über diesen Umstand in den letzten Jahren oft nachdenken müssen. Überhaupt habe ich jetzt erst die Muße, viele Entscheidungen zu reflektieren, die ich in meiner Karriere getroffen habe. Ich war immer eher ein instinktiv handelnder Mensch. Ich habe nie zu denen gehört, die sich mit Papier und Bleistift an den Tisch setzen, um einen Plan auszutüfteln. Trotzdem ziehen sich meine Entscheidungen oft wie ein roter Faden durch mein Leben, obwohl ich das gar nicht beabsichtigt habe. Zum Beispiel habe ich Projekte gespielt, die auf den ersten Blick wenig lukrativ schienen, dann aber zu wertvollen Kontakten führten. Als Kind habe ich mich oft gegen die Meinung von Erwachsenen gestellt. Ein Beispiel dafür war meine Entscheidung, die Schule nicht mit dem Ernst zu verfolgen, den meine Lehrer gern gesehen hätten, und meine Kapazitäten dafür ins Horn zu investieren – eine Tatsache, die sogar ich selbst heute kritischer sehe, als ich es damals getan habe. Schließlich halte ich Bildung für das wichtigste Gut, das wir Menschen besitzen. Bildung eröffnet uns Türen und Möglichkeiten. Trotzdem weiß ich auch: Ohne diese Priorisierung wäre ich vermutlich nicht da, wo ich heute bin.

Die Macht der Gedanken

Wäre es nicht unglaublich hilfreich, wenn wir unsere Entscheidungen mit einem größeren Bewusstsein der Konsequenzen treffen könnten? Wie würde es unser Leben verändern, wenn wir es auf dieser Grundlage besser planen könnten? Doch wie soll das gehen? Wie können wir gezielt

Einfluss darauf nehmen, welche Botschaft die innere Stimme uns in den entscheidenden Momenten im Leben einflüstert?

Wir alle tragen Werte in uns. Diese Werte prägen uns. Sie geben eine Richtung vor, wie wir uns im Leben unter bestimmten Umständen verhalten werden. Jemand, dem das Tierwohl sehr am Herzen liegt, wird wahrscheinlich eher zum Vegetarier als zum Metzger. Jemand, dem die Umwelt wichtig ist, wird sich für den Weg zur Arbeit tendenziell eher für das Fahrrad als für das Auto entscheiden. Werte sind tief in uns verankert. Sie funktionieren wie ein innerer Kompass und führen uns wie ein unsichtbarer Faden durchs Leben.

Doch neben unseren Werten gibt es noch etwas anderes, das uns prägt und aus unseren Werten erwächst: unsere Ziele! Denn wie das Wort es eigentlich schon sagt, geben Ziele eine Richtung vor. Sie zeigen uns, wohin wir laufen müssen. Sie helfen dabei, uns zu orientieren – vor allem in Situationen, in denen es schwierig ist, den Überblick zu behalten. Je leidenschaftlicher wir ein Ziel verfolgen, desto instinktiver werden wir Entscheidungen treffen, die uns diesem Ziel näher bringen – weil ein solches Ziel nahe an unseren Werten ist und damit an unserem Wesenskern. Ganz automatisch und ohne dass wir dafür irgendeinen zusätzlichen Aufwand betreiben müssen, werden wir im Sinne eines solchen Ziels entscheiden, wenn der Moment gekommen ist. Je klarer das Ziel, desto klarer die Richtung.

Und genau dort liegt der Kniff. Ziele sind wichtig. Zu verstehen, was man möchte, ist wichtig. Und am allerwichtigsten ist es, seinen Wünschen die Wichtigkeit zuzugestehen, die sie verdient haben. Denn sie beeinflussen uns und lassen uns Entscheidungen in die eine oder andere Richtung fällen.

Je klarer wir verstehen, was wir möchten, desto klarer werden wir an jeder möglichen Abbiegung unsere Entscheidung treffen. Wichtig ist dabei allerdings, dass es sich tatsächlich um deine Ziele handelt, nicht um Präferenzen anderer, nach denen du dich richtest. Nur dann wirst du bereit sein, Opfer dafür zu bringen, oder anders formuliert: schwierige Entscheidungen zu treffen statt einfache.

Ziele können uns also steuern. Sie geben einen Weg vor. Entscheidend ist dabei: Wir können unsere Ziele selbst bestimmen. Wir entscheiden, wo wir hinwollen. Und je leidenschaftlicher unser Ziel ist, desto klarer scheint die Richtung; desto eher entscheiden wir uns an gewissen Punkten für die Abzweigung, die uns unserem Ziel näher bringt. Und umso eher werden wir auch bereit sein, Unannehmlichkeiten auf dem Weg dorthin in Kauf zu nehmen.

Wie wir aus unseren Entscheidungen lernen

Was aber, wenn du dich trotz aller Werteorientierung und Zielstrebigkeit doch mal für die falsche Abzweigung entscheidest und mehr oder weniger zufällig mal eine Entscheidung triffst, die kontraproduktiv ist? Ist dann alles verloren? Kann ein falsches Mosaiksteinchen das gesamte Bild zerstören? Was wäre gewesen, wenn ich damals in Kassel entschieden hätte, nicht noch einmal zum Telefon zu greifen? Wäre dann alles futsch gewesen, meine Karriere unwiderruflich verbaut? Heißt das Obige, dass wir in jeder Sekunde aufpassen müssen, bloß nichts falsch zu machen? Müssen wir also fortan im Panikmodus durchs Leben schreiten und damit rechnen, dass hinter jeder Entscheidung der Untergang lauert?

»Das Tragische an jeder Erfahrung ist, dass man sie erst macht, nachdem man sie gebraucht hätte.« Dieses Zitat stammt nicht von mir, sondern von Friedrich Nietzsche. Es bedeutet nichts anderes, als dass wir alle Fehler machen.

Fehler sind eine Art Abfallprodukt der Entscheidungsfindung. Sie tauchen immer dann auf, wenn wir etwas Neues versuchen, uns also auf unbekanntes Terrain bewegen. Niemand wird weise geboren, selbst die klügsten Menschen der Welt nicht. Wir alle müssen lernen. Auf dem Weg zu neuen Fähigkeiten und neuem Wissen machen wir Fehler. Zwangsläufig. Nur wer nichts will, nichts versucht und nichts ausprobiert, wird auch keine Fehler machen.

Weil das so ist, gibt es keinen Grund, uns vor Fehlern zu fürchten. Denn wir lernen von ihnen. Sie helfen uns dabei, uns weiterzuentwickeln, und geben uns die Möglichkeit, an ihnen zu wachsen. Wer radikal versucht, Fehler zu vermeiden, beraubt sich der Chance, Neues auszuprobieren. Je länger und anspruchsvoller ein Weg ist, desto mehr Fehlerquellen werden uns unterwegs begegnen. Schlimmer als Fehler ist deshalb definitiv die Angst davor, welche zu machen.

Hinzu kommt, dass Fehler selten endgültig sind. Die meisten lassen sich problemlos korrigieren – und aufgrund der neu gesammelten Erfahrung machen wir sie sehr wahrscheinlich auch kein zweites Mal. Deshalb sollten wir Fehler nicht meiden, sondern als eine Art Lehrmeister des Lebens betrachten.

Trotzdem kann es manchmal ermüdend sein, sich nach Fehlern wieder aufzurappeln. Zwei Schritte nach vorn, einer zurück. Drei nach vorn, vier zurück. Diese zähe Form des Fortschritts kann frustrierend sein. Es ist, als ob man sich in einem endlosen Labyrinth befindet, in dem jede Richtung, die man einschlägt, einen wieder an den Ausgangspunkt zurückführt.

In solchen Momenten ist es wichtig, nicht die Motivation zu verlieren und sich auf seine Ziele zu besinnen. Denn irgendwann haben wir jede falsche Abbiegung einmal ausprobiert und stoßen schließlich auf die eine richtige, die uns zu unserem Ziel führt. Fortschritt mag sich nicht immer anfühlen, als ob es vorangeht, doch letztlich ist kein Schritt umsonst. Wenn es sich irgendwann anfühlt, also ob es plötzlich wie aus dem Nichts bergauf geht, ist das in Wirklichkeit meist das Ergebnis all der Entscheidungen und vielleicht auch Fehler, die man zuvor gemacht hat. Es fehlte, um in dem Bild zu bleiben, das letzte Mosaiksteinchen. Das, welches das Bild erst vollkommen macht – und plötzlich ergibt alles einen Sinn.

Es ist wie beim Bau eines Rennwagens: Es braucht unfassbar viele Einzelteile, um einen solchen Flitzer entstehen zu lassen: Getriebe, Motor, Elektrik. Jede einzelne Baugruppe besteht wiederum aus unendlich vielen weiteren Teilen. Doch selbst wenn man jedes Teil verbaut hat, jedes Schräubchen festgezogen ist und alles seinen vorbestimmten Platz gefunden hat, wird der Wagen beim Versuch, ihn zu starten, noch keinen Mucks von sich geben. Warum? Genau, weil noch kein Benzin im Tank ist. Doch obwohl das Betanken des Wagens einen so großen Effekt zeitigt, wäre die Schlussfolgerung fatal, die Qualität und Funktionalität des Autos ausschließlich auf den Sprit zurückzuführen. Es wäre sogar ein dramatischer Fehler, sich nur auf das Tanken zu konzentrieren und alles andere links liegen zu lassen. Denn was durch den Bau des Sportwagens und all seine investierte Entwicklungszeit passiert, ist das erarbeitete Potenzial, das plötzlich vor uns liegt. Erst durch dieses Potenzial bekommen wir Möglichkeiten, die zuvor noch nicht existierten. Denn jeder korrekt verbaute Schlauch und jede richtig angebrachte Schraube ermöglicht es dem Treibstoff erst, den Motor zum Laufen zu bringen.

Genauso ist es mit dem Fortschritt im Leben: Wenn all die kleinen Entwicklungsschritte in uns abgeschlossen sind, die für ein bestimmtes Ergebnis Voraussetzung sind, genügt ein Tröpfchen Benzin, um das Resultat in seiner vollen Pracht bestaunen zu können.

Als Musiker trifft man allzu oft auf solche Situationen. Man übt und übt, und nichts ändert sich. Tag für Tag hofft man aufs Neue, dass sich etwas tun möge, doch nichts. Alles ist wie gestern, als schon alles wie vorgestern war: Stagnation. So empfand ich es beim Training meiner Zunge: Sie war einfach zu langsam. Das Starten und Beenden eines Tons beim Hornspielen kontrolliert man mit ebenjenem flinken Organ im Mundraum, über dessen herkömmliche Verwendung im Alltag man sich im Normalfall wenige Gedanken macht, denn die ist sozusagen vorprogrammiert.

Doch für uns Hornisten ist der bewusste, kontrollierte Umgang mit der Zunge essenziell. Sie zu trainieren ist ein wesentlicher Bestandteil unserer täglichen Arbeit. Flink und präzise wie ein Schweizer Uhrwerk sollte sie dabei zu Werke gehen – und dabei auch trotz längerer Belastung nicht ermüden, sondern auch nach mehreren Stunden des Spielens noch flink und agil sein. Denn mit der Zunge steuern wir Hornisten den Luftstrom. Strömt die Luft durch unsere Lippen nach draußen, erklingt ein Ton. Versiegt der Luftstrom, verstummt auch der Klang. Und genau dafür ist die Zunge da. Ist sie im Weg, ist der Luftstrom unterbrochen. Bewegt sie sich nach unten, strömt die Luft, und das Horn erklingt. Um einen Ton zu spielen, muss die Zunge den Luftstrom also erst freigeben und anschließend wieder unterbrechen – vergleichbar mit dem Gaspedal im Auto. Drückt man fest zu, schießt unser Wagen nach vorne. Lässt man los, bremst er ab.

Nun haben wir Hornisten das Problem, dass es durchaus mal vorkommt, dass wir recht schnelle Passagen spielen müssen. Dementsprechend muss sich die Zunge mit jeder Menge Tempo bewegen. In manchen Passagen bestimmter Stücke werden bis zu zehn Töne pro Sekunde verlangt. Das bedeutet, dass die Zunge zehnmal nach unten und zehnmal nach oben klappt. In einer einzigen Sekunde. Zudem müssen die Bewegungen synchron mit den Fingern sein, die die Ventile bewegen, denn jeder Ton hat auch noch seine eigenen Griffe. Erst wenn Griffe und Zungenbewegungen in der richtigen Geschwindigkeit synchron ablaufen, kann man eine schnelle Passage spielen. Das ist harte Arbeit.

Die Finger, oder besser gesagt: meine Zehen waren dabei nie das Problem. Doch meine Zungenfertigkeit ließ sehr zu wünschen übrig. Sie war schlichtweg zu langsam. Es kam nicht selten vor, dass meine Zehen die Zunge überholten. Oder anders formuliert: Die Zehen waren im Tempo, und die Zunge hechelte mit Respektabstand hinterher. Zudem verkrampfte sie schnell. Musste ich mehr als vier Töne flink produzieren, ging gar nichts mehr. Was für den Sportler der Wadenkrampf ist, war für mich der Zungenkrampf. Sobald ich eine gewisse Geschwindigkeit überschritt, begann sie zu streiken.

Besonders zum Problem wurde dies, als ich begann, das Erste Hornkonzert von Joseph Haydn zu lernen. Die ersten beiden Sätze bewältigte ich recht gut. Doch im dritten Satz musste ich regelmäßig die Segel streichen. Übersät mit schnellen Tonabfolgen, entwickelte sich dieser Satz für mich zum wahren Albtraum. Sechzehntel-Passage folgt darin auf Sechzehntel-Passage, was einem kaum eine Möglichkeit zum Verschnaufen gibt. Das kommt mentalem Dauerstress gleich. Und obwohl dieser Satz nur gut drei Minuten lang ist, hat man hinterher das Gefühl, einen Marathon absolviert zu haben.

Eigentlich liebte ich dieses Hornkonzert. Doch je mehr ich es übte, desto mehr trieb es mich auch in den Wahnsinn. Ich tat alles, was die Schulbücher für Hornisten an Tricks auf Lager hatten. Ich spielte den Satz erst langsam und erhöhte die Geschwindigkeit ganz allmählich. Zudem machte ich Übungen, die die Geschwindigkeit der Zunge trainieren sollten. Doch es half alles nichts. Sobald ich ein gewisses Tempo überschritt, ging gar nichts mehr. Die Zunge verkrampfte und fühlte sich an wie ein zu heiß gelaufener Motor, der erst einmal runterkühlen musste.

Die Zeit verging, doch nichts tat sich. Es war jeden Tag dasselbe: Sobald mein Metronom eine gewisse Geschwindigkeit überschritt, ging meine Zunge in den Streik. Selbst mein Lehrer wurde langsam ratlos. Egal, was ich unternahm, nichts half. Aus Tagen wurden Wochen. Aus Wochen wurden Monate. Keine Veränderung, nicht mal eine winzig kleine. Dabei wünschte ich sie mir so sehr, damit ich endlich das Gefühl bekäme, dass sich überhaupt etwas tut und meine Mühen sich lohnten. Ich wollte endlich Gewissheit, dass ich zumindest auf dem richtigen Weg war. Frust machte sich in mir breit. Es war eine dieser Situationen in meinem Leben, in denen ich das Gefühl hatte, ein Limit erreicht zu haben – eine unsichtbare Barriere, durch die es keinen Weg hindurch gab. Andere Hornisten um mich herum hatten dieses Problem nicht. Sie spielten sich durch das Stück, als wäre es das Natürlichste der Welt. Sie schienen nicht einmal weiter darüber nachzudenken – ein Umstand, der mich nur noch mehr frustrierte.

Irgendwann wurde aus Frust Verzweiflung. Ich legte das Stück beiseite und widmete mich anderen Werken. Insgeheim hegte ich die Hoffnung, dass sich irgendetwas auf magische Weise verändert haben würde, wenn ich es ein paar Wochen später erneut versuchte. Mit frischem Kopf geht schließlich so manches besser, dachte ich mir. Doch auch das half nichts. Kaum fasste ich das Stück wieder an, war alles beim Alten. Die Probleme blieben. Nicht einmal eine klitzekleine Veränderung war zu spüren.

Als Musiker findet man sich öfter mal in solchen Situationen, in denen man alles versucht und trotzdem nichts gelingt. Wenn ich Sportler im Fernsehen sehe, die gerade in einer Krise stecken und in Interviews regelrecht verzweifelt wirken, da sie es eigentlich viel besser können, fühle ich immer mit ihnen. Das Schlimmste daran ist, dass man nicht versteht, warum es nicht klappt. Wenn man das Problem erkennen würde, hätte man einen Lösungsansatz. Die Verzweiflung, die aus dieser Ausweglosigkeit erwächst, kann furchtbar sein. Sie kann dich von innen auffressen, dir jede Motivation und Hoffnung nehmen. Du fühlst dich, als würdest du in einer kleinen Nussschale mitten im Ozean herumtreiben – ohne Orientierung, ohne Hilfsmittel und ohne Einfluss auf das Geschehen.

Eine Zwangspause mit unerwarteten Folgen

Wenn ich etwas will – *wirklich* will –, kann ich einen großen Ehrgeiz entwickeln. Ehrgeiz ist etwas Wunderbares. Er motiviert uns. Doch es gibt auch Situationen, da steht er uns im Weg. Wenn wir etwas mit der Brechstange durchzusetzen versuchen und es dabei übertreiben, kann es auch mal passieren, dass der Schuss nach hinten losgeht – indem wir mehr zerstören, als wir aufbauen.

Genau das geschah, als mich mein Ehrgeiz beim Haydn-Konzert übermannte. Ich wollte es um jeden Preis. Ich übte und übte und übte; forderte meine Zunge immer mehr und noch ein Stück – bis sie irgendwann komplett den Geist aufgab. Ich hatte sie so sehr beansprucht, dass gar nichts mehr ging. Je mehr ich es zu erzwingen versuchte, desto schlechter wurde es. Langsam machte sich in mir die Gewissheit breit, dass ich auf dem Holzweg war. Ich hatte es übertrieben und musste nun die Quittung dafür zahlen. Jede Bewegung schmerzte. Selbst Passagen, die vorher mühelos funktioniert hatten, klappten nicht mehr. Eine Pause musste her.

Ich legte das Horn zur Seite, notgedrungen. Ich tat etwas, das ich kaum je getan hatte und das mich völlig in Verzweiflung stürzte: Ich machte eine Zwangspause. Würde die mich nicht noch weiter zurückwerfen? Noch schlechter als schlecht üben ist schließlich nur, gar nicht zu üben. Oder?

Trotzdem blieb mir keine Wahl: Mein Körper streikte, und meine mentale Verfassung hatte den absoluten Tiefpunkt erreicht. Ich konnte ja nicht ahnen, dass die Pause eine der klügsten Entscheidungen werden sollte, die ich je getroffen habe – auch wenn ich sie nicht so ganz freiwillig traf.

Kaum war meine Pause um und ich begann wieder zu

spielen, stellte ich etwas fest, was ich mir vorher nicht hätte ausmalen können. Ich war überzeugt gewesen, dass mehrere Tage Hornabstinenz zu einer Verschlechterung meines Spiels führen würden. Doch das Gegenteil war der Fall: Plötzlich lief es gut. Richtig gut sogar. Tatsächlich war der erste Tag nach der Pause auch der erste Tag seit Monaten, an dem ich das Gefühl hatte, es hätte sich etwas bewegt – und zwar vorwärts.

Ich war verblüfft. Natürlich war meine Problematik mit der Zunge noch vorhanden, doch konnte ich zum ersten Mal eine Verbesserung wahrnehmen. Es war zwar nur eine kleine, aber immerhin eine Veränderung. Gegenüber all den Wochen zuvor war das ein riesiger Fortschritt. Sollte es wirklich so simpel sein? Hieß das Zauberwort tatsächlich einfach nur: Geduld?

Geduld gehörte bis dahin nicht unbedingt zu meinen Stärken. Ich war stets felsenfest davon überzeugt gewesen: Wenn man mehr will, muss man mehr tun. Diesen Glaubenssatz musste ich nun plötzlich hinterfragen; immerhin hatte ich in den letzten Tagen nichts getan und trotzdem einen Fortschritt erlangt.

Diese Erfahrung setzte ein Umdenken in Gang. Ich lernte daraus, die Dinge mit Ruhe und Köpfchen statt immer nur mit blindem Ehrgeiz anzugehen. Nur weil andere dieses Problem schon längst im Griff hatten, musste das für mich nicht bedeuten, es ihnen auf Biegen und Brechen nachmachen zu müssen und mich kopflos in etwas hineinzustürzen, das ich offenbar nicht vollumfänglich überblickte. Dafür würde eine gewisse Geduld unabdingbar sein.

Heute nenne ich das »geduldige Ungeduld«. Eigentlich ein Paradoxon, finde ich große Wahrheit in diesem Ausdruck.

Sosehr wir etwas auch wollen, sosehr wir uns auch in einen Gedanken hineinsteigern, ist es am Ende doch die Geduld, die uns lange genug durchhalten lässt, um das Ziel zu erreichen. Die Geduld ermöglicht uns, weiterzumachen und hält uns davon ab, aufzugeben.

Ehrgeiz ist wichtig: Das Streben nach einem Ziel motiviert uns. Doch die Geduld ermöglicht uns, es auch gegen Widerstände zu erreichen. Geduld und Ungeduld miteinander in Einklang zu bringen wurde zu meiner selbst gestellten Aufgabe.

Dank des Haydn-Konzerts verstand ich, dass das eine nicht ohne das andere funktionieren kann und dass beide Teile in einem ausgewogenen Verhältnis zueinander stehen müssen. Wir überschätzen manchmal, was wir kurzfristig erreichen können. Obwohl die Dinge Zeit brauchen, wollen wir etwas mit aller Macht durchpeitschen. Ist eine Aufgabe (noch) zu groß für uns, führt das zwangsläufig zum Scheitern. So kann es dazu kommen, dass wir größeres langfristiges Wachstumspotenzial liegen lassen, weil wir uns im Hier und Jetzt verbeißen und aufgrund mangelnder Geduld irgendwann die Segel streichen.

Den Punkt zu erkennen, an dem Ehrgeiz in Unvernunft umschlägt, ist ein wichtiger Lerneffekt auf dem Weg zu großen Zielen – von etwas, das uns motiviert und weiterhilft, zu etwas Kontraproduktivem, sogar Zerstörerischem. Diesen Punkt zu erkennen ist nicht immer leicht. Es ist ein schmaler Grat, auf dem wir uns bewegen. Auch heute erwische ich mich noch regelmäßig dabei, wie ich in das eine oder andere Extrem ausschlage.

Ich trainierte weiter meine Zunge, änderte aber meine Einstellung im Sinne der Zielsetzung: Es ging mir nicht mehr darum, auf Gedeih und Verderb eine Änderung hervorzurufen, sondern nur darum, dass sich überhaupt etwas tat – egal, wie schnell oder langsam. Selbst in längeren Phasen ohne spürbaren Fortschritt übte ich geduldig weiter, ohne in Panik zu geraten – mit der inneren Überzeugung, dass irgendwann der Moment eintreffen würde, den ich herbeisehnte: wenn meine Zunge flink genug sein würde, sich kompetent durchs gesamte Hornrepertoire zu wirbeln. Ich ging es nun an wie ein Angler, der Tag für Tag seine Angel in der Gewissheit auswirft, dass irgendwann schon ein Fisch anbeißen wird – wenn nicht heute, dann vielleicht morgen oder gewiss übermorgen.

Diese Erfahrung hat mich in der Tiefe verändert: Ich habe gelernt, geduldig zu sein und trotzdem nicht locker zu lassen.

Auch meine Zunge dankte mir meine neue Einstellung und Denkgewohnheit. Es war zwar ein äußerst schleppender und mühseliger Prozess, doch es wurde besser. Trippelschritt für Trippelschritt ging es vorwärts – etwas, das ich zwischendurch nicht mehr für möglich gehalten hatte. Einzig und allein meine Einstellung hatte diesen Fortschritt ermöglicht: meine Art zu denken und Situationen zu bewerten.

Heute spiele ich das Erste Hornkonzert von Haydn regelmäßig und sehr gern. Es gehört sogar zu meinen Lieblingsstücken. Das liegt wohl auch daran, dass ich so viel daraus gelernt habe. Nicht nur über Musik und das Horn, sondern vor allem über mich selbst. Vor allem habe ich auch gelernt, demütig zu sein – demütig vor dem Leben und seinen Herausforderungen. Denn manchmal ist es auch arrogant, zu meinen, eine große Aufgabe könnte man mal so eben nebenbei lösen. Es ist wie bei einem Baum, der nicht innerhalb eines Tages zu einem ausgewachsenen, meterhohen Geschöpf wird. Er benötigt dazu viel Zeit, Wasser und Licht. So lernen und entwickeln auch wir uns ein Leben lang. Es sind Herausforderungen wie diese, die uns reifer werden lassen: Denkmuster zu hinterfragen, wenn wir Situationen erleben, die uns zwingen, kritisch mit uns selbst zu sein; Überzeugungen anzuzweifeln und neue Ideen auszuprobieren. Ich bin immer noch derselbe Mensch. Doch habe ich gelernt, welchen großen Einfluss Überzeugungen auf uns haben und wie schwer es manchmal werden kann, wenn man stur an ihnen festhält, ohne sie zu hinterfragen.

Ich finde es auch heute noch spannend herauszufinden, warum ich tue, was ich tue und was mich in bestimmten Situationen antreibt. Welche meiner grundlegenden Denkmuster sind hilfreich, welche schädlich? Dieser Reflexionsprozess wird vermutlich nie zu einem endgütigen Ergebnis führen, sondern ständig in Bewegung bleiben. Jede Erfahrung, die wir sammeln, führt zu neuen Erkenntnissen und füttert unseren Wissensschatz. Manchmal verlieren wir uns in Erinnerungen und denken uns: »Hätte ich mich damals nur anders entschieden, dann wäre alles anders verlaufen.« Das mag in gewisser Weise stimmen, doch ist es selten tatsächlich zu spät, Entscheidungen auch wieder zu revidieren. Oft können wir durchaus noch einmal einen neuen Weg einschlagen und erleben, wohin er uns führt.

In der Fähigkeit, uns selbst zu erneuern und neue Wege zu gehen, liegt eine unbestreitbare Kraft. Indem wir die Flexibilität besitzen, unsere Entscheidungen zu überdenken und anzupassen, können wir uns ständig weiterentwickeln und persönliches Wachstum erfahren. Die Bereitschaft, sich auf Veränderungen einzulassen, ermöglicht es uns, uns anzupassen und unser Leben bewusst zu gestalten.

Ich glaube, hätte ich damals in Kassel nicht noch einmal zum Telefon gegriffen und den Eingang zum Probespielsaal niemals gefunden, hätte mein Leben gewiss eine andere Wendung genommen. Doch bin ich auch überzeugt davon, dass ich trotzdem Hornist geworden wäre. Vielleicht wäre meine Karriere einem anderen Weg gefolgt, doch meine Faszination für das Instrument wäre ungebrochen gewesen. Am Ende war es diese Faszination, die mich zu dem Musiker machte, der ich heute bin.

Vielleicht ist es ganz gut, dass man nie erfahren wird, was gewesen wäre, wenn. Schließlich macht das doch einen großen Teil der Lebensfreude aus: Heute gespannt zu sein, was morgen wohl geschehen mag. Doch ich bin überzeugt davon, dass es ultimativ unsere Träume und Wünsche sind, die uns leiten. Wie ein unsichtbarer Faden führen sie uns durchs Leben. Daher sind sie so essenziell für unseren Weg und für unser Lösungspotenzial in wirklich schwierigen Situationen, wenn wir vor scheinbar unüberwindbaren Hürden stehen: Sie sind die Triebfeder unseres Tuns und lassen uns dranbleiben.

Die Absurdität des Unmöglichen

Ich glaube, wäre ich nicht Hornist geworden, wäre ich irgendwo in den Naturwissenschaften gelandet. Chemie gehörte als Kind zu meinen größten Interessen. Mich faszinierte die Vorstellung, beim bloßen Zusammenkippen zweier Substanzen, begleitet von einem lauten Knall und viel Rauch, etwas Neues zu erschaffen – wobei der Knall und der Rauch zugegebenermaßen für meine Faszination nicht unwichtig waren. Wäre ich Chemiker, so malte ich es mir damals in meinen Gedanken jedenfalls aus, würde ich das den ganzen Tag machen können. Das war eine Vorstellung, die mir sehr gefiel. Doch damit es richtig schön knallt, raucht und im Optimalfall noch bunt zu leuchten beginnt, ist es von größter Wichtigkeit, die richtigen Substanzen zusammenzukippen.

Ich mischte also alles zusammen, was ich nur finden konnte: Mehl und Salz, zerstampfte Gänseblümchen und Wasser – Hauptsache, es kamen mehrere Komponenten zusammen, die im Idealfall meine gewünschte Reaktion hervorbrachten. Meist waren meine Experimente nicht von Erfolg gekrönt. Üblicherweise geschah einfach nichts. Doch diese Experimentierphase weckte den Forscherdrang in mir. Ich wollte die Welt verstehen, ihre Phänomene einordnen können und ihre Gesetzmäßigkeiten erkennen. In diesem

Alter tat ich das natürlich eher unbewusst. Kinder denken noch in anderen Begrifflichkeiten, sind weniger auf Systematik bedacht als Erwachsene. Doch wenn ich heute darüber nachdenke, dann war es genau das, was mich an der Chemie faszinierte: verstehen zu wollen, was die Welt im Innersten zusammenhält.

Krach, bumm, peng!

Naheliegend, dass zu dieser Zeit vor allem die Experimentierkästen des Herstellers Kosmos meine Welt waren. Dabei hatten es mir nicht nur die Sets für ambitionierte Nachwuchsforscher angetan, mit denen man Urzeitkrebse züchten oder Dampfmaschinen für den Tischgebrauch herstellen konnte. Vor allem die Chemiebaukästen übten eine ganz besondere Faszination auf mich aus. Ich wünschte mir zu jedem Anlass ein neues der tragbaren Labore – immer in der Hoffnung, irgendwann meinen Heiligen Gral der Marke Kosmos in den Händen zu halten: den großen Chemiebaukasten.

Der fast schon obsessive Forscherdrang, den ich an den Tag legte, war auch meinen Eltern nicht verborgen geblieben. Als ich zu Weihnachten das Wohnzimmer betrat und das große Paket unter dem Baum liegen sah, wusste ich, dass das Universum ein Einsehen mit mir gehabt hatte. Voller Vorfreude riss ich das Geschenkpapier vom Karton und klappte anschließend hoch konzentriert den Koffer auf.

Was soll ich sagen? Allein der Anblick ließ mein kleines Forscherherz höherschlagen. Die Fächer waren mit allerlei Röhrchen und Reagenzgläsern, Pipetten und Schäufelchen, aber vor allem auch mit jeder Menge Pülverchen und Substanzen bestückt, die aufregende Namen wie »Natriumcarbonat« trugen. Im Grunde ist das nichts anderes als Kochsalz, doch das spielte überhaupt keine Rolle. Außerdem enthalten: eine Schutzbrille, diverse Messbecher, Lackmuspapier, Trichter, Winkelröhrchen, Gummistopfen und vieles mehr, das mich regelrecht in Entzückung versetzte. Die Professionalität und Vollständigkeit, mit der sich das Objekt meiner Begierde präsentierte, gaben mir das Gefühl, soeben unterm Weihnachtsbaum zum Chemieprofessor geworden zu sein, der kurz vor dem nobelpreisverdächtigen Durchbruch seiner Forschungsarbeit stand und schon bald auf dem ganzen Globus mit seinen Experimenten von sich reden machen würde.

Aufgeregt blätterte ich durch das beiliegende Büchlein, in dem jede Menge Versuchsanordnungen beschrieben waren. Etwa, wie man aus Natron, Wasser, Rotkohlsaft und Essig unsichtbare Tinte herstellen oder mithilfe von Wasser, Salz und Zucker kleine Kristalle züchten konnte. Ein anderes Experiment erzeugte durchsichtigen Schleim, der sich in der Sonne plötzlich pink färbte! Ich war im Chemielaborantenhimmel.

Wissbegierig und voller Erwartungen blätterte ich in der darauffolgenden Zeit unentwegt durch das Büchlein und führte ein Experiment nach dem anderen durch. Schon bald wollte ich mehr, als nur den vorgegebenen Anleitungen folgen. Also begann ich, die Abläufe miteinander zu kombinieren. Dabei spielten sich im Reagenzglas oft Reaktionen ab, die meine kühnsten Erwartungen übertrafen. Ich lernte immer mehr Zusammenhänge kennen und verstand, dass die Welt aus mehr bestand als aus dem, was wir im ersten Moment mit bloßem Auge sehen können.

Vor allem aber begriff ich durch meine Experimente, dass

es bestimmte Regeln gibt, nach denen unsere Welt funktioniert: Gesetze, die sie zusammenhalten. Diese Regeln und Gesetze würde niemand brechen können. Der Versuch, sie auszutricksen, war zum Scheitern verurteilt. Ganz egal, wie sehr ich mir wünschen würde, dass das Zusammenwerfen von Mehl und Salz zu einem lauten Rumms führt – diese Hoffnung würde unerfüllt bleiben. Ich spreche wohl allen Pizza-Liebhabern aus der Seele, wenn ich feststelle: Gott sei Dank!

Manche Gesetze gibt es aus gutem Grund – und wir tun gut daran, sie zu respektieren.

Das Hummel-Paradoxon

Als kleines Kind war ich überzeugt davon, dass kluge Menschen alles wissen. Ich dachte, sie könnten alles erklären, und es gibt für jede Frage eine passende Antwort. Diese Überzeugung trug ich bis weit in meine Grundschulzeit hinein mit mir, bis sie in einer Unterrichtsstunde auf eine harte Probe gestellt wurde. Im Sachunterricht standen gerade Insekten auf dem Lehrplan. Das war ein Thema, das mich damals so gar nicht interessierte. Ich erinnere mich noch, wie unsere Lehrerin einen Stapel mit Bildern diverser Insekten auf die linke Seite der Tafel klebte. Auf der rechten Seite befestigte sie die dazugehörigen Begriffe: Grashüpfer, Marienkäfer, Biene und noch einiges mehr, was durch die Natur kreucht und fleucht. Unsere Aufgabe als Schülerinnen und Schüler bestand nun darin, Begriff und Bild in Einklang zu bringen. Es war erstaunlich, wie sehr manche von uns dabei ins Schwitzen gerieten. Doch mit gegenseitiger Unterstützung war es nach einigen Minuten vollbracht.

»Das letzte Bild bekommen wir jetzt auch noch hin. Schließlich ist ja auch nur noch ein Begriff übrig«, versuchte unsere Lehrerin uns noch einmal zum Endspurt zu motivieren.

»Die Hummel!«, brüllten alle auf einmal los. Selbst die, die zuvor eher durch unwissendes Schweigen geglänzt hatten.

»Genau«, bestätigte unsere Lehrerin die zugegebenermaßen alternativlose Lösung, bevor sie fragte: »Wisst ihr denn auch, was die Hummel für eine besondere Fähigkeit hat?« Plötzlich wurde es mucksmäuschenstill. »Nein? Wenn man die körperliche Größe der Hummel mit der Größe ihrer Flügel vergleicht, müsste es der Hummel eigentlich unmöglich sein, zu fliegen. Da sie es aber nicht weiß, fliegt sie trotzdem.«

Plötzlich war ich hellwach. Schon immer hatte ich zu den Kindern gehört, die Begrifflichkeiten sehr ernst nahmen. Daran hat sich bis heute nichts geändert. Deshalb war dieser Satz, den meine Lehrerin gerade nonchalant von sich gegeben hatte, höchst verwirrend für mich. Auch der Einschub des Wortes »eigentlich« verwirrte mich. Zum einen war ich davon überzeugt, dass Menschen alles wissen und es für alles eine Erklärung gibt. Nun musste ich plötzlich feststellen, dass dem nicht so war. Heute würde ich sagen, es war wohl eher meine kindliche Naivität, die zu dieser Verwirrung führte. Ich begann an jenem Tag zu verstehen, dass es für viele Regeln auch Ausnahmen und Sonderfälle gibt – eine Erkenntnis, die mir in meinem unverbrüchlichen Glauben an die Allwissenheit der Erwachsenen schwerfiel.

Auf dem Weg nach Hause rasten mir unzählige Fragen durch den Kopf. Einige davon waren aus heutiger Sicht vielleicht etwas putzig, auf der anderen Seite aber sicher typisch für ein Kind meines Alters. So fragte ich mich, wie es wohl wäre, wenn man den Hummeln dieses Paradoxon erklären könnte. Es klingt vielleicht ulkig, aber auf eine gewisse Art und Weise identifizierte ich mich mit der Hummel. Schließlich hatte ich bis hierhin auch schon mehr als einmal gehört, dass dieses oder jenes für mich nicht möglich sei – und hatte es im nächsten Moment dann eben doch getan. Dass mit Hummeln zu sprechen nicht möglich ist, war mir natürlich klar. Es war eher ein Gedankenspiel: Würde man den Hummeln begreiflich machen können, dass es eigentlich unmöglich für sie sei zu fliegen? Wie würden sie auf diese Nachricht wohl reagieren? Wäre es ihnen überhaupt wichtig, was eine andere Spezies über sie denkt, oder würde es sie überhaupt nicht kümmern?

Manchen wäre es sicher egal; vermutlich den älteren Hummeln. Schließlich fliegen sie schon ihr gesamtes Leben durch die Lüfte. Dementsprechend dürfte ihre Überzeugung, davonfliegen zu können, unverwüstlich sein. Doch wie ist es mit den jungen Hummeln, die das Fliegen erst noch lernen müssen? Denen, die Tag für Tag trainieren, eines Tages genau wie ihre Eltern ein großer Flieger zu werden? Sie haben noch nicht die Erfahrung gesammelt, dass Fliegen etwas Selbstverständliches ist. Wäre es ihnen genauso egal, was der Mensch ihnen da verklickern will, oder würden sie sich von seiner Sichtweise beeinflussen lassen?

Eigentlich könnte es den Hummeln völlig gleichgültig sein, was unsere Wissenschaft sagt. Schließlich ist ein Mensch keine Hummel. Warum sollten unsere Gesetze für sie gelten? Dennoch scheint es ziemlich anmaßend von jemandem, der es in seiner gesamten Entwicklung zu keinem

Zeitpunkt geschafft hat, nur mithilfe seines eigenen Körpers durch die Lüfte zu sausen, zu behaupten, die Hummel könne nicht fliegen. Wenn das jemand entscheiden sollte, dann doch die Hummeln selbst!

Es gibt aber auch, und davon war ich überzeugt, einen anderen Hummeltyp, der diese Aussage annimmt oder zumindest darüber nachdenkt, ob nicht doch ein Fünkchen Wahrheit darin stecken könnte. Dieser Typ würde beginnen zu zweifeln und sich darin mit jedem fliegerischen Missgeschick ein bisschen mehr bestärkt fühlen. Irgendwann würden die Zweifel so weit anwachsen, dass es ihm gar nicht mehr möglich wäre, vom Boden abzuheben.

Das würde von den Hummelkollegen natürlich nicht unbemerkt bleiben. Auch andere würden von der Überzeugung heimgesucht, nicht fliegen zu können – ein Gedanke, der sich verbreiten würde wie ein Virus. Eine Hummel nach der anderen würde plötzlich am Boden bleiben. Immer mehr von ihnen wären davon überzeugt, nicht fliegen zu können. Und jede weitere fluguntüchtige Hummel wäre ein zusätzlicher Beweis mehr für die Überzeugung: Wir können das gar nicht. Irgendwann würden Hummeln nur noch zu Fuß unterwegs sein. Die Flugkünste der Hummel würden in Vergessenheit geraten, bis sich niemand mehr daran erinnern kann. Dann würde es sein, als hätte es nie eine fliegende Hummel gegeben.

Mir ist diese kleine Geschichte einschließlich meines damaligen Gedankenspiels erst kürzlich wieder ins Gedächtnis gekommen. Du wirst vielleicht verwirrt sein, weshalb ein Kind solche Überlegungen in sich trägt. Doch hatte mein Leben damals sehr viel mit dem Leben der Hummel gemein. Nur mit dem Unterschied, dass man mir Meinungen problemlos mitteilen konnte – anders als der Hummel. Und ich hatte damals noch keine anderen, gleich gesinnten Hummeln um mich herum, die mich vom Gegenteil überzeugen konnten. Ich war gleich in mehrerlei Hinsicht doch ziemlich singulär. Wenn mir jemand sagte: Das kannst du nicht, dann musste ich mich dieser Überzeugung im Alleingang widersetzen.

Mission: Impossible?

Die Aussage »Das kannst du nicht« oder »Das ist für dich unmöglich« bekam ich häufig zu hören und zu spüren. In der Regel von einer Spezies, die sich, ähnlich wie bei meinem Hummel-Gedankenexperiment, keineswegs in meiner Lebenssituation befand. Bei allem Respekt: Die meisten Erwachsenen, von denen ich das zu hören bekam, konnten eigentlich nicht bewerten, was mir möglich und was mir unmöglich ist. Sie sagten es aber trotzdem, und zwar aus tiefster Überzeugung. Daran hatte ich als Kind, das grundsätzlich von der Allwissenheit der älteren Menschen überzeugt war, natürlich doppelt zu kauen.

Ich glaube, genau dieser Umstand war es, der mich so viel über die Hummel und ihr theoretisches Schicksal nachdenken ließ. Besonders der zweite Teil der Aussage meiner Lehrerin »Doch die Hummel weiß es nicht und fliegt trotzdem« wühlte mich damals sehr auf. Denn er machte die Feststellung, dass das Fliegen für die Hummel unmöglich sei, obsolet. Das bedeutete also: Nur dass jemand das Wort »unmöglich« verwendete, hieß noch längst nicht, dass etwas tatsächlich unmöglich war. Darin lag das eigentliche Paradoxon, mit dem ich zu kämpfen hatte.

Unsere Sprache ist oft ungenau, oder besser gesagt: die Art, wie wir sie verwenden. Oftmals gehen wir schludrig mit ihr um. Wir meinen eigentlich das eine, doch drücken wir es aus Bequemlichkeit anders aus. Der Kraft, die daraus entsteht – und die zum Teil äußerst zerstörerisch sein kann –, sind wir uns dabei meist nicht bewusst. Deshalb steckt hinter dem Großteil unserer sprachlichen Verirrungen und Verwirrungen auch keine böse Absicht. Leider mindert das aber in keiner Weise die Konsequenzen. Auf der anderen Seite bemerken wir selbst auch nicht, wie uns scheinbar harmlose Aussagen beeinflussen. Denn die meisten Informationen, die wir jeden Tag über die unterschiedlichsten Kanäle erhalten, verarbeiten wir unbewusst.

So geschieht es oft mit dem Wort »unmöglich«. Wenn wir uns mal vor Augen führen, was es eigentlich heißt, ist es äußerst verstörend, demotivierend und deprimierend. Denn es heißt nichts anderes, als dass etwas zu einhundert Prozent ausgeschlossen ist – jenseits jedes Zweifels und so sicher wie das Amen in der Kirche. Dabei lehrt doch die Erfahrung, dass man mit absoluten Aussagen lieber vorsichtig sein sollte. Sie können Menschen maximal demotivieren, und mehr noch: sie vom Versuch von etwas abbringen, das großen Nutzen bergen könnte.

Ich habe den Ausdruck »unmöglich« daher aus meinem Wortschatz gestrichen. Nicht, um die Augen vor Herausforderungen zu verschließen. Sondern weil es in unserem Leben verblüffend wenige Situationen gibt, in denen dieses Wort tatsächlich zutreffend wäre.

Nichts ist unmöglich

Statt zu sagen, dass etwas »unmöglich« ist, sollten wir vielmehr sagen: »Mit dem Kenntnisstand, den wir im Moment haben, denken wir, dass es nicht möglich ist.« Zu dieser Aussage gehört im Grunde standardisiert der Disclaimer: Das heißt aber nicht, dass es tatsächlich unmöglich ist.

Es ist doch immer wieder erstaunlich, wozu der Mensch und die Natur dann doch imstande sind, welche neuen Entwicklungen und Entdeckungen von Jahr zu Jahr unsere Lebenswelt revolutionieren und wie sich unser Horizont ständig erweitert. Daher sollten wir nie den Fehler begehen, unseren aktuellen Wissensstand als Maß aller Dinge anzusehen. Nur weil wir für einen Umstand noch keine vorgefertigten Lösungen oder nicht genügend Vorstellungskraft besitzen, heißt das noch lange nicht, dass das lange so bleiben muss. Es heißt lediglich, dass wir die Möglichkeiten noch nicht kennen – und das ist im Kern eine vollkommen andere Aussage.

Interessanterweise wird das Wort »unmöglich« aber selbst dann noch weiterhin verwendet, wenn es sich bereits als unzutreffend entpuppt hat. So ist es ja mehr als offensichtlich, dass eine Hummel fliegt. Dementsprechend ist es auch alles andere als unmöglich für sie, dies zu tun. Leider scheint uns das nicht davon abzuhalten, diesen Begriff zu verwenden. Dieser Umstand hat mich im Laufe meines Lebens viele Nerven gekostet.

Auch in meinem mittlerweile doch schon etwas gereifteren Alter begegnet mir diese Denkweise immer noch regelmäßig. Der Unterschied zu früher liegt in der Wortwahl: Heute erklärt man mir nicht mehr, was für mich alles unmöglich sei, sondern was für mich »eigentlich« unmöglich ist. Wobei die Relativierung mit »eigentlich« im Zusammenhang mit »unmöglich« bereits für sich genommen eine Absurdität darstellt: Entweder etwas ist möglich oder eben nicht. Ich frage mich dann regelmäßig, welchen Zweck diese Konversation haben soll: Mein Gegenüber sieht doch bereits, dass es eben nicht unmöglich ist. Ich stehe ja vor ihm, spiele Horn, esse mit Messer und Gabel und fahre Auto.

Ich glaube, jeder von uns hatte irgendwann in seinem Leben schon mal einen Hummel-Moment. Indem wir mit etwas scheinbar Unmöglichem konfrontiert wurden, was sich im Nachhinein aber als falsch herausgestellt hat. Oft erinnern wir uns gar nicht mehr so intensiv daran oder nehmen diese Situation im Nachhinein ganz anders wahr. Denn ist der Bann des Unmöglichen erst einmal gebrochen, geht auch seine geheimnisvolle, manchmal beängstigende Mystik verloren. Unmöglich ist ein großes Wort – aber nur, bis es widerlegt wird.

Mein letzter Hummel-Moment ist noch gar nicht so lange her. Um uns damit auseinanderzusetzen, müssen wir uns mit einem Bereich beschäftigen, der – ähnlich wie die extreme Tiefsee – zu den am wenigsten erforschten Gebieten unserer Welt gehört: dem Wissen, wie ein Musikinstrument funktioniert.

Mythos Stradivari

Stradivari ist wohl ein Name, den jeder von uns in seinem Leben irgendwo mal gehört haben dürfte – und zwar in Verbindung mit sündhaft teuren Geigen. Gebaut wurden sie vor drei- bis vierhundert Jahren von ihrem Namensgeber Antonio Giacomo Stradivari. Um den Italiener ranken sich viele Mythen. Niemand weiß, bei welchem Meister der junge Antonio sein Handwerk erlernt hat. Einige glauben, dass er ein Schüler von Nicolo Amati war – dem Enkel des großen Geigenbauers Andrea Amati. Andere Theorien besagen, dass Stradivari möglicherweise, bevor er Geigenbauer wurde, den Beruf des Schreiners erlernt hat. Das würde erklären, warum seine Instrumente so exquisit verziert sind. Stradivari hat nicht nur Geigen gebaut, sondern auch Lauten repariert und Harfen, Gitarren, Bratschen sowie Mandolinen hergestellt. Das beweist, dass er ein echtes Multitalent war. Antonio Stradivari hat zu seinen Lebzeiten vermutlich etwa 1100 Instrumente gebaut, von denen heute noch rund 600 Geigen erhalten sind. Er starb bereits 1737, doch sein Erbe lebt bis heute weiter. Denn Stradivari-Geigen sind ein echtes Vermächtnis für die Musikwelt.

Eine Stradivari kann gut und gern mehrere Millionen Euro wert sein. Das ist auch der Grund, warum die wenigsten Spieler einer Stradivari ihre Instrumente tatsächlich besitzen. Die Eigentümer sind meist Investoren oder große Stiftungen. Sie entscheiden, wer welches Instrument wie lange spielen darf. So kommt es nicht selten vor, dass selbst namhafte Violinisten ihr Instrument von einem auf den anderen Tag wieder verlieren. Das kann bei diesen Kolleginnen und Kollegen mitunter zu einer existenziellen Krise führen.

Musizierende brauchen Zeit, um ihr Instrument zu verstehen; oftmals viele Jahre. Erst wenn Spielweise und Technik der Instrumentalistin mit dem Instrument ineinandergreifen wie ein gut geölter Mechanismus, kann das volle Potenzial ausgeschöpft werden. So kann auch nicht jeder Musiker mit jedem Instrument einfach loslegen. Beide müssen zueinanderpassen. Man kann sich das ein bisschen wie die Symbiose aus einem Formel-1-Fahrer und seinem Rennwagen vorstellen. Nur er weiß, wie er den Boliden mit seinen Zigtausenden Einzelteilen und Feineinstellungen in der Kurve zu lenken hat und wie er im Zusammenspiel aus Gas, Bremse und zahllosen weiteren Parametern auf einer bestimmten Strecke das meiste aus seinem Auto herausholt.

Hat man als Musikerin nach langem Suchen irgendwann sein Instrument gefunden und Tausende von Stunden darin investiert, um es bis an seine musikalischen Grenzen zu führen und jede noch so kleine Nuance herauszuarbeiten, kann es einem den Boden unter den Füßen wegreißen, dieses Wunderwerk des Instrumentenbaus wieder zu verlieren. Und bei Geigern, die das Glück haben, eine Zeit lang auf einer Stradivari spielen zu dürfen, kommt das nicht gerade selten vor.

Dementsprechend viel Zeit und Energie haben die Geigenbauer dieser Welt bereits investiert, um den Mythos Stradivari zu knacken. Denn eines ist klar: Sollte es jemandem gelingen, zu verstehen, was diese Instrumente so besonders macht, hätte diese Person die Lizenz zum Gelddrucken gefunden. Sie könnte sie einfach nachbauen, und die Geiger dieser Welt müssten nicht mehr darum fürchten, ihr unersetzliches Instrument eines Tages zu verlieren.

Zum Beispiel wird seit Jahrzehnten versucht, die Holzbeschaffenheit und -dichte der Stradivaris zu verstehen, um sie exakt nachbilden zu können. Es wurden Methoden entwickelt, um den Alterungsprozess, den die mehrere Hundert Jahre alten Instrumente hinter sich haben, künstlich nachzuahmen. Man ging sogar so weit, den Versuch zu unternehmen, Stradivaris Prozess des Lackierens minutiös verstehen zu wollen – sowohl was die Beschaffenheit des Lackes selbst angeht als auch den Vorgang von dessen Auftragen auf das Holz. Doch bisher waren alle Versuche vergebens: Stradivaris bleiben Stradivaris. Einige der Versuche führten zwar zu sehr gut gefertigten Geigen, doch niemand konnte bisher das Niveau des Originals erreichen. Wie gesagt: bisher.

Wir Hornisten haben keine Stradivaris und nichts, was einem solchen Mythos vergleichbar wäre. Auch spielen wir selten auf Mehrere hundert Jahre alten Instrumenten. Die Hörner, die wir verwenden, stammen zum großen Teil von noch lebenden Instrumentenbauenden. Doch was Hörner und Geigen gemeinsam haben, ist die Tatsache, dass niemand sie wirklich versteht. Es ist möglich, dass zwei Hörner des exakt gleichen Modells und der exakt gleichen Anfertigung völlig unterschiedlich sind. Wie kann das sein?

Die Antwort darauf ist leider nicht ganz einfach. Niemand weiß es wirklich. Sogenannte Anblasmaschinen simulieren zwar reproduzierbar Lippenspannung und einströmende Luft. Somit lässt sich das Spielverhalten von Hornistinnen sehr konsistent nachahmen und bei der Instrumentenproduktion als Anhaltspunkt verwenden. Viele Hornbauende nutzen diesen Weg, um mit den daraus gewonnenen Erkenntnissen ihre Instrumente zu konzipieren und zu optimieren, um dem Mythos auf die Spur zu kommen und das Zufallselement zu reduzieren. Dementsprechend kann es durchaus spannend sein, sich mit ihnen auszutauschen.

Der Meisterkurs

Besonders ist mir ein Gespräch in Erinnerung geblieben, welches ich vor noch nicht allzu langer Zeit geführt habe. Es war eine dieser rein zufälligen Begegnungen, wie sie sich oft einfach aus dem Moment heraus ergeben. Dazu kam es auf einem Meisterkurs für angehende Nachwuchsmusiker, bei dem ich einer der Dozierenden war. Als Jugendlicher habe ich solche Meisterkurse immer besonders genossen. Umgeben von jeder Menge Gleichgesinnter war ich vollkommen in meinem Element. Ich saugte dann alles in mich auf und verließ diese Veranstaltungen oft mit jeder Menge neuer Ideen. Heute genieße ich es mindestens genauso sehr, als Dozent an ihnen teilzunehmen und junge Hornistinnen und Hornisten zu unterrichten. Denn beim Unterrichten passiert es nicht selten, dass man als Lehrender selbst jede Menge lernt. Jede Schülerin und jeder Schüler ist individuell. Nicht selten kommt es vor, dass man bei dem Versuch, ihre Probleme zu lösen, selbst zu erstaunlichen neuen Erkenntnissen kommt.

So ein Meisterkurs läuft eigentlich immer relativ ähnlich ab. Meist gibt es – über mehrere Tage verteilt – eine Unterrichtseinheit am Vormittag und eine am Nachmittag. Es kommt nicht selten vor, dass der Unterricht vor interessiertem Publikum stattfindet, damit die Zuschauer ebenfalls etwas lernen können. Diese spielen meist selbst Horn. Und wo sich so viele Hornistinnen auf einem Fleck tummeln, sind natürlich auch jede Menge Hornbauer. Meist verfügen sie vor Ort über eigene Ausstellungsräume, in denen sie ihre unterschiedlichen Modelle präsentieren. Jeder, der Lust hat, kann einfach vorbeikommen und die Hörner, die meist in rauen Mengen dort herumliegen, nach Belieben ausprobieren. Diese Möglichkeit wird gern genutzt: Schließlich sind alle Musizierenden regelmäßig auf der Suche nach dem besten Material. Egal, wie gut man mit dem eigenen Instrument harmoniert, schadet es nie, den Horizont in der Welt der Instrumente auszubauen und neue Entwicklungen zu testen.

Wie es der Zufall so wollte, traf ich beim Mittagessen auf den Hornbauer, der bei diesem Kurs seine Instrumente ausstellte. Mit Hauptspeise und Beilagensalat bewaffnet, machte ich mich auf die Suche nach einem netten Sitzplatz. Ein kleiner Tisch am äußersten Ende des Speisesaals fiel mir schnell ins Auge. Höflich fragte ich, ob der freie Stuhl auch wirklich frei sei, und machte es mir dort bequem.

Im Gegensatz zu mir wusste der Hornbauer sofort, mit wem er sich den Tisch teilte. »Das ist aber schön, dass ich Sie hier treffe, Herr Klieser«, verwickelte mich mein Gegenüber sofort in ein Gespräch und kam ohne Umschweife zum Thema. »Konnten Sie schon meine Instrumente ausprobieren?«

»Leider noch nicht. Ich bin erst gestern Abend angereist und musste gleich heute Morgen unterrichten«, entgegnete ich prompt, während ich vom Salat kostete. »Welche Modelle haben Sie denn dabei?«

»Wir stellen ein ganz neues Modell vor. Es soll dem Hornisten ermöglichen, besonders in den hohen Lagen zusätzliche Stabilität zu erlangen, und obendrein jeden einzelnen Ton besser ansteuerbar machen.«

Vielleicht muss ich an dieser Stelle eine kleine Randnotiz anfügen, um die Information besser einordnen zu können: Wir Hornisten steuern die Tonhöhen durch unterschiedliche Lippenspannungen. Je höher die Spannung, desto höher der Ton und umgekehrt. Nun wollen wir allerdings nicht einfach nur hoch oder tief spielen, sondern exakt den richtigen Ton erwischen. Dazu müssen wir lernen, welche Lippenspannung welchen Ton erzeugt. Wir brauchen also eine Art Muskelspannungsgedächtnis. Spannen wir die Muskulatur in den Lippen zu stark an, spielen wir zu hoch. Spannen wir sie hingegen zu schwach an, wird unser Ton zu tief. Es gibt also exakt eine passende Muskelspannung für jeden Ton. So weit, so klar. Das physikalische Problem beim Horn ist: Je weiter man mit den Noten nach oben geht, desto enger liegen die Töne und somit auch die entsprechenden Lippenspannungen beieinander.

Man kann sich das ein wenig wie beim Kirschkernspucken vorstellen. Will man ein bestimmtes Ziel treffen, ist die Größe des Ziels entscheidend für die Erfolgsaussichten. Versucht man einfach nur in ein großes Planschbecken zu spucken, schafft das vermutlich jeder. Doch stellt man anstelle des großen Planschbeckens viele kleine, dicht aneinander gedrängte Pappbecher auf und versucht aus mehreren Metern Entfernung einen ganz bestimmten zu treffen, wird das schon etwas schwieriger. In irgendeinem Becher wird der Kern wohl landen – doch es geht ja darum, einen ganz bestimmten zu erwischen. Jeder Becher steht für einen bestimmten Ton. Trifft man in den falschen, kommt auch ein falscher Ton heraus.

So funktioniert Hornspielen: Von unzähligen kleinen Pappbechern muss man genau den richtigen treffen und kann dabei mit nichts anderem arbeiten als mit der Muskelspannung der Lippen.

Nun kannst du dir vorstellen: Verspricht ein Hornbauer, dass sein Instrument dem Hornisten in der Höhe zu mehr Stabilität verhilft, heißt das nichts anderes, als dass die einzelnen Pappbecher vergrößert werden und somit leichter zu treffen sind, mit anderen Worten: Kleinere Ungenauigkeiten beim Spielen werden besser ausgeglichen.

»Das klingt ja fantastisch. Muss ich unbedingt mal ausprobieren«, frohlockte ich, während meine kulinarische Aufmerksamkeit in Richtung der Spätzle auf meinem zweiten Teller wanderte.

»Besonders für Sie könnte das interessant sein«, fuhr der Hornbauer fort. »Denn für Sie dürfte es ohne die Hand im Schalltrichter quasi unmöglich sein, eine stabile Höhe zu haben.«

Auch an dieser Stelle muss ich noch einmal eine kleine Anmerkung einschieben. Hornisten haben – wie bereits erwähnt – die rechte Hand für gewöhnlich im Schalltrichter, was aus physikalischer Sicht ebenfalls zu einer Vergrößerung der Pappbecher führt. So lautet jedenfalls die allgemeine Überzeugung. Ich bin da anderer Meinung.

»Um ehrlich zu sein, kann ich das nicht bestätigen«, entgegnete ich folglich. »Ich fühle mich eigentlich recht wohl in der Höhe.«

Was dann folgte, war an Absurdität kaum zu überbieten. Denn der Hornbauer erklärte mir detailliert, weshalb das, was ich tagtäglich tue, nämlich treffsicheres Hornspielen in hohen Lagen, für mich schlicht und ergreifend nicht möglich sei.

»Völlig ausgeschlossen«, wiegelte er meine Einwände ab. »Ihre Höhe ist wesentlich instabiler als die eines Hornisten mit einer Hand im Schalltrichter.«

»Oh, fantastisch. Dann müssen meine Kollegen ja künftig gar nicht mehr üben, wenn eine Hand so viele Vorteile im Leben bringt«, versuchte ich die Stimmung ein wenig aufzulockern. Schließlich waren die Spätzle hervorragend, und ich hielt es für erstrebenswert, das Gespräch ebenfalls auf dieses leichter genießbare Niveau zu hieven. Doch mein

Gegenüber schien andere Absichten zu haben. Mit jedem Versuch meinerseits, ihm argumentativ etwas entgegenzukommen, schottete er sich noch weiter hinter seinen Zahlen und Messdaten ab.

»Ich könnte ja mal bei Ihnen vorbeikommen,« schlug ich schließlich vor. »Ich spiele ein wenig, und Sie messen das Ganze. Was meinen Sie?«

Ich fand meinen Vorschlag super. Doch der Hornbauer wiegelte nur ab, während er seinerseits eine Ladung Spätzle aufgabelte, mit ordentlich brauner Soße benetzte und in seinem Mund verschwinden ließ.

»Glauben Sie mir, die Messergebnisse sind dort sehr eindeutig«, verkündete er mit vollem Mund. »Sie hatten nie eine Hand, daher können Sie es nicht beurteilen.«

Theorie und Praxis

So hatte ich das natürlich auch noch nicht gesehen. Dass ich meine eigene Situation nicht beurteilen kann, war mir schon oft erklärt worden – allerdings selten dämlicher als in diesem Moment. Schnell wurde mir klar, dass es zwecklos war, sich mit dem Hornbauer auf eine weitere Diskussion einzulassen. Egal, wie oft ich versuchen würde, ihm zu demonstrieren, dass ich andere Erfahrungen gesammelt hatte, würde er doch nicht von seinem Standpunkt abrücken.

Das Problem ist, dass Hornbauer zwar Hörner bauen, sie aber nur selten spielen. Die Instrumente werden meist basierend auf bestimmten Messungen und Daten angefertigt, die wenig mit dem praktischen Einsatz des Horns zu tun haben. Es ist eben noch einmal etwas anderes, ob man etwas erklärt bekommt oder am eigenen Leib spürt.

Unbeeindruckt, aber doch perplex gabelte ich noch ein paar Spätzle mit ordentlich brauner Sauce auf. Ich beschloss, das Gespräch an diesem Punkt bewenden zu belassen. Schließlich war es nicht meine Aufgabe, dafür zu sorgen, dass der Mann gute Hörner baute; er ging ja umgekehrt auch nicht für mich üben. Meine Aufmerksamkeit galt von diesem Moment an nur noch der Mahlzeit auf meinem Teller. Wortlos leerten wir selbige und gingen wieder unserer getrennten Wege. Auch an den Folgetagen wechselten wir kein Wort mehr miteinander.

Im Anschluss dachte ich noch lange über das Gespräch nach. Nicht unbedingt, weil ich an meiner Art Horn zu spielen zweifelte; diese Phase habe ich mittlerweile überwunden. Sondern weil ich mir ausmalte, was dieses Gespräch vielleicht zwanzig Jahre früher mit mir gemacht hätte. Zu einem Zeitpunkt, an dem ich noch kein gestandener Hornist war und noch nicht selbst die Erfahrung gesammelt hätte, was möglich und was eben unmöglich ist, hätte es wahrscheinlich ganz andere Überlegungen in mir ausgelöst.

Je mehr ich darüber nachdachte, desto wütender wurde ich. Woher nehmen Menschen sich das Recht, über andere in dieser Weise zu urteilen und ihnen Fähigkeiten abzustreiten? Ich würde sagen, niemand hat das Recht dazu. Trotzdem erleben wir das ständig, weil viele Menschen von dem Glaubenssatz überzeugt sind: Was ich nicht kann, kannst du auch nicht. Sie projizieren ihre eigene Überzeugung auf andere, obwohl sie deren Potenziale gar nicht beurteilen können.

Wie oft höre ich auch heute noch den Satz: »Also wenn ich plötzlich keine Arme mehr hätte, wäre ich total hilflos.« Selbstverständlich wäre man das. Doch nicht aus dem Grund, dass Arme überlebensnotwendig sind, sondern weil sie nie lernen mussten, ohne sie zurechtzukommen. Daher ist auch nachvollziehbar, dass dies aus ihrer Perspektive die logische Schlussfolgerung ist. Doch ist es immer gefährlich, wenn Menschen andere Menschen aus ihrer eigenen Position betrachten.

Wenn wir andere verstehen wollen, müssen wir lernen, unseren eigenen Blickwinkel zu verlassen und die Welt aus der Perspektive des Gegenübers zu sehen. Dazu müssen wir unser Gegenüber erst einmal verstehen lernen. Eine andere Person aus dem eigenen Blickwinkel zu beurteilen, ist am Ende einfach nur arrogant und selbstverliebt – und zudem meist noch kontraproduktiv. Niemand gewinnt dabei, beide verlieren: der Beurteilte, weil er sich irritieren, runterziehen oder sogar aufhalten lässt wie die Hummel, die sich plötzlich nicht mehr für flugtauglich hält; der Beurteilende, weil er nichts dazulernt.

Inzwischen habe ich gelernt, mit solchen Situationen umzugehen. Sie stürzen mich nicht mehr in Existenzkrisen, sondern lösen eher Kopfschütteln bei mir aus. Es kommt schließlich auch heute noch öfter vor, dass mir Leute erklären, was alles unmöglich für mich sei. Doch heute weiß ich es besser. Ich habe gelernt, dass nicht jede Meinung der Realität entsprechen muss, sondern es durchaus Sinn macht, seine eigenen Erfahrungen zu sammeln und Sichtweisen auf ihre Richtigkeit zu überprüfen. Doch wie muss das für Menschen sein, die diese Erfahrung noch nicht gesammelt haben? Wie ist das für jene, die noch am Anfang stehen, weil sie jung sind oder etwas Neues ausprobieren und noch keine Sicherheit gewinnen konnten? Für sie ist eine solche Aussage maximal demotivierend. Sie nimmt ihnen Selbstvertrauen. Im schlimmsten Fall kann ein Zweifler einem Menschen die

Überzeugung rauben, die nötig ist, um seinen Traum weiterzuverfolgen.

Wenn wir anderen Menschen weismachen wollen, etwas sei für sie unmöglich, tun wir ihnen dadurch niemals etwas Gutes. Wir schützen sie auch nicht vor möglichen Enttäuschungen, wie die Zweifler gern als Schutzbehauptung anführen. Stattdessen sperren wir sie in einen Käfig, indem wir ihnen erklären, wo ihre Grenzen seien – anstatt sie zu motivieren, diese selbst auszutesten. So hatte ich es bereits mit meinem früheren Musiklehrer erlebt, der eine Profikarriere in meinem Fall für unrealistisch hielt – und er ist nicht der Einzige geblieben.

Selbstvertrauen ist etwas, das wir uns erarbeiten müssen. Unqualifizierte Zweifel und Anfechten bringen diesen Prozess zum Erliegen.

Dabei bin ich mir sicher, dass der Hornbauer vom Mittagessen gar nicht beabsichtigte, mir weiszumachen, was alles unmöglich sei, um mich von meinem Weg abzubringen. Ich glaube auch kaum, dass er mich davon abhalten wollte, weiter Horn zu spielen. Er wollte mir lediglich seine Sicht der Dinge darstellen. Dabei fiel ihm vermutlich gar nicht auf, wie absolut seine Aussagen waren und welche Wirkung Worte bei anderen Menschen entfalten können. Sonst wäre er vielleicht im Konjunktiv geblieben – wohl wissend, dass seine Sichtweise nicht der Weisheit letzter Schluss sein muss. Blieb er aber nicht; stattdessen formulierte er ultimative Urteile. Den Fehler haben schon andere vor ihm gemacht.

Das Wort »unmöglich« habe ich in meinem Leben sehr oft gehört – und tue es immer noch. Anmoderationen vor meinen Auftritten enthalten oft den Hinweis, ich hätte Unmögliches vollbracht. Was man damit meint, ist, dass ich Horn mit den Füßen spiele. Werde ich darauf angesprochen, erwidere ich gerne, dass ich eigentlich der Einzige bin, der es je ausprobiert hat und die »Unmöglichkeit« eigentlich nur darin besteht, dass es keiner zuvor versucht hat. Für einen Menschen mit Händen würde das ja zugegebenermaßen wenig Sinn ergeben. Nur sollten wir dann auch die Konsequenz haben, einzuräumen, dass wir etwas nicht ernsthaft versucht haben – anstatt einfach zu behaupten und anderen einreden zu wollen, es sei unmöglich. Könnten wir diesen geläufigen Irrtum überwinden, von uns auf andere zu schließen, würde es uns leichter fallen, anderen Menschen und Dingen eine Chance zu geben, anstatt für unmöglich zu erklären, was uns unmöglich erscheint. Vermutlich würde es uns dann leichter fallen, unsere Zweifel über Bord zu werfen und es zu versuchen.

Die Menschheit hat inzwischen genügend Errungenschaften zuwege gebracht, die teilweise noch vor wenigen Jahren oder Jahrzehnten als »unmöglich« galten. Was müssen wir noch schaffen, damit wir aufhören, uns selbst zu unterschätzen?

Was haben wir eigentlich zu verlieren?

Wir bewundern große Erfinder wie die Gebrüder Wright. Im Jahre 1903 entwickelten sie das erste motorisierte Flugzeug, mit dem man tatsächlich kontrolliert in die Lüfte abheben konnte – was bis dahin als absolut unmöglich galt. Zugegebenermaßen waren frühere Versuche nicht besonders ermutigend ausgegangen. Kaum jemand hätte je darauf gewettet, dass Menschen jemals von A nach B durch die Luft reisen würden, und das auch noch konsistent und planbar. Genauso hätten die wenigsten gedacht, dass wir eines Tages Nachrichten mittels Datenleitungen in Sekundenbruchteilen um den gesamten Erdball würden senden können. Oder dass unsere Smartphones uns darüber informieren würden, wann die Wäsche fertig ist – samt Verbesserungsvorschlägen für den nächsten Waschgang, generiert von künstlicher Intelligenz.

All dies sind Entwicklungen, deren Machbarkeit uns vor einigen Jahren und Jahrzehnten noch als absolut unmöglich erschienen wäre. Trotzdem wurden sie irgendwann zur Realität. Heute sind sie so selbstverständlich, dass wir gar nicht mehr darüber nachdenken, wenn wir sie benutzen. Eigentlich ist es mit allem so, das noch nicht erfunden wurde: Es scheint unmöglich, bis es dann doch einer schafft. Trotz eines fehlenden Beweises für die Möglichkeit entwickeln wir uns ständig weiter. Das bedeutet nichts anderes, als dass wir am laufenden Band Möglichkeiten erschaffen, die es eben noch nicht gab.

Die Menschheit hat eine wirklich beeindruckende Bilanz in Sachen Ermöglichung vorzuweisen. Und doch werden wir die Gewohnheit nicht los, Unbewiesenes für unmöglich zu erklären.

Jede neue Errungenschaft, die heute für uns selbstverständlich ist, hatte zuvor den Stempel des »Unmöglichen«. Ganz egal, ob es die Fähigkeit ist, auf den Mond zu reisen oder Organe zu transplantieren und damit Leben zu retten. Solange wir die Lösung nicht kennen, scheint uns alles unmöglich – dabei sind wir einfach nur auf der Suche. Ich habe keinen Zweifel, dass es in einigen Jahren wiederum neue Entwicklungen geben wird, von deren Unmöglichkeit wir heute noch überzeugt sind – bis die neue Realität irgendwann zu unseren Füßen liegt. Erst wenn wir etwas sehen und anfassen können, wagen wir, daran zu glauben.

Wie wäre es, wenn wir endlich die überwältigende Problemlösungskompetenz der Menschheit zur Realität erklären würden, anstatt den Selbstzweifel zu kultivieren?

Nun ist es natürlich nicht so, dass unsere ganz persönliche Welt immer aus weltumspannenden Herausforderungen besteht. Doch das Unmögliche klopft auch im Alltag regelmäßig an die Tür. Stets sollten wir bei präzedenzfalllosen Entwicklungen fragen: Bist du tatsächlich das »Unmögliche« oder nur als solches verkleidet?

Gewiss: Man kann das Prinzip Hoffnung auch für naiv halten und Menschen verurteilen, die in jedem Problem eine Chance sehen. Doch was haben wir zu verlieren, wenn wir die Welt so betrachten? Die Erfahrung hat oft genug gezeigt, dass Dinge, die unmöglich scheinen, eines Tages plötzlich wahr werden. Meine ganze Biografie ist eine Aneinanderreihung von widerlegten Unmöglichkeiten.

Ich finde, das ist eine herrliche Erkenntnis. Wenn du das nächste Mal vor einer Herausforderung stehst, die dir unüberwindbar scheint, halte kurz inne: Ist es wirklich erwiesenermaßen unmöglich – oder hältst du es nur dafür, weil du es noch nie versucht hast und die Lösung noch nicht kennst? Und wenn Letzteres zutrifft: Wie viel Lust hast du, es herauszufinden?

Apropos herausfinden: Zum Schluss möchte ich noch einmal auf unsere Hummel vom Anfang zurückkommen. Da ich mir beim besten Willen nicht vorstellen konnte, dass es mit dem heutigen Wissen nicht zu erklären ist, weshalb eine Hummel fliegen kann, habe ich das natürlich recherchiert.

Und siehe da, das Paradoxon ist eigentlich gar kein Paradoxon mehr. Die Annahme, dass Hummeln nicht fliegen können, beruhte auf Rechenfehlern aus den 30er-Jahren des 20. Jahrhunderts. Damals war der Wissensstand noch nicht der, den wir heute haben. Inzwischen lässt sich sehr wohl wissenschaftlich erklären, weshalb eine Hummel fliegt. Gut, dass wir der Hummel unseren Irrtum nie verraten haben …

Neben dem Pfad geht auch ein Weg

Wir lieben es, wenn etwas passt – wenn man sofort merkt, dass Dinge füreinander gemacht sind und wie zwei Zahnräder ineinandergreifen. Einfach so, ohne Wenn und Aber. Etwa dann, wenn der Termin beim Friseur perfekt zwischen den Wocheneinkauf und den Besuch beim Zahnarzt geschoben werden kann. Oder wenn die gerade frei gewordene Parklücke wie geschaffen für die Größe des eigenen Autos scheint. Oder wenn sich das soeben erworbene Paar Schuhe an unsere Füße schmiegt wie eine zweite Haut. Es kann unendlich befriedigend sein, wenn etwas perfekt passt.

Umgekehrt hassen wir es, wenn Dinge genau das nicht tun. Wenn man beim Aufbauen des neuen Schranks bemerkt, dass sich die Bohrungen an den falschen Stellen befinden. Wenn unsere favorisierte Zugverbindung zehn Minuten zu spät am gewünschten Ziel ankommt. Wenn man seinen neuen Arbeitskollegen nicht leiden kann, weil man nicht miteinander harmoniert.

Ein Stuhl wird besser, wenn er ergonomisch geformt ist. Ein Anzug, wenn er eine Maßanfertigung ist, und ein Fitnessplan, wenn er genau auf unsere Bedürfnisse abgestimmt wurde. Heutzutage ist unsere Welt darauf ausgelegt, dass sie passend für uns ist. Wir sind sogar bereit, mehr Geld für Dinge auszugeben, wenn sie individuell auf uns zugeschnitten sind. Unternehmer geben ihren Kunden die Möglichkeit, ihre Produkte zu personalisieren. Es ist selbstverständlich geworden, dass wir uns Autos, Möbel oder auch andere Produkte nicht einfach von der Stange kaufen, sondern unseren Wünschen und Bedürfnissen anpassen können.

Ein Leben auf großem Fuß

Für mich war die Welt nie ein Ort, an dem die Dinge von selbst passten. Ganz im Gegenteil. Ohne Arme in einer Umgebung aufzuwachsen, die für Menschen mit Armen konzipiert wurde, ist maximal unpassend. Ich bemerkte das schon recht früh. Genau genommen in meiner Kindheit, beim Spielen. Dazu muss ich vielleicht erklären, dass ich auf dem Dorf groß geworden bin. Nicht nur, dass es dort ohnehin schon wenig Verkehr gab; das Haus meiner Eltern befand sich zudem noch am Ende einer Sackgasse. Der davor befindliche Wendeplatz bot dementsprechend für alle Kinder der Straße beste Voraussetzungen für einen allnachmittäglichen Spieltreff, bei dem gern mal die halbe Straße mittels Kreide optisch aufgehübscht oder selbst gebaute Wasserbomben zur gegenseitigen Abkühlung verwendet wurden.

Wollte ich dabei sein, musste ich unsere Haustür öffnen – und sie natürlich auch wieder hinter mir schließen. Heute erledige ich das für gewöhnlich mit dem Fuß. Aber zu der Zeit war ich gerade fünf Jahre alt und reichte mit dem Kopf nicht einmal über die Klinke, weshalb ich die Tür nicht einmal mit einem geschickten Klemmgriff des Kinns hätte öffnen und schließen können. Ich brauchte also Hilfsmittel, um mich selbst etwas zu verlängern. Meist nutzte ich dafür einen Plastikhocker und suchte mir, wenn gerade keiner aufzufinden war, alle möglichen anderen Gegenstände, um an die Klinke zu kommen. Hinzu kam, dass das Konzept des offenen Wohnens in den 90er-Jahren noch nicht so weit verbreitet war. Dementsprechend viele Türen waren im Haus meiner Eltern verbaut. Aus diesem Grund musste ich beim Ein- und Austreten aus den Räumen ständig wieder andere Dinge zweckentfremden – einen Stuhl genauso wie die Lautsprecherbox der Stereoanlage oder einen herumstehenden Karton.

Um Dinge mit meinen Füßen gut bedienen zu können, hätten sie am besten weiter unten angebracht sein müssen. Nicht nur die Türklinke, sondern auch etwa eine Klingel oder ein Lichtschalter. Doch all diese Dinge befanden sich natürlich viel weiter oben und auf einer Höhe, in der Menschen mit Armen sie gut bedienen konnten. So war es mit vielen Dingen. Relativ schnell wurde mir klar: Es dürfte unmöglich sein, mir eine Welt zu erschaffen, die perfekt auf mich zugeschnitten wäre. In den eigenen vier Wänden wäre das vielleicht noch möglich gewesen. Heutzutage gibt es für viele Probleme auch einfache technische Lösungen, die damals noch in weiter Ferne waren. Doch ich wusste, sobald ich meine gewohnte Umgebung verlassen würde, würde ich mich immer auf Felix-feindlichem Gebiet befinden und vollkommen hilflos sein.

Deshalb wurde mir schnell klar: Würde ich ein normales selbstständiges Leben führen wollen, würde es unabdingbar sein, mit den vorhandenen Gegebenheiten zurechtzukommen. Nur dann würde ich wirklich selbstständig sein können.

Das Komplizierte an diesem Prozess war allerdings, dass mir niemand wirklich dabei helfen konnte. Es ist üblich, dass

Menschen mit einer körperlichen Behinderung diverse Hilfen benutzen – spezielles Besteck etwa oder eine besonders angefertigte Schere. Es gibt kaum etwas, wofür es keine gesondert entwickelten Hilfen gibt. Auf diese zu verzichten war oftmals die wesentlich größere Herausforderung, als sie anzunehmen. Denn wenn ich sie nicht benutzte, stieß ich dafür meistens auf Unverständnis.

Der Weg des geringsten Widerstandes

So ging es mir auch mit meinem Sitznachbarn kürzlich auf dem Flug nach Hongkong. Da die Metropole an der Südküste von China nicht gerade um die Ecke liegt, war auch der Flug recht lang. Viel Zeit, um mit seinen umsitzenden Mitfliegenden ins Gespräch zu kommen.

Meist sorgt bereits mein Gepäck mit seiner doch ungewöhnlichen Form für Gesprächsstoff.

»Ist das eine Posaune?«, wollte plötzlich jemand wissen.

»Das ist ein Horn«, korrigierte ich ihn.

»Ach, das ist erstaunlich. Ich habe als Kind mal Trompete gespielt. Daher musste ich die ganze Zeit darüber nachdenken, was sich wohl in Ihrer Tasche befindet. Spielen Sie in Hongkong ein Konzert?«, fuhr er die Konversation elegant fort.

»Ja. Zwei Konzerte, um genau zu sein.«

»Und die Ventile benutzen Sie mit den Zehen?«, wollte er es jetzt ganz genau wissen.

»Richtig«, antwortete ich knapp und präzise.

»Das stelle ich mir wahnsinnig kompliziert vor«, fuhr er nach einer kurzen Pause fort. »Ich weiß noch, wie lange ich auf der Trompete üben musste, bis meine Finger die schnellen Läufe greifen konnten. Haben Sie denn schon mal über Prothesen nachgedacht? Die Technik ist dort ja mittlerweile erstaunlich weit. Was es da für Möglichkeiten gibt, ist einfach nur erstaunlich.«

»Um ehrlich zu sein: noch nie. Ich wüsste auch nicht, inwiefern sie für mich hilfreich wären«, entgegnete ich. Das vermittelte meinem Sitznachbarn scheinbar den Eindruck, meinem Leben soeben die entscheidende Wendung verpasst zu haben.

»Das könnten Sie doch mal ausprobieren, wäre das nicht was?«, entfuhr es ihm voller Euphorie.

»Ich glaube nicht, dass das etwas für mich ist«, lautete meine ehrliche Antwort.

Warum ein Problem lösen, das ich nicht habe?

Menschen, die diese Frage nach der Prothese stellen, sind es gewöhnt, dass die Welt sich ihnen anpasst. Sie gehen stets den Weg des scheinbar geringsten Widerstands – weil es für sie meist keine Notwendigkeit gibt, um Ecken zu denken oder mehrere Schritte voraus.

Selbstverständlich könnte man, die nötigen Ressourcen vorausgesetzt, seine eigene Umgebung so umrüsten, dass sie für einen selbst perfekt passt. Doch auf diese Weise würde man sich in einen selbst erschaffenen Käfig sperren. Es ist immer wieder erstaunlich, dass die meisten Menschen gar nicht erst so weit denken, dass ihnen das klar wird. Für sie hört das Gedankenspiel genau an dem Punkt auf, an dem das vermeintliche Problem gelöst ist.

Wir Menschen neigen dazu, Entscheidungen mit den Informationen zu treffen, die uns zum jeweiligen Zeitpunkt zur Verfügung stehen – selbst wenn die Informationen für eine fundierte Entscheidung nicht ausreichend sind. Politiker bewerten wir zum Beispiel oft anhand ihrer rhetorischen Qualitäten. Wirkt diese Person überzeugend? Strahlt sie Entschlossenheit und Durchsetzungsvermögen aus oder wirkt sie eher fade und sachlich?

Mit Sicherheit sind das interessante Fragen, nur: Sind diese Dinge für die eigentliche Arbeit eines Politikers denn tatsächlich entscheidend? Da bin ich mir nicht so sicher. Warum wird bei TV-Duellen nicht getestet, wie schnell eine Kandidatin komplexe Sachverhalte versteht? Wie sie unter massivem Druck reagiert? Oder wie gut ihr Verhandlungsgeschick ist, um gute Kompromisse zu finden?

Oder nehmen wir deinen Hausarzt als Beispiel. Bist du zufrieden mit ihm? Wenn ja, woran machst du das fest? Vielleicht daran, dass er stets gut gelaunt zu Werke geht? Dass er höflich und freundlich ist? Sich Zeit für deine Belange nimmt, dir gut zuhört? Das sind die Informationen, die wir beurteilen können – deshalb neigen wir dazu, uns danach zu richten.

Fachlich wird das schon etwas schwieriger. Schließlich sind wir selbst keine Mediziner. Die Frage, ob Behandlungsweise B statt Behandlungsweise A vielleicht die bessere Entscheidung wäre, würde vermutlich vollkommen unseren Kompetenzbereich überschreiten. Vermutlich würde es schon daran scheitern, dass wir überhaupt nicht wissen, dass es noch eine Behandlungsmöglichkeit B gibt. Wir können nur spüren, ob nichts mehr wehtut und wir wieder in senkrechter Haltung den Weg nach Hause antreten können, mehr nicht.

Wir treffen unsere Urteile also anhand der Informationen, die wir verwerten können beziehungsweise besitzen. Mit der eigentlichen Kompetenz haben die häufig rein gar nichts zu tun.

Um Lösungswege zu finden, ist es daher wichtig, Informationen zu sammeln – auch jenseits des Bekannten. Problemlösungskompetenz entwickeln bedeutet, sich nicht mit dem zufriedenzugeben, was man schon weiß – sondern sich mit dem zu beschäftigen, was man nicht weiß. Dazu gehört auch, sich selbst regelmäßig zu hinterfragen: Sind die Informationen, die ich besitze, für meinen Lösungsweg eigentlich von Belang?

Wo fängt man an? Wo hört man auf?

Wir Menschen sind wahnsinnig gut darin, Dinge zu optimieren – selbst in Bereichen, in denen wir uns gar nicht wirklich auskennen. Oder sagen wir: Wir glauben, es zu sein. Verliert unsere Lieblings-Fußballmannschaft mal wieder ein wichtiges Spiel, können wir genau sagen, woran es gelegen hat. Ganz genau wissen wir, wie der Trainer die Mannschaft besser hätte aufstellen können oder welche Taktik die erfolgreichere gewesen wäre.

Echt jetzt? Schon klar: Natürlich verstehen wir die Grundprinzipien des Fußballs. Wir haben sicher auch schon einige Fußballspiele gesehen. Ist es nicht trotzdem sehr anmaßend, zu behaupten, man selbst verstünde mehr von Fußball als ein Berufstrainer, dessen Job es nun mal ist, sich tagtäglich und in Vollzeit mit Taktik, Trainingsmethoden und Mannschaftsaufstellungen zu beschäftigen?

Würde man all diese selbst ernannten Experten im echten Leben auf eine Fußballmannschaft loslassen und sie Trainingspläne erstellen, Taktiken entwickeln oder die Mannschaft für das nächste Spiel motivieren lassen, sähe die Welt plötzlich ganz anders aus. Denn all die Hobbytrainer müssten auf einmal aus dem Nichts etwas Eigenes entwickeln. Es gäbe keine vorgefertigten Spielsituationen, die sie lediglich von der heimischen Wohnzimmercouch aus bewerten sollen. Stattdessen läge es mit einem Mal an ihnen selbst, den Weg zu entwickeln und dann am lebenden Objekt anzupassen – gegnerische Mannschaften sind schließlich bewegliche Ziele, keine willigen Opfer.

Was würde passieren, wenn es tatsächlich so käme? Die gefühlte Expertise würde aller Wahrscheinlichkeit nach völliger Plan- und Orientierungslosigkeit weichen. Wo fängt man an? Wo hört man auf?

Übrigens ist das nicht nur im Fußball so. Auch in anderen Bereichen lässt sich dieses Phänomen beobachten. Es ist immer einfacher, Verbesserungsvorschläge in einer Bewerbung zu finden, die uns jemand zum Durchlesen gibt, als selbst eine zu schreiben. Ebenso ist es einfacher zu beurteilen, was bei der Kindererziehung des Nachbarn alles schiefläuft, als selbst vorbildlich funktionierenden Nachwuchs großzuziehen.

Der Grund dafür ist recht simpel: Jedes Mal, wenn wir etwas erschaffen – und dabei ist es völlig unerheblich, ob es sich um einen neuen Businessplan oder die Rezeptur einer neuen Tomatensoße handelt –, bewerten wir. Du kennst sicher die Situation: Bewaffnet mit Kugelschreiber und einem weißen Blatt Papier, sitzt du da und bist bereit, gleich zu brainstormen. Dir schießen auch sofort unendlich viele Gedanken durch den Kopf, und eigentlich müsstest du sie nur einen nach dem anderen auf den Zettel schreiben. Und doch kannst du nicht anders und beginnst sofort, jeden deiner Gedanken zu bewerten, ob du willst oder nicht. Du kannst dich gar nicht dagegen wehren.

Vor allem sind deine Bewertungen meistens alles andere als positiv. Dir fallen gleich fünf Gründe ein, weshalb deine Idee schlecht ist. Du denkst direkt darüber nach, wo mögliche Fallstricke liegen oder was andere daran zu kritisieren hätten. Vielleicht denkst du auch einfach nur, dass es sicher noch eine bessere Idee geben könnte, und verwirfst die aktuelle nur aufgrund dieser Befürchtung. Die Idee, die du gerade hattest, ist sicher nicht verkehrt, aber dein Bauch sagt dir: Das geht noch besser.

Was tust du also? Du verwirfst die Idee wieder und widmest dich gleich dem nächsten Gedanken. Doch kaum schießt er dir in den Kopf, findest du schon wieder jede Menge Gründe, weshalb auch dieser eigentlich von vornherein zum Scheitern verurteilt ist. So hangelst du dich von einem Gedanken zum nächsten. Den Kugelschreiber nutzt du schon lange nicht mehr, um mit ihm deine Gedanken aufs Papier zu bringen, sondern lediglich, um mit ihm herumzuspielen. Alle paar Sekunden drückst du die Mine mit dem Knopf erst rein – und dann wieder raus. Und das Blatt? Schneeweiß.

Nach einer guten halben Stunde gibst du also auf. Frustriert und mit der Überzeugung, dass dir einfach nichts Gutes eingefallen sei. Vielleicht war heute auch einfach nicht dein Tag. Also versuchst du es am nächsten Morgen wieder. Doch noch völlig konsterniert vom gestrigen Misserfolg, fällt dir heute noch weniger ein. Die Gründe, weswegen eine Idee eine schlechte Idee ist, scheinen plötzlich noch vielfältiger. Während der Frust immer weiter in dir aufsteigt, scheint das provozierend weiße Blatt dich zu verhöhnen.

Es ist ein Teufelskreis: Wieder einmal scheint die Angst vor Fehlern größer als die Angst, die zündende Lösung übersehen zu haben. Denn du bewertest deine Ideen lediglich mit dem Wissen, welches dir zur Verfügung steht. Doch was kann die Idee denn dafür, wenn dein aktueller Informationsstand noch nicht ausreichend ist, um ihre Genialität zu erkennen? Und wie soll sich daran je etwas ändern, wenn du ihr keine Chance gibst?

Die Schrottliste

Wenn ich vor einem Problem stehe, fange ich nicht damit an, Ideen zu sammeln, sondern Schrott. Ja, genau, du hast richtig gelesen. Schrott! Natürlich suche ich nicht absichtlich nach schlechten Ideen. Der Trick besteht dabei vielmehr darin, alles aufzunehmen, was einem einfällt – und zwar ohne es zu bewerten. Jeder Gedanke wird aufgeschrieben. Mag er auch noch so abwegig erscheinen, er findet mittels Kugelschreiber seinen Weg aus meinem Kopf auf das Papier.

Probiere es beim nächsten Brainstorming aus, und du wirst sehen: Im Nullkommanichts ist dein Blatt voller Ideen. Meist unterscheiden sich diese Ideen in ihren Ansätzen deutlich voneinander. Doch eines eint sie: Sie alle sind potenzielle Lösungen für dein Problem. Egal, wie unterschiedlich und abwegig sie auch sein mögen, könnte man sagen, dass du jetzt eine Fülle an Wegen hast, die zu deinem Ziel führen. Manche Gedanken sind vielleicht schon recht ausgereift. Andere wiederum haben vielleicht gute Ansätze, allerdings fehlt ihnen noch ein wenig Schliff.

Das Wunderbare an all diesen notierten Gedanken ist, dass sie wieder zu neuen Gedanken führen. Dabei ist es stets wichtig, Schritt für Schritt vorzugehen. Versuche nicht, den siebten Schritt in Angriff zu nehmen, bevor du dich nicht mit dem zweiten auseinandergesetzt hast. Oftmals sind die Erkenntnisse, die du durch das Lösen von Schritt zwei erlangt hast, wichtig, um Schritt drei zu gehen. Schritt drei hilft dir wiederum bei der Umsetzung von Schritt vier, und so weiter.

Bei Lösungswegen tendieren wir häufig dazu, uns mit möglichen Problemen zu beschäftigen, die noch gar nicht dran sind. Sehen wir beispielsweise in Schritt zwölf einen großen Stolperstein voraus, beginnen wir oftmals erst gar nicht mit Schritt eins. Oft wäre das sehr schade. Denn auf dem Weg von eins bis zwölf kann noch viel Unvorhergesehenes passieren. Wir können plötzlich eine Abbiegung verwenden, von der wir vorher gar nicht wussten, dass sie existiert. Und plötzlich ist es gar nicht mehr nötig, den scheinbar unüberwindbaren Berg in Schritt zwölf in Angriff nehmen zu müssen – denn unser neuer Weg führt ganz elegant um den Berg herum.

Und siehe da: Ganz plötzlich ist unsere Lage eine ganz andere. Denn wir befinden uns nicht mehr in der Situation, aus dem Nichts etwas erschaffen zu müssen. Stattdessen sind wir nun in der deutlich komfortableren Position, etwas verbessern zu dürfen. Wie wir bereits festgestellt haben, liegt dieser Modus uns deutlich mehr. Vor allem aber haben wir ganz nebenbei mehrere unterschiedliche Lösungsansätze ermittelt – und die Wahrscheinlichkeit, dass einer davon zum Ziel führt, ist massiv gestiegen. Wir wissen nur zu diesem Zeitpunkt vielleicht noch gar nicht, welcher das sein wird.

Aller Anfang ist schwer

Dementsprechend sollten wir jedem einzelnen Lösungsansatz auch dieselbe Aufmerksamkeit schenken. Ein Weg, der zu Beginn steinig und unverhältnismäßig scheint, kann sich zu einem wunderbaren Waldspaziergang entwickeln und umgekehrt. Mit dem Anpacken eines Problems ist es wie mit so vielen Dingen im Leben: Der Anfang stellt die größte Herausforderung dar. Dem möglichen Lösungsweg auf dem weißen Blatt Papier durch ein paar Gedanken erste Konturen zu verleihen und nicht mehr vor dem kompletten »Nichts« zu stehen, ist oft die größte Herausforderung.

Der Glaube, nicht anfangen zu können, hat dabei oft mehr mit uns selbst zu tun als mit der Herausforderung an sich. Daher ist es immer hilfreich, sich selbst Fehler zu erlauben. Es ist wichtig, sich zuzugestehen, dass man auch mal etwas falsch machen kann – und dabei zu akzeptieren, dass der Beginn eines Weges nicht perfekt sein muss.

Ich selbst wende die Methode, sich bewusst Fehler zu erlauben, recht häufig an. Auf einer Bühne zu stehen ist für jeden von uns zu Beginn eine große Herausforderung. Und mit Bühne ist nicht immer der große Konzertsaal gemeint. Es kann sich auch um eine Präsentation vor den Kollegen oder um ein Vorstellungsgespräch handeln. Manchmal kommt es vor, dass unser Publikum aus einer einzigen Person besteht. Auch vor ihr haben wir das Gefühl, uns beweisen zu müssen, und sind dabei oft nervös. Mehr noch: Wir verspüren Angst, etwas falsch zu machen oder zu versagen.

Wird diese Angst vor der vermeintlichen Unmöglichkeit zu groß, kann die Problemlösung daran scheitern, bevor wir es überhaupt versucht haben – weil wir aufgeben. Was für eine Tragödie das wäre!

Das Spaßkonto

Da sich mein Arbeitsplatz auf einer Bühne befindet, war auch ich zwangsläufig schon das eine oder andere Mal in meinem Leben mit dieser Problematik konfrontiert. Auch ich hatte zu Beginn Angst zu versagen. Meist rührten die Dinge, die bei einem Konzert nicht funktionierten, nicht daher, dass ich zu wenig geübt hatte. Es war die Angst vor Fehlern, die dazu führte, mehr Fehler zu machen. Das befeuerte wiederum die Angst vor zukünftigen Fehlern – und so weiter. Wie gesagt: ein Teufelskreis.

Irgendwann kam mir die Idee, ein Fehlerkonto zu eröffnen. Das ist so etwas wie ein Spaßkonto bei der Bank, das dafür da ist, sich Dinge zu gönnen, die einem Freude bereiten: den nächsten Kinobesuch, die Tageskarte im Schwimmbad oder die nächsten Spaghetti beim Lieblingsitaliener von nebenan. Mit diesem Geld kann man ohne schlechtes Gewissen tun, was einem Freude bereitet.

Auf diesem Fehlerkonto notierte ich nicht die Fehler, die ich bei einem Konzert machte, sondern ich tat das Gegenteil: Ich überwies mir vor jedem Konzert eine Gutschrift. Beispielsweise lud ich vor einem Konzert fünf Fehler auf. Ich durfte also fünf Fehler machen, ohne dass sie zählten. Und was soll ich sagen? Der Effekt war erstaunlich. Ich ging wesentlich entspannter auf die Bühne. Selbst wenn etwas schiefging, blieb ich gelassen. Denn ich hatte schließlich immer noch vier Freifehler auf meinem Konto.

Das erste Mal wendete ich die Methode bei einer Tournee mit den Hornkonzerten Nummer eins und zwei von Joseph Haydn an. Auf dieser Konzertreise arbeiteten wir uns vom Norden Deutschlands gen Süden, weshalb unsere Tournee in Bremen begann. Ich hatte mir genau ausgemalt, wie mein Konto funktionieren sollte. So gönnte ich mir für diesen Auftritt nicht fünf, sondern aufgrund der Tatsache, dass ich an dem Abend gleich zwei Hornkonzerte spielte, volle zehn Fehler. Ich fand das irgendwie einen guten Deal, den ich mit mir ausgehandelt hatte.

Das erste Stück begann mit einer knapp einminütigen Einleitung des Orchesters. Und obwohl ich noch gar keinen Ton gespielt hatte und alles noch vor mir lag, fühlte ich mich während dieses Auftakts wesentlich entspannter als sonst. Ich gebe zu, für einen kurzen Moment spielte ich mit dem Gedanken, absichtlich einen Fehler zu machen – einfach nur, weil ich durfte. Den Gedanken verwarf ich dann aber doch ziemlich schnell wieder; man muss das Schicksal ja nicht herausfordern.

Am Ende beider Stücke standen insgesamt sechs Fehler zu Buche. Wobei ich einen klitzekleinen Wackler, den vermutlich niemand wahrgenommen hatte, nicht mitrechnete. Streng genommen hätte ich fürs Protokoll vielleicht sechseinhalb Fehler eintragen müssen. Doch der entscheidende Punkt war, dass es half. Ich war viel entspannter. Meine Gedanken kreisten nicht mehr darum, keine Fehler zu machen.

Darüber nachzudenken, keine Fehler zu machen, funktioniert genauso gut, wie nicht an den rosa Elefanten zu denken – nämlich gar nicht. Denkst du über Fehler nach, wirst du Fehler machen. Denn du wirst in deinen Gedanken bestätigt – und ein Kreislauf beginnt. Also muss man seinem Kopf ein anderes Stöckchen geben, mit dem er sich beschäftigen kann.

Je öfter ich diese Methode anwendete, desto entspannter

wurde ich. Neben dem Effekt, schrittweise meine Angst vor Fehlern zu verlieren, reifte eine Erkenntnis in mir heran: Fehler sind gar nicht so schlimm, wie ich immer gedacht hatte. Fehler passieren. Die Leute bewerfen dich nicht sofort mit Tomaten, buhen dich aus oder kommen nie wieder zu einem Konzert von dir. Den meisten Leuten fällt ein Fehler erst gar nicht auf. Man selbst ist immer derjenige, der am tiefsten in der Materie steckt und somit ganz besonders auf seine Fehltritte achtet.

Wenn ich ein Stück übe, kenne ich es in- und auswendig bis ins allerletzte Detail. Ich habe eine genaue Vorstellung, wie ich dieses Stück spielen möchte, was mir besonders wichtig ist und worauf mein Fokus liegt. Ich werde also in dem Moment derjenige im Saal sein, der dieses Stück am besten kennt. Dementsprechend fallen mir alle noch so kleinen Fehlerchen sofort auf. Doch das Publikum sitzt selten im Konzert, um Fehler zu zählen. Es sitzt dort, um die Musik zu genießen, sich eine schöne Zeit zu machen oder einfach nur vom hektischen Alltag abzuschalten.

Wir sollten uns klarmachen, dass wir selbst oftmals die größten Experten in dem Bereich sind, den wir gerade bespielen. Auch unsere Prioritäten sind in dem Moment vollkommen klar. Das heißt aber nicht, dass unser Gegenüber dieselben Prioritäten hat und beurteilen könnte, ob wir unsere Sache aus dieser Perspektive gut machen oder nicht. Und vor allem: es beurteilen wollte.

Jeder hat seine eigene Wahrnehmung von Ereignissen und Sachverhalten, und jeder kommt zu unterschiedlichen Interpretationen und Urteilen. Dies hat meist mit persönlichen Sichtweisen, Interessen oder auch Prioritäten zu tun. Und die Prioritäten, die für uns selbst elementar wichtig sind, muss unser Gegenüber ja nicht zwangsläufig teilen. Einen großen Teil dieses Bildes, das im Kopf anderer Menschen entsteht, können wir gar nicht beeinflussen. Wir können nur das Beste geben, was mit unseren Möglichkeiten und nach unseren Prioritäten in diesem Moment möglich ist. Dementsprechend mögen Fehler, die für uns schwerwiegend scheinen, beim Gegenüber lediglich für eine Randnotiz sorgen – oder einfach untergehen.

Ist es vor diesem Hintergrund die Nerven wert, sich auf Fehler zu fixieren, wenn man sich stattdessen mit dem beschäftigen könnte, was am Ende wirklich zählt und wahrgenommen wird?

Kleines Loch und großer Bohrer

Du bist sicher auch schon einmal in den Genuss einer Zahnarztbehandlung gekommen. Das unangefochtene Highlight dieser Events ist definitiv, wenn der Bohrer ausgepackt wird. Für mich ist das jedes Mal wieder der Punkt, an dem ich meinen Besuch zutiefst bereue. »So weit sieht alles gut aus bei Ihnen«, höre ich den Zahnarzt sagen. »Es gibt nur eine Stelle mit ein wenig Karies. Das machen wir schnell weg. Möchten Sie eine Spritze? Es ist wirklich nur eine kleine Stelle.«

Für mich stellt sich die Frage nach der Spritze gar nicht. Schließlich bin ich ja kein Masochist! Nach einem kurzen Piks und nicht unwesentlich längerem Bohren ist es vollbracht.

»Streifen Sie mit der Zunge mal kurz drüber. Spüren Sie dieses kleine Loch hinten links?«

Gesagt, getan. Doch, hoppla, so klein ist das Loch ja gar

nicht! Im Gegenteil, es fühlt sich riesig an, nahezu gigantisch sogar! Das ist doch nie im Leben nur ein »kleines« Bohrloch. Da fehlt ja der halbe Zahn?!

»Könnte ich vielleicht mal einen Spiegel haben?«, frage ich den Zahnarzt, nicht ohne Panik in der Stimme.

Aber als ich das Loch anschließend betrachte, muss ich feststellen, dass meine Nervosität wirklich unbegründet war. Der Schein trügt. Ein Loch im Zahn fühlt sich stets größer an, als es in Wirklichkeit ist. Unsere Wahrnehmung spielt uns einen Streich. Aber wie?

Verzerrte Wahrnehmung

Um besser zu verstehen, was ich meine, hilft ein Blick auf das bei Medizinern beliebte Rindenmännchen, auch Homunculus genannt. Vielleicht hast du schon mal ein Bild von dieser Figur gesehen. Sie sieht ein bisschen so aus, als ob ein Hochallergiker einen Job im Mischtiergehege des Zoos angenommen hat. Sie hat einen winzig kleinen und haarlosen Körper, auf dem ein eigentlich viel zu großer Kopf steckt. Aber das ist längst nicht alles, was diese Figur in Sachen Unförmigkeit zu bieten hat. Ihr gigantisches Gesicht zeichnet sich durch derart dicke Lippen aus, dass die sich dazwischen befindliche Zunge bei aller Monstrosität kaum noch auffällt. Dazu kommt, dass die viel zu dünnen Ärmchen in enorme Hände, ja fast schon Pranken übergehen, die in noch viel längeren und dickeren Fingern enden. Kurzum: Doktor Frankenstein hätte es sich nicht besser ausdenken können.

Dabei ist das Rindenmännchen nicht etwa das misslungene Experiment eines durchgeknallten Doktors, sondern wird regelmäßig zu wissenschaftlichen Zwecken herangezogen. Wirklich wahr! Der Homunculus veranschaulicht mit seinen maßstäblich irritierend groß oder klein geratenen Organen und Extremitäten, wie viel Raum die Wahrnehmung verschiedener Körperteile und deren Empfindungen auf der Großhirnrinde einnehmen. Körperteile wie Hände und Gesicht sind größer dargestellt, um die größere sensorische oder motorische Verarbeitung in diesen Bereichen widerzuspiegeln, während Körperteile wie Finger oder Zehen entsprechend kleiner ausfallen. Dieses Konzept hilft zu verstehen, wie das Gehirn sensorische Informationen von verschiedenen Körperteilen verarbeitet.

Wenn wir ein kleines Loch in unserem Zahn haben, kann es sich größer anfühlen, weil die Zunge in diesem Bereich des Mundes besonders viele Nervenenden hat, die dem Gehirn entsprechend viele Informationen übermitteln. Das Gehirn interpretiert diese Informationen dann subjektiv als intensiver oder größer, als sie eigentlich sind, was zu einer übermäßigen Empfindung führt.

So ist es mit vielen Dingen in unserem Leben. Nur weil wir Dinge auf eine bestimmte Art und Weise bewerten, muss diese Bewertung nicht immer korrekt sein. Deshalb ist es absolut legitim, erst einmal Ideen zu sammeln und mit deren Bewertung und Gewichtung zu warten. Oftmals erschließt sich uns die Genialität einer Idee erst viel später. Deshalb sollte man sich meiner Meinung nach mehr davor fürchten, eine gute Idee zu übersehen, als eine schlechte zu sammeln.

Planlos glücklich

Es ist manchmal verrückt, wie einfach Lösungen sein können – sogar Lösungen von Problemen, die zuvor unlösbar schienen. Ohne Arme Horn zu spielen gehört für mich aus heutiger Sicht zu diesen einfachen Problemstellungen.

Ich begann im Alter von vier Jahren mit dem Horn. Dabei war am Anfang überhaupt nicht klar, ob und wie das gehen sollte. Schließlich hatte es bis dahin noch nie jemand versucht. Ich ging damals auf eine ganz gewöhnliche Musikschule mit einem ganz normalen Hornlehrer. Auch ihm war zu Beginn natürlich nicht klar, wie das alles eigentlich funktionieren sollte.

Zu Beginn saß ich mit dem Horn einfach auf dem Boden. Das Instrument war damals so groß wie mein Oberkörper. Das war ziemlich praktisch. So konnte ich mich einfach hinter das Instrument setzen und es mit meinen Füßen umschlingen. Ich musste mich lediglich ein wenig nach vorne beugen, und schon war mein Mund am Mundstück. Unten am Horn klebten wir ein kleines Klettband an. Das sorgte dafür, dass es auf dem Teppichboden nicht wegrutschte. Mit dem linken Fuß bediente ich die Ventile des Horns, und mit dem rechten Fuß schlüpfte ich durch eine der unzähligen Schlaufen des Instruments, um es festzuhalten.

Was auf den ersten Blick ein wenig kompliziert klingen mag, funktionierte im Grunde wunderbar. So verbrachte ich meine ersten Anfänge mit dem Horn. Ich lernte meine ersten Töne bis hin zu meinen ersten kleinen Stücken. Ich hätte vermutlich noch unendlich so weiterspielen können, wäre mit der Zeit nicht ein kleines Problem aufgetaucht: Ich wurde von Jahr zu Jahr größer, das Horn aber wuchs nicht mit mir. Deshalb wurde meine Spielposition zunehmend unbequem. Immer weiter und tiefer musste ich mich nach vorn beugen, um an das Mundstück zu kommen. Irgendwann war die Einsicht unausweichlich: Eine neue Lösung musste her.

Doch wie sollte die aussehen? Der Plan war, dass ich auf einem Stuhl sitzend spielen würde und die Lösung mit mir mitwachsen musste. Die Ventile konnte ich ganz normal mit dem linken Fuß bedienen. Auch alles andere funktionierte einwandfrei. Lediglich das Problem, wie das Instrument gehalten werden sollte, musste gelöst werden. Normale Hornisten halten ihr Instrument mit beiden Händen. Die linke Hand befindet sich bei den Ventilen. Damit hält der Hornist das Instrument einerseits und bedient die Ventile andererseits. Die rechte Hand befindet sich im Schalltrichter. Damit moduliert er zum einen den Klang. Zum anderen sorgt diese Hand auch dafür, dass das Instrument nicht herunterfällt. Es musste also eine Lösung dafür entwickelt werden, wie ich das Instrument beim Spielen festhalten konnte.

Zugegeben: Einen Gegenstand zu entwickeln, der einen anderen Gegenstand festhält, ist nichts Revolutionäres. Ein Notenständer tut schließlich nichts anderes. Er sorgt dafür, dass ein paar Blätter Notenpapier auf einer bestimmten Höhe fixiert werden. Der Weg zu einem Hornständer war also mehr als naheliegend. Denn nichts anderes tut mein Hornständer: Er hält das Horn für mich auf einer bestimmten Höhe fest. Das ist seine einzige Aufgabe. Er verändert nicht den Ton und hat auch sonst keinen Einfluss auf mein Spiel. Er hält das Instrument einfach nur fest.

Ich selbst widme dieser Idee nicht viel Beachtung, sondern finde sie eher banal. Umso erstaunter bin ich immer wieder, welche entzückten Reaktionen die Apparatur bei anderen auslöst. Ob ich ihnen die Funktionsweise des Ständers vielleicht mal erklären könnte, werde ich oft gefragt. Wer auf diese geniale Idee gekommen sei, ist eine weitere, häufig auftauchende Frage. Manchmal habe ich nicht das

Gefühl, einen einfachen Hornständer zu besitzen, sondern eine der größten Erfindungen des 21. Jahrhunderts. Selbst wenn ich darauf hinweise, dass es sich hierbei um einen ganz gewöhnlichen Ständer handelt, lässt das Erstaunen kein Stück nach.

Das Leben ist keine Einbahnstraße

Ich glaube, was die Menschen tatsächlich so staunenswert finden, ist nicht die Tatsache, dass ein Ständer ein Instrument halten kann. Es ist die Tatsache, dass etwas schier unmöglich Scheinendes, nämlich das Spielen eines Instruments ohne Arme, eine so einfache Lösung haben kann. Denn für Probleme, die auf der Grenze des Möglichen zu balancieren scheinen, muss es doch auch eine mindestens ebenso komplexe Lösung geben.

Einfache Lösungen für schwierige Aufgaben faszinieren uns. »Warum bin ich da nicht selbst draufgekommen?«, fragen wir uns dann oft. Oft liegt es daran, dass uns diese Idee beim Brainstormen vielleicht eingefallen wäre, wir sie aber nicht für voll genommen hätten, weil sie uns zu simpel erschien, um funktionieren zu können.

Genauso wie uns jedes Navi mehrere Routenvorschläge für unser gewünschtes Ziel vorschlägt, ist auch unser Leben keine Einbahnstraße. Nur weil es auf dem Weg eine Straßensperrung gibt, heißt das nicht, dass wir nicht ankommen werden. Es gibt immer Alternativen. Doch meistens sind wir es selbst, die den Alternativen keine Chance geben. Unsere Erfahrungen führen oftmals zu Bewertungen, die nicht immer wahr sein müssen. Genauso wie wir Menschen die Möglichkeit zugestehen müssen, zu zeigen, was alles in ihnen steckt, müssen wir es auch mit Ideen, Wünschen und Träumen halten.

Nicht Ideenreichtum allein macht Kreativität aus, sondern auch das Nichtvorhandensein von Denkbeschränkungen. Vorschnell zu urteilen, was richtig und was falsch zu sein scheint, ist der Tod unzähliger guter Ideen. Manchmal hilft es, ein wenig verrückt zu sein! Es schüttelt unseren Geist durch wie eine alte Truhe, in die man schon seit Jahren nicht mehr geschaut hat. Klappt man den Deckel auf, ist man oftmals erstaunt darüber, was sich darin alles für spannende Dinge wiederfinden. Als man das letzte Mal hineingeschaut hat, hatte man vielleicht für manches noch keine Verwendung. Doch jetzt, mit neuen Erfahrungen und Erkenntnissen, entpuppt sich manches vielleicht als äußerst nützlich.

Es ist eine Frage von Haben statt Brauchen: Wer immer nur braucht, dem fehlt noch etwas. Mit den Ideen ist es wie beim Friseur: Abschneiden kann man immer, wieder ankleben ist schwierig.

Du wirst erstaunt sein, wie viele Lösungsansätze dir in schwierigen Situationen einfallen, wenn du deine Gedanken einfach mal machen lässt. Unser Denken ist eine wahre Wundertüte; immer wieder gelingt es unserem Gehirn, uns in Erstaunen zu versetzen. Warum vertrauen wir ihm nicht einfach öfter und geben ihm einen Freifahrtschein für verrückte und unangepasste Lösungen? Es ist erstaunlich, welche wunderbaren Dinge daraus entstehen können.

Wenn du keine Chance hast, nutze sie

Als Kind liebte ich den Radsport. Wohlgemerkt als Zuschauer, nicht aktiv. Besonders das bekannteste und bedeutendste Straßenradrennen der Welt, die Tour de France, hatte es mir angetan. Sommer für Sommer verfolgte ich das Geschehen in Frankreich vor dem Fernseher. Lance Armstrong gegen Jan Ullrich war damals das Duell, auf das alle schauten. Was den Zweikampf der beiden Favoriten anging, faszinierten mich besonders die Bergetappen. Kilometerlang ging es gnadenlos bergauf, Kurve um Kurve weiter ins Hochgebirge. Gebannt fieberte ich mit und fragte mich jedes Mal aufs Neue, wer wohl als Erster den Gipfel erklimmen würde? Meist machte Lance Armstrong das Rennen und holte den Etappensieg für die USA.

Dabei spielte sich die Tour de France natürlich nicht nur in hohen Höhen ab, sondern begann meist etwas ruhiger auf flachem Terrain. In diesen Streckenabschnitten fuhren die Bergspezialisten meist versteckt im Hauptfeld mit und überließen das Feld den Sprint-Spezialisten. Einer von ihnen war Erik Zabel. Ich mochte ihn. Nicht nur für seine Fähigkeiten auf dem Fahrrad, sondern vor allem für seine knackigen Interviews. Er war bekannt dafür, kein Blatt vor den Mund zu nehmen und die Dinge mit seiner typischen Berliner Schnauze beim Namen zu nennen. Für mich als jungen Fahrrad-Fan war das damals äußerst amüsant. Dass der Sport auch seine dunklen Geheimnisse hatte und sich manche Meisterleistung im Nachhinein als unehrlich herausstellen sollte, war mir damals natürlich noch nicht bewusst.

Ein Interview mit Erik Zabel ist mir besonders im Gedächtnis geblieben. Kurz zuvor hatte er sich einen Etappensieg bei der Tour de France erkämpft. Als Teil einer Führungsgruppe hatte er immer wieder versucht, dem Feld durch kurze Tempoattacken zu entfliehen. Seine Ausbrüche waren jedoch nicht von Erfolg gekrönt, und Zabel baute seinen Vorsprung nur spärlich aus. Nach jedem Fluchtversuch holte ihn das Feld nach kurzer Zeit wieder ein. Erst beim allerletzten Antritt kurz vor dem Ziel gelang es ihm schließlich: Gemeinsam mit zwei weiteren Fahrern konnte Erik Zabel sich vom Feld lösen und den Sprint in einem Fotofinish für sich entscheiden.

Das weich geklopfte Glück

Im anschließenden Interview zeigte sich der Sieger zwar noch leicht außer Atem, aber vor allem überglücklich – allerdings nur bis zur Frage einer Reporterin, die ich nie vergessen werde. Mit Blick auf seine Attacken während der Etappe und das erfolgreiche Absetzen vom Rest der Gruppe kurz vor Schluss fragte die Journalistin Erik Zabel, wie viel Glück für seinen Gewinn nötig war. Sichtlich irritiert über die Sichtweise seiner Fragenstellerin, gab er eine Antwort, an die ich auch heute noch regelmäßig zurückdenken muss. Im Interview erklärte Erik Zabel leicht gereizt, dass er reichlich Glück gehabt habe. Denn weil seine letzte Tempoverschärfung geklappt hatte, habe er sich lösen können. Bei den Versuchen davor habe er entsprechend weniger Glück gehabt. Manchmal müsse man eben so lange auf sein Glück einprügeln, bis es zu einem komme.

Zugegeben, die Frage war schon ein wenig unverschämt, was der Reporterin in dem Moment scheinbar gar nicht bewusst war. Sie wollte vermutlich einfach nur auf den Umstand eingehen, dass Erik Zabel so viele Versuche gebraucht hatte, um zum Erfolg zu kommen. Doch in der salopp formulierten Antwort, die er ihr gab, steckte so viel Tiefe und Weisheit, dass mir ihre volle Bedeutung erst Jahre später bewusst werden sollte.

Der Grund, weshalb mir Zabels Aussage im Gedächtnis blieb, hatte mit dem Radsport oder meiner Faszination für die Tour de France im Grunde nichts zu tun. Ich fand vielmehr die Vorstellung, dass man auf sein Glück einprügeln, es also beeinflussen könne, faszinierend – schien mir Glück damals doch noch etwas zu sein, das vom Zufall bestimmt ist. Es schien mir nur ab und an einmal vorbeizuschauen, und niemand konnte einschätzen, wann es einem widerfahren würde. Manchmal ließ sich das Glück auch eine lange Zeit gar nicht blicken. In dem Fall konnte man nichts anderes tun als abzuwarten und zu hoffen, bis es eines Tages plötzlich an die Tür klopfen würde und man diese nur noch öffnen musste, um es hereinzulassen.

Doch für Erik Zabel schien Glück etwas anderes zu sein: etwas, auf das man sehr wohl Einfluss nehmen kann und das nicht ausschließlich eine Frage des Zufalls war. Wenn die Chance, mit etwas Erfolg zu haben, bei zehn Prozent liegt, wird rein statistisch gesehen jeder zehnte Versuch von Erfolg gekrönt sein. Es ist also eine Frage der Wahrscheinlichkeit.

Umgekehrt betrachtet braucht es auch die neun Fehlversuche, um den einen Treffer zu erwischen. Doch in der Praxis sind Wahrscheinlichkeiten nicht starr. Sie verändern sich, und wir können Einfluss auf sie nehmen. Denn mit jedem Fehlversuch lernen wir. Selbst wenn es nur die Erkenntnis für uns bringt, wie es nicht geht, hat der Versuch sich doch gelohnt. Allein das Vermeiden von Fehlern erhöht schon die Wahrscheinlichkeit, dass unser Handeln in Zukunft von Erfolg gekrönt sein wird.

Wenn von zehn Möglichkeiten, wie etwas klappen könnte, nur eine zum Erfolg führt, und all diese Möglichkeiten in Form von kleinen Kugeln in einer Lostrommel liegen, liegt unsere Wahrscheinlichkeit bei ebenjenen zehn Prozent, die Glückskugel zu erwischen. So weit, so gut. Ziehen wir nun aus dem Töpfchen eine Kugel und stellen dann fest, es ist die falsche, legen wir sie wieder zurück – doch nicht ohne sie vorher mit einem roten Punkt zu markieren.

Ich weiß: Glücksspiel-Veteranen werden angesichts meiner Spielphilosophie die Hände über dem Kopf zusammenschlagen. Doch darum soll es hier nicht gehen. Ich möchte Folgendes klarstellen: Es liegen immer noch zehn Kugeln in der Trommel, wovon neun Nieten sind und eine der Hauptgewinn ist. Doch zeigt der rote Punkt uns an, von welcher Kugel wir lieber Abstand halten sollten. Die Wahrscheinlichkeit, den Hauptgewinn zu erwischen, ist also gestiegen, obwohl die Anzahl der Kugeln identisch geblieben ist.

Auch im Leben kommt es oft vor, dass unsere Erfolgschancen steigen, je öfter wir einen Fehlversuch haben. Es kommt lediglich darauf an, es immer weiter zu probieren. Irgendwann ist die Wahrscheinlichkeit, mit einem Bestreben erfolgreich zu sein, so hoch, dass sie praktisch gar keine

Chance mehr hat, vor uns wegzulaufen. Alles, was wir bis dahin tun müssen, ist dranzubleiben und nicht aufzugeben: eine Idee nach der anderen.

Die Chance auf dem Silbertablett

»Fehler sind wichtig, denn aus ihnen lernt man«, hat in der Schule mal ein Lehrer zu mir gesagt.

»Doch wer keine Fehler macht, braucht nichts mehr zu lernen«, entgegnete ich damals spitzbübisch.

Bis heute bin ich allerdings noch auf niemanden gestoßen, auf den meine Aussage zugetroffen hätte. Niemand hat eine hundertprozentige Trefferquote. Selbst die erfolgreichsten Sportler gewinnen nicht jeden Wettkampf, sondern müssen auch Rückschläge in Kauf nehmen. Auch sie durchlaufen Phasen des Zweifelns, in denen sie an sich und ihrem Vorgehen arbeiten müssen. Auch sie suchen mal nach ihrer Form, erleben nach jedem Hoch auch wieder ein Tief und umgekehrt.

Kurz: Jeder macht Fehler. Den Unterschied macht, wie man damit umgeht.

Heute sehe ich Erik Zabels Aussage in einem ganz anderen Licht – weil ich inzwischen verstanden habe, was er damit ausdrücken wollte. Wahrscheinlichkeiten lassen sich austricksen. Sie sagen dir nicht, ob du etwas schaffen wirst, sondern lediglich, wie oft du es versuchen musst. Das ist ein wesentlicher Unterschied. Denn selbst wenn die Erfolgschancen bei einem mickrigen Prozent liegen, heißt das nichts anderes, als dass statistisch gesehen nach 99 Fehlversuchen der eine an der Reihe ist, bei dem es klappt. Das ist dieser eine Moment, für den die meisten Menschen den Begriff »Glück« bemühen würden. Dabei ist er einfach nur eine logische Folge beständiger Arbeit.

So betrachtet ist ein anderes Sprichwort gar nicht so banal, wie es zunächst klingt: »Das Glück ist mit den Fleißigen.« Bei dieser Volksweisheit geht es nicht um Karma; es geht um pure Wahrscheinlichkeitsrechnung.

Glück ist nichts anderes als eine genutzte Chance. Dass wir es trotzdem als Zufall empfinden, liegt oft einfach daran, dass wir die Chance an sich gar nicht erkannt haben. Chancen tarnen sich manchmal sehr gut und sind leicht zu übersehen – besonders, wenn wir blind für sie sind, weil wir sie nicht bewusst suchen.

Manchmal sind Chancen aber auch keine Frage von Wahrscheinlichkeit, sondern Selbstläufer. Sie werden uns quasi auf dem Silbertablett serviert. So erging es dem weltberühmten Pianisten Lang Lang, der mit siebzehn Jahren kurzfristig für den aus gesundheitlichen Gründen ausgefallenen André Watts beim Chicago Symphony Orchestra einspringen musste. Seine Interpretation des Ersten Klavierkonzerts von Tschaikowski machte ihn über Nacht berühmt. Der begabte Jugendliche nutzte eine Chance, die nicht vielen Musikern in diesem Alter zuteilwird. Doch Lang Lang wusste sie für sich zu nutzen und machte eine Karriere daraus.

Manche Chancen sind offensichtlicher als andere. Manchmal wird uns erst im Nachhinein wirklich bewusst, wie gut es das sogenannte Schicksal in einem bestimmten Moment mit uns gemeint hat; entweder, weil wir die Chance verpasst haben, oder weil wir unbewusst zugegriffen und das Beste daraus gemacht haben.

Oftmals ärgern wir uns über uns selbst, wenn wir im Nachhinein feststellen, eine Chance liegen gelassen zu haben. Wenn uns bewusst wird, welche Möglichkeiten sich uns eröffnet hätten, hätten wir nicht gezögert. Wenn ein Aktienkurs plötzlich durch die Decke geht und wir zuvor darüber nachgedacht hatten, dieses Papier zu kaufen, uns im letzten Moment aber dagegen entschieden haben: Das ist bitter. Doch eine solche ausgelassene Chance ist meistens darauf zurückzuführen, dass wir in dem Moment, in dem sich uns die Chance bietet, noch nicht über die Information verfügen, die uns anschließend zur Verfügung steht. »Hinterher ist man immer klüger«, heißt es schließlich nicht ohne Grund im Volksmund. Da hilft alle Reue nichts: Wer nach bestem Wissen und Gewissen entschieden hat, muss sich nicht grämen.

Leider wird niemand eine Garantie dafür übernehmen, welche Aktie in nächster Zeit den größten Kursgewinn machen wird. Selbst auf die treffendsten Prognosen kommen oftmals genauso viele Stimmen, die vom Gegenteil überzeugt sind. Sich über verpasste Chancen am Aktienmarkt zu ärgern, ist fast so, als würde man sich am Montag darüber ärgern, am Samstag die falschen Lottozahlen getippt zu haben. Klar könnte dieselbe Information, zwei Tage zuvor erlangt, alles verändern. Doch was nützt das hypothetische Glück in der Retrospektive?

Ich halte es lieber mit Erik Zabel und nutze das Glück der genutzten Chance in der Gegenwart – auch wenn ich manchmal eine Weile darauf einprügeln muss.

Fienchen und die versteckten Chancen

Manchmal rechnen wir überhaupt nicht damit, dass in einer bestimmten Lebenssituation eine Chance vorbeikommen könnte. Dementsprechend sind unsere Antennen auch gar nicht darauf ausgerichtet, wenn es überraschend doch dazu kommt.

In diesem Zusammenhang muss ich an Fienchen denken: eine Katze, die ich in meiner Kindheit hatte. Als passionierte Jägerin streifte Fienchen tagtäglich durch ihr Revier und befreite es von der einen oder anderen Maus. Die Jagd wurde nur von ihrem Mittagsschlaf unterbrochen, den sie für gewöhnlich an einem schattigen Plätzchen unter einer abgelegenen Pergola auf unserem Grundstück genoss. Als eines Tages während ihrer Siesta plötzlich ein kleiner Nager an Fienchen vorbeispazierte, als ob es das Normalste der Welt sei, war die Verwirrung perfekt. Völlig perplex und ungläubig starrte meine Katze die Maus an, welche die kurzzeitige Irritation von Fienchen natürlich umgehend nutzte, um wieder im nächstbesten Mauseloch zu verschwinden. Fienchen war im Anschluss natürlich wach. Hellwach. Völlig verdutzt versuchte sie, die Maus doch noch irgendwo zu finden, doch vergebens: Die Chance war vertan. Unnötig zu erwähnen, dass Fienchen für den Rest des Tages reichlich verstimmt war.

Es kann durchaus hilfreich sein, seine Antennen auf das Entdecken von Chancen auszurichten und provisorisch hinter jeder Ecke eine Möglichkeit zu vermuten. Du wirst erstaunt sein, was sich auf diese Weise alles finden lässt. Ganz nebenbei verändert sich so die Lebenseinstellung: Wir programmieren unsere Wahrnehmung in Richtung Möglichkeiten, die sich uns bieten, anstatt stets auf Gefahren fokussiert zu sein und uns ausschließlich damit zu beschäftigen, was wir alles verlieren können.

Der Gründer der weltumspannenden Virgin Group und

Weltraumpionier Richard Branson sagte einmal: »Chancen sind wie Busse. Es kommt immer einer vorbei.« Was wollte er damit sagen? Chancen sind keine Mangelware: Sollte man mal einen Bus verpassen, genügt es, einfach an der Haltestelle auf den nächsten zu warten. Solange wir Augen und Ohren offen halten, wird die nächste Chance sich früher oder später zeigen.

Wenn wir unsere Perspektive ändern und uns auf das Potenzial konzentrieren, das jede Situation birgt, öffnen wir uns für eine Welt voller Möglichkeiten und neuer Erfahrungen. Es ist wichtig zu verstehen, dass Chancen oft dort entstehen, wo wir sie am wenigsten erwarten. Indem wir flexibel bleiben und uns nicht von festgefahrenen Vorstellungen einschränken lassen, können wir uns für unerwartete Gelegenheiten öffnen und unser Leben dadurch auf unerwartete und aufregende Weise bereichern. Nach Chancen zu suchen bedeutet nicht, blindlings Risiken einzugehen oder naiv zu sein. Es geht vielmehr darum, bewusste Entscheidungen zu treffen, aus den Konsequenzen zu lernen und mutig genug zu sein, neue Wege zu erkunden, die uns zu persönlichem Wachstum und Erfolg führen können.

Damit das gelingt, darf man ruhig auch mal in der Tradition von Erik Zabel auf sein Glück einprügeln. Letztlich heißt das nichts anderes, als aktiv zu werden, sich bewusst für Möglichkeiten zu öffnen und es so lange weiter zu versuchen, bis die Suche von Erfolg gekrönt ist. Wenn eine Lösung nicht funktioniert: die nächste, bitte. Und wenn sich wirklich mal keine Chance ergibt: die Geduld aufbringen, auf die nächste zu warten und dabei nicht untätig zu sein – mehr Versuche, höhere Glückswahrscheinlichkeit.

So habe ich es als junger Musiker zu Beginn meines Studiums auch gehalten, was meine Auftritte betrifft. Ich spielte alles, was nicht bei drei auf den Bäumen war. Ganz egal, ob die örtliche Kirchengemeinde noch einen Hornisten für eine Bach-Kantate brauchte oder dem Liebhaberorchester noch ein Hornist für seine Aufführung fehlte. Dabei war es mir nicht so wichtig, ob die Gage eher überschaubar blieb oder manche Konzertanfragen vielleicht gar nicht mehr meinem Niveau entsprachen. Mir war das völlig egal; ich spielte alles. Tatsächlich kann ich mich nicht erinnern, in meiner Studienzeit jemals ein Auftrittsangebot abgelehnt zu haben. Denn mir war klar: Je mehr ich spiele und je mehr Leute ich treffe, desto höher wird die Wahrscheinlichkeit sein, eines Tages auf eine Person zu treffen, die mich vielleicht weiterbringen könnte.

Am Ende sollte ich damit recht behalten. Eines Tages meldete sich tatsächlich ein Label bei mir: Berlin Classics, Heimat zahlreicher Künstler und Ensembles aus dem Klassik-Metier, bot an, ein Soloalbum von mir aufzunehmen. Das Angebot kam für mich damals völlig überraschend; zu diesem Zeitpunkt hätte ich nicht einmal davon zu träumen gewagt. Wie man auf mich gekommen war, wusste ich damals noch nicht. Ich hatte einfach genügend Chancen gestreut. Was ich nicht ahnen konnte, war, dass das erst der Beginn meiner Solokarriere sein würde.

Das Problem ist oft, dass wir von anderen Menschen immer nur genau die zehn Prozent ihres Tuns wahrnehmen, die erkennbar ausschlaggebend für ihren Erfolg sind: die Sternstunden, die perfekten Momente, die erlebte Legendenbildung. Über die 90 Prozent ihrer Lebenszeit, die nicht direkt ausschlaggebend waren, reden dagegen nur die wenigsten. Dabei erlebt sie jeder von uns, ausnahmslos! Das Problem ist nur: Wir gehen automatisch davon aus, dass es bei anderen besser läuft als bei uns selbst. Es scheint, als ob anderen alles leichter fällt und sie viel besser wüssten, was zu tun ist, um voranzukommen. Dieser Irrglauben setzt uns unter Druck und gibt uns das Gefühl, perfekt sein zu müssen. Die Folge: Fehler werden in den eigenen Augen zu etwas Unverzeihlichem, weil andere ja keine zu machen scheinen.

So bauen wir uns eine Illusion vom Erfolg anderer auf, die mit der Realität nichts zu tun hat. Vielmehr wird meist nur über die Momente und Vorkommnisse berichtet, die sich offensichtlich und direkt auf den Erfolg auswirken. Über Probleme und Rückschläge reden wir eher selten. Wer würde schon freiwillig jeden Tag auf Social Media posten, welche Rückschläge er heute erlebt hat? Wer würde in die Bewerbung schreiben, wie viele Anläufe man für seine Abschlussprüfung benötigt hat? Wer würde damit angeben, wie viele Bewerbungsgespräche nicht zu einem Job geführt haben? Nein, wir erwähnen nur den einen Erfolgsfall, und alles andere bleibt der Wahrnehmung vorenthalten.

Wenn wir über Misserfolge und das, was uns Sorgen bereitet, reden, dann tun wir das meist nur gegenüber eng vertrauten Personen. Dem Rest der Welt zeigen wir lieber unsere Stärken: unsere Erfolge und die Sonnenseite unseres Lebens. Auf diese Weise entsteht – besonders durch Menschen mit hoher Außenwahrnehmung wie Prominenten, Entrepreneure und Influencer – ein unrealistisches Bild davon, wie das sogenannte Glück tatsächlich funktioniert. Niemand ist perfekt, und das ist auch absolut in Ordnung.

Eigentlich wissen wir das. Und trotzdem gehen wir davon aus, dass alles immer perfekt laufen müsse. Fehler? Rückschläge? Hindernisse? Bitte nicht!

Glück ist kein Zufall; Glück ist hartnäckige Chancenverwertung. Wollen wir etwas erreichen, gehören die 90 Prozent Rückschläge und Misserfolge zwangsläufig dazu. Daher sollten wir viel mehr über unsere Rückschläge sprechen und sie nicht als Abfallprodukte erfolgloser Lebensführung betrachten, sondern als notwendigen Teil des Weges.

Scheitern als Chance

Rückschläge machen uns nur menschlich. Sie gehören zu jedem von uns dazu. Selbst zu denjenigen, von denen wir es niemals erwarten würden. Wir lieben Geschichten von Menschen, die mit Rückschlägen zurechtkommen müssen und sich aus schwierigen Situationen befreien – eben weil sie nicht Bestandteil des typischen Erfolgsnarrativs sind. Hollywood weiß das und baut viele Erfolgsfilme auf diesem Prinzip auf.

Eines von vielen Beispielen ist *Das Streben nach Glück* mit Will Smith in der Hauptrolle. Der Film aus dem Jahr 2006 erzählt die wahre Geschichte des Bankers Chris Gardner, der die Familie mit seinem Job als Vertreter kaum über Wasser halten kann. Als seine Frau Linda die finanzielle Last nicht mehr erträgt und Ehemann und Sohn verlässt, nimmt das Unheil seinen Lauf: Vom Vermieter vor die Tür gesetzt, sind Chris und Christopher plötzlich auf das Obdachlosenasyl angewiesen. Chris' einzige Chance, seinem Sohn in absehbarer Zeit ein besseres Leben zu ermöglichen, ist ein unbezahltes Praktikum als Börsenmakler, an dessen Ende ein fester Job warten könnte. Mitbewerber, Steuerschulden und das raue Leben auf den Straßen von San Francisco sind nicht die einzigen Hindernisse, die sich Chris dabei in den Weg stellen. Nach unzähligen Rückschlägen tritt Chris schließlich das Praktikum bei einer Investmentfirma an – und wird später als vollwertiger Mitarbeiter eingestellt, was seinem Sohn und ihm schließlich ein gutes Leben ermöglicht.

Auf der anderen Seite würde ein Film über einen jungen Mann aus gutem Hause namens Chris, der sich bei einer Investmentbank bewirbt, den Job sofort bekommt, innerhalb kürzester Zeit eine erfolgreiche Karriere hinlegt und durchs Leben schreitet wie ein Messer durch warme Butter, gewiss kein mitreißender Stoff für einen Hollywoodfilm sein. Der Protagonist wäre uns vermutlich nicht sonderlich sympathisch, und identifizieren könnten wir uns wohl ebenfalls schwer mit dieser Person beziehungsweise wollten es nicht. Das liegt einfach daran, dass eine solche reibungslose Lebensgeschichte fern jeder Realität wäre. Erst das scheinbar endlose Scheitern weckt Interesse an Chris und seiner Story, weil wir uns viel besser hineinfühlen können. Wenn auch nicht auf demselben Niveau wie Chris, kennt jeder das Scheitern und die Schmerzen an der Realität aus eigenem Erleben. Der Umgang mit Rückschlägen ist, was uns an dieser Geschichte inspiriert und motiviert. Genau deshalb sollten wir Fehler auch als das sehen, was sie sind: ein Teil des großen Ganzen, das wir Leben nennen.

Wenn man sich mit Biografien erfolgreicher Persönlichkeiten beschäftigt, wird man recht schnell feststellen, dass die meisten von ihnen schwierige Phasen in ihrem Leben hatten – Zeiten, in denen viele vermutlich aufgegeben hätten. Nelson Mandela ist eine dieser Vorbildfiguren. Überzeugt von einer friedlichen Welt, in der alle Menschen dieselben Rechte und Chancen haben, verbrachte er aufgrund seiner Überzeugung 27 Jahre im Gefängnis. Wie viele Menschen hätten diese 27 Jahre nicht gebrochen? Doch Mandela hielt an seiner Hoffnung und seiner Überzeugung fest. Möglicherweise hätte er ohne diese Erfahrung seinen Kampf gegen die Apartheid nie gewonnen. Der Glaube daran, dass das Blatt sich wenden wird, wenn man zu seiner Überzeugung steht, hat ihn wachsen statt eingehen lassen. Je größer das Ziel, desto größer die Hindernisse.

Die Angst vor dem Versagen

Manchmal bin ich davon überzeugt, dass der Unterschied zwischen Erfolg und Misserfolg in der Frage liegt, wie lange man weiterzumachen bereit ist. Ich habe mehr als einmal in meinem Leben daran gedacht, mit dem Hornspielen aufzuhören. So oft gab es Situationen, in denen ich mit dem Rücken zur Wand stand und dem Aufgeben näher war als dem Weitermachen. So war es in der Situation, als mein Hornprofessor mir aufgrund meiner fehlenden Arme jedwede Chance auf eine professionelle Hornistenkarriere absprach. Doch auch in anderen Momenten hatte ich mit Gedanken ans Aufgeben zu kämpfen. An die meisten davon kann ich mich heute kaum noch erinnern. Doch eine Situation ist mir prägend in Erinnerung geblieben, in der mein Aufhören quasi schon beschlossene Sache war. Das war zu einem Zeitpunkt, an dem die größten Hindernisse meiner Karriere eigentlich schon überwunden zu sein schienen und mein Ziel zum Greifen nah war.

Ich war damals Anfang zwanzig, und die Dinge standen gerade gut. Richtig gut, um ehrlich zu sein. Eigentlich hätte es zu dem Zeitpunkt kaum besser laufen können. Ich hatte mein erstes Album aufgenommen, das prompt den Echo Klassik gewann und in der Presse eine hervorragende Kritik nach der anderen bekam. Doch mein eigenes Empfinden war damals ein ganz anderes. Plötzlich prasselte unglaublich viel auf mich ein. Als hätte jemand von einem auf den anderen Moment den Lichtschalter angeknipst. Eben war ich noch der ganz normale Student gewesen, dessen Gedanken sich um die nächsten Prüfungen gedreht hatten, und nun stand meine Welt plötzlich kopf. Ich bekam Konzertanfragen von großen Orchestern und Konzerthäusern und trat im Fernsehen auf.

Heute würde ich sagen, dass ich damals komplett überfordert war. Ich hatte gar nicht die Zeit, all diese neuen und aufregenden Eindrücke zu verarbeiten. Denn kaum hatte ich ein Wow-Erlebnis hinter mir, folgte gleich das nächste. Ich kam gar nicht dazu, mal durchzuschnaufen und zu realisieren, wie mir geschah. Auch mein Musiklabel wollte unbedingt gleich ein weiteres Album aufnehmen. War meine erste Aufnahme noch gemeinsam mit einem Pianisten entstanden, sollte das zweite Album mit einem Orchester aufgenommen werden: die Hornkonzerte von Joseph Haydn. Parallel dazu war die mediale Aufmerksamkeit immens. Mit jedem Konzert, das ich spielte, hatte ich mehr und mehr das Gefühl, der Welt beweisen zu müssen, dass mein Erfolg auch wirklich verdient war. Ich wollte zeigen, dass ich mit Recht dort stand, wo ich gerade war. Ich glaubte, einfach nur sehr gut zu spielen würde nicht reichen; vielmehr müsste ich *besonders* gut spielen. Bei jedem noch so kleinen Fehler war ich überzeugt: Das war's, jetzt will dich keiner mehr hören und die Karriere ist vorbei. Der Druck, den ich damals empfand, überstieg alles, was ich zuvor gewohnt gewesen war.

Das alles gipfelte in einem Konzert, das einen Wendepunkt für mich markieren sollte. Ich war eingeladen, mit dem SWR-Symphonieorchester in der Liederhalle in Stuttgart das Dritte Hornkonzert von Mozart zu spielen – samt Liveübertragung im Radio. Das Konzert war ausverkauft. Über zweitausend Menschen sollten an diesem Abend im Publikum sitzen. Ich war nervös, wobei nervös vielleicht nicht der richtige Ausdruck war; ich hatte Angst. Panische Angst. So ängstlich war ich, dass ich mich an viele Details des Konzerts heute gar nicht mehr erinnere. Zu dem Zeitpunkt konnte ich mich noch gut an meine Abiturphase erinnern. Auch da war ich nervös gewesen. Doch war diese Nervosität nicht im Ansatz mit dem zu vergleichen, was ich an jenem Abend empfand. Auf jeden Stuhl, der sich mir unterwegs bot, musste ich mich erst mal setzen, so weich waren meine Knie. Mich plagte die Sorge zu versagen, oder vielmehr: die Leute zu enttäuschen – ganz egal, wie gut ich spielen würde. Selbst bei einer hervorragenden Leistung, befürchtete ich, könnten die Leute immer noch sagen: »Na ja, das habe ich aber schon besser gehört.« Nur dass es in dem Fall nicht nur meine Studienkollegen an der Uni wären, die so urteilten, sondern die Öffentlichkeit. Denn es hörten ja nicht nur die über zweitausend Menschen im Saal zu, sondern auch viele, viele Tausend vor dem Radio. Würde ich hier nicht überzeugen können, wäre es das gewesen. Jeder würde es mitbekommen und niemand würde wieder etwas mit mir zu tun haben wollen.

Um 20 Uhr war es endlich so weit. Wobei von »endlich« keine Rede sein konnte. »Unangenehmerweise« trifft es wohl eher. Meist spielt das Orchester ein kürzeres Stück am Anfang, bevor der Solist auf die Bühne kommt. So war es auch an diesem Abend. Eine zehnminütige Ouvertüre setzte den Countdown in Gang. Für mich hieß das: noch zehn Minuten, dann ging es los, und ich konnte mich unmöglich dagegen wehren. Mit jeder Minute rückte mein Auftritt näher. Unaufhaltsam. Gnadenlos. Meine Nervosität wurde in diesen letzten Minuten nicht besser, ganz im Gegenteil. Mir war klar, gleich würde es an der Garderobentür klopfen; das Zeichen für mich, den Weg Richtung Bühneneingang anzutreten. Panik machte sich breit.

Nach 9 Minuten und 30 Sekunden war es dann so weit: Es klopfte an der Tür. Ich erhob mich von meinem Stuhl und die Tür öffnete sich. Ein Herr von der Stage Crew nahm mein Horn und brachte es auf die Bühne, während ich meinen Weg Richtung Bühneneingang antrat. Dort im Vorraum angekommen, musste ich mich erst einmal wieder setzen. Mein Herz raste. Mein Atem ratterte. Parallel wurden Podest, Stuhl und Horn auf der Bühne aufgebaut, was ich über einen Bildschirm verfolgte. Doch nach gut einer halben Minute war auch das erledigt. Der Moment war also gekommen. Ein Mitarbeiter des Konzertsaals öffnete die schwere Tür, die Bühne und Backstagebereich voneinander trennten. Ich erhob mich von meinem Stuhl und schritt los. Gemeinsam mit dem Dirigenten ging ich schnurstracks auf die Bühne und nahm den Weg durch das Orchester, bis ich an meinem Horn ankam. Das Publikum applaudierte. Ich verbeugte mich und es ging los. Jetzt gab es kein Entrinnen mehr: Alle Augen waren auf mich gerichtet.

An das, was dann passierte, habe ich nur noch sehr lückenhafte Erinnerungen. In ein Meer von Leuten zu blicken war eine Situation, an die ich mich erst noch gewöhnen musste. Erlebt man es das erste Mal, hat es etwas komplett Surreales. An diesen Anblick kann ich mich noch erinnern, als wäre es erst gestern gewesen, an alles andere kaum noch. Das Konzert rauschte nur so an mir vorbei. Es fühlte sich an, wie auf Autopilot unterwegs zu sein. Der Körper und der Geist taten einfach, was sie taten, ohne dass ich das Gefühl hatte, in irgendeiner Form Kontrolle darüber gehabt zu haben. Ich fieberte nur dem Schluss entgegen – dem Moment, an dem endlich alles vorbei sein würde.

Nach rund zwanzig Minuten war es so weit und der letzte Akkord war verklungen. Das Publikum applaudierte. Ich war heilfroh, noch irgendwie am Leben zu sein. Alle strahlten. Der Dirigent, das Orchester und natürlich das Publikum. Ich versuchte einfach nur, mich für die Verbeugung vom Stuhl zu erheben. Das stellte angesichts meiner Beine, die sich in diesem Moment wie Pudding anfühlten, eine gewisse Herausforderung dar. Auch versuchte ich mir dabei irgendwie eine Art Lächeln abzuringen, das wahrscheinlich mehr als unbeholfen gewirkt haben dürfte; vermutlich hätte es sich einen Platz in den Annalen der unnatürlichsten Lächelversuche aller Zeiten verdient. Doch das kümmerte mich in diesem Moment nicht; es war geschafft. Runter von der Bühne, ab in die Garderobe. Tür zu und einfach nur Ruhe. Nichts schien in diesem Moment verlockender.

Aus heutiger Sicht würde ich sagen, es war ein ganz gutes Konzert. Zumindest hat sich nichts Gegenteiliges in meiner

Erinnerung festgesetzt. Und die Tatsache, dass ich knapp zehn Jahre später immer noch Hornist bin, zeigt, dass der Auftritt nicht dazu führte, dass plötzlich alles vorbei war.

Dennoch brachten meine Empfindungen an diesem Abend mich dazu, mir intensiv Gedanken darüber zu machen, ob ich genau das für den Rest meines Lebens machen wollte. Sollte so tatsächlich mein Alltag aussehen? Denn all der Ruhm, der Erfolg und das Privileg, solche Konzerte spielen zu dürfen, verblasste damals, wenn ich die damit verbundenen seelischen und körperlichen Qualen dagegen aufwog. Damals sehnte ich mich nach nichts mehr als nach einem ruhigen, entspannten Beruf fern jeder Bühne und des Horns – alles, um dieses quälende Gefühl loszuwerden.

Auf der anderen Seite liebte ich es allerdings, Musik zu machen. Ich brannte dafür, mit anderen zusammen spielen zu dürfen und viele neue Städte und Länder bereisen zu können. Mich den ganzen Tag ausschließlich mit dem Horn beschäftigen zu dürfen, war schließlich ein Kindheitstraum von mir gewesen. Stets war ich überzeugt davon gewesen, wenn ich nur die Schule hinter mich gebracht hätte, würde ich darauf mein Leben verwenden. Und nun, da ich es so weit geschafft hatte, viel weiter als ich es mir jemals erträumt hatte, dachte ich plötzlich darüber nach, aufzuhören.

Der Gedanke ans Aufhören war damals so präsent wie nie zuvor; er schien mir irgendwie gut zu tun. Doch er machte mich auch wütend. Wütend, dass der mentale Druck mich so weit treiben konnte. Dass er so groß war, dass ich die schönen Seiten des Musikerdaseins nicht mehr genießen konnte, sondern nur noch Angst hatte.

Wie gesagt, es hatte bis zu diesem Zeitpunkt in meiner Karriere viele Situationen gegeben, in denen ich ans Aufhören gedacht hatte, wenn ich einfach nicht gewusst hatte, wie es weitergehen sollte. Doch so schlimm wie zu diesem Zeitpunkt war es noch nie gewesen – ausgerechnet jetzt, wo die Zukunft strahlend vor mir lag. Jede weitere Konzertanfrage, die eigentlich Grund zur Freude gewesen wäre, führte zu maximalem Unwohlsein. Meist war ich froh, wenn ich für ein Konzert angefragt wurde, das erst ein oder zwei Jahre später stattfinden sollte – wie bei einem unangenehmen Arzttermin, den man gern vor sich herschiebt.

Sollte mein Leben so aussehen? Voller Angst? Ständigem Stress ausgesetzt? Nein! So wollte ich mein Leben nicht verbringen. Also malte ich mir mögliche Alternativen aus. Die Ideen, was ich tun konnte, statt mit dem Horn auf der Bühne zu stehen, reichten vom Unterrichten bis zu dem Vorhaben, etwas komplett Neues anzufangen. Keine dieser Alternativen war wirklich schlecht. Doch konnte ich mich insgeheim nicht mit dem Gedanken anfreunden, das Horn an den Nagel zu hängen. Irgendetwas in mir wehrte sich heftig dagegen. So begann ich, die beiden Szenarien mit all ihren Konsequenzen mental durchzuspielen.

Moment der Entscheidung

Szenario eins: Ich höre mit dem Hornspielen auf. Die Konsequenz wäre gewesen, dass meine Karriere als Hornist damit beendet gewesen wäre – zumindest vorläufig, wenn ich nach einer gewissen Zeit kein Comeback mit ungewissem Ausgang versucht hätte. Stattdessen hätte ich etwas Neues begonnen. In Szenario zwei würde ich weitermachen. In dem Fall gäbe es wiederum zwei Szenarien, in welche Richtung sich das Ganze entwickeln könnte: Entweder ich schaffe es, mich durchzusetzen und mir eine langfristige Karriere aufzubauen, oder ich würde mich auf Dauer nicht behaupten können – ein Schicksal, das viele Musiker trotz aller Qualität erleiden. In dem Fall wäre ebenfalls alles vorbei gewesen und ich hätte mir etwas Neues überlegen müssen.

In beiden Szenarien hätte also die Möglichkeit bestanden, es nicht zu schaffen. Nur mit dem Unterschied, dass dies in Szenario eins die einzige mögliche Schlussfolgerung gewesen wäre. Es hätte keine Möglichkeit gegeben, mir eine Karriere als Hornist aufzubauen. Dies hätte bei Szenario zwei ebenfalls passieren können. Doch stand die Chance bei fifty-fifty, dass es so ablaufen würde. Mir war also klar, in Bezug auf meine Hornistenkarriere konnte ich in einem Fall nur verlieren. Im anderen Fall wären beide Optionen im Spiel: Ich konnte sowohl verlieren als auch gewinnen.

Doch dann war da ja noch das Lampenfieber, das ich so schnell wie möglich loswerden wollte. Doch wovor genau hatte ich denn eigentlich Angst? Davor, es nicht zu schaffen. Doch hätte ich aufgehört, wäre genau dieser Fall eingetreten. Meine Laufbahn als Hornist wäre vorbei gewesen – also exakt die Situation, vor der ich so große Angst hatte.

Das war mir zuvor nicht klar gewesen. Eigentlich ist es kein Hexenwerk, darauf zu kommen. Doch rationales Denken und unsere Emotionen sind nicht immer dasselbe. Erst das Herunterbrechen meiner Situation öffnete mir diesbezüglich die Augen. Auf der einen Seite hatte ich Angst davor, dass meine Laufbahn als Hornist wieder vorbei sein könnte. Auf der anderen Seite schien mir eben genau das, also das Beenden meiner Karriere, als einzig plausible Lösung. Das ergab nüchtern betrachtet natürlich überhaupt keinen Sinn.

Aufzuhören wäre gewesen, als würde ich aus Angst davor, vom Löwen aufgefressen zu werden, gar nicht erst wegrennen und mich auf einen Baum retten, sondern mich einfach bereitwillig vom Löwen fressen lassen – mit der Begründung, dass der Löwe mich eventuell ja trotzdem erwischen könnte, wenn ich wegliefe.

Je länger ich darüber nachdachte, desto weniger Sinn machte es für mich, aufzugeben. Denn aufhören hätte bedeutet, meine Chancen einfach wegzuwerfen. Wenn man das Karriereende als maximale Fallhöhe betrachtete, also den Worst Case, konnte ich ja nur gewinnen.

Selbst wenn die Chancen bei nur einem Prozent lagen – und sie lagen damals deutlich höher –, wären sie doch immer noch ein Prozent höher gewesen als beim Aufhören. Eigentlich kein schlechter Deal, oder? Auf der anderen Seite begriff ich, dass Scheitern vielleicht gar nicht so schlimm war. Dass es nicht das Ende aller Tage bedeutet hätte, wenn ich es nicht geschafft hätte. Das Leben wäre weitergegangen, und dann immerhin ohne die Angst vor dem Versagen.

Auch war ich überzeugt davon, dass ich es später im Leben bereuen würde, es nicht wenigstens versucht zu haben. Ich beschloss also, weiterzuspielen. Der große Unterschied war nun jedoch, dass ich ein mögliches Versagen nicht mehr als große Gefahr betrachtete – sondern als Basis, von der ich startete. In dem Fall hätte einfach das Schicksal entschieden. Doch ich würde dann nicht mit weniger dastehen, als würde ich von einem auf den anderen Tag aufhören.

Von diesem Zeitpunkt an sah ich Konzerte nicht mehr als Risiken an, durch die ich etwas verlieren konnte, sondern als Chancen, mich zu zeigen und etwas zu gewinnen. Und wenn doch alles schiefging, wäre das auch in Ordnung. Das

Einzige, was ich mir vornahm, war, mich auf jedes Konzert nach bestem Wissen und Gewissen vorzubereiten. Doch sobald ich meinen Fuß auf eine Konzertbühne setzte, überließ ich alles, was von diesem Moment an passierte, dem Schicksal. Denn egal, wie gut man sich vorbereitet hat: Passieren kann immer etwas. Das gehört nun einmal zum Berufsrisiko aller Musikerinnen und Musiker dazu.

Lampenfieber, adé!

Durch diese neu gewonnene Sichtweise auf meine Situation verlor ich langsam den Druck, der auf mir lastete. Natürlich war ich immer noch nervös. Um Lampenfieber loszuwerden, hilft es eigentlich nur, sich so lange der Situation zu stellen, bis die Situation, die das Lampenfieber hervorruft, zu einer gewohnten Situation wird. Doch lernte ich, dass nicht immer alles perfekt laufen kann. Dass es auch Konzerte gibt, die einfach schlecht laufen – egal, wie gut man sich vorbereitet. Allerdings lernte ich ebenfalls, dass nicht jedes misslungene Konzert sofort ein Todesurteil für die Karriere bedeutet.

Meistens sind wir mit uns selbst wesentlich kritischer, als es unser Umfeld ist. Fehler nehmen wir bei uns selbst wesentlich größer wahr, als wir es bei anderen tun. Hätte ich damals aufgehört, wäre meine Karriere ganz anders verlaufen. Ich musste erst lernen, dass Fehler etwas Menschliches sind und dass sie genauso dazugehören wie der Erfolg. Das eine geht nicht ohne das andere. Immer, wenn wir etwas vom Leben wollen, müssen wir bereit sein, auch die Rückschläge hinzunehmen und als Chancen zu betrachten.

Es ist erstaunlich, wie unsere subjektive Wertung unsere Entscheidungen beeinflusst. Eigentlich ist die Angst vorm

Versagen unbegründet, denn wir können es einfach noch einmal versuchen. Wieder und wieder, bis der eine Fall eintritt, bei dem es klappt, und wir verstehen: Ja, ich kann das. Auch wenn wir in der Vergangenheit nicht erfolgreich waren, heißt das nicht, dass wir es in der Zukunft nicht sein könnten. Jeder Misserfolg bietet die Chance, zu lernen und sich weiterzuentwickeln. Letztendlich sind es unsere Entscheidungen und unser Durchhaltevermögen, die den Weg zum Erfolg ebnen.

Manchmal bin ich überzeugt davon, dass diejenigen, die ihr Ziel erreichen, einfach nur nicht stehen bleiben. Egal, was passiert, sie laufen weiter. Wenn um sie herum einer nach dem anderen stehen bleibt, sie selbst aber nicht, bleiben sie am Ende zwangsläufig übrig als diejenigen, die weitergegangen sind. Dafür werden sie dann von allen bewundert. Dabei haben sie einfach nur stur einen Schritt vor den anderen gesetzt. Weiter nichts.

Niemandem geht alles leicht von der Hand

Mit meinen Eltern war ich oft mit dem Wohnmobil in den Bergen unterwegs. Meine Lieblingsreisen waren das nicht, standen doch jeden Tag Wanderausflüge zu irgendwelchen Hütten, Seen oder Aussichtspunkten auf dem Programm. Konnte man in den Hütten immerhin noch auf ein Eis oder andere kindgerechte Kulinariken hoffen, hatte ich für das Wandern durch die Natur damals nicht viel übrig. Viel lieber spielte ich mit anderen Kindern, planschte irgendwo im Wasser oder trainierte meine Fußballkünste mit Gleichaltrigen.

Meine Eltern sahen das ein wenig anders. Gegenvorschläge im Hinblick auf die Tagesgestaltung waren meistens zwecklos. Dementsprechend motiviert war ich auch bei den Ausflügen. Alle paar hundert Meter wollte ich eine Pause machen, Schokolade essen oder einfach auf einem Baumstamm sitzen. Laufen nervte mich. Was zur Folge hatte, dass die Wanderrouten gerne mal das Doppelte der im Reiseführer angegebenen Zeit beanspruchten. Nachdem mir das aufgefallen war, wurde mir klar: Je länger ich zum Wandern brauchte, desto weniger Zeit blieb am Ende zum Spielen. Also musste ein Strategiewechsel her. Das ewige Pausieren war vielleicht doch nicht die ideale Lösung. Also beschloss ich, einfach zu laufen. Gnadenlos, Schritt für Schritt, immer weiter. Bloß nicht stehen bleiben, was auch kommen mag – egal, wie sehr jeder Schritt mich nervte. Würde ich nur genügend Schritte in möglichst schneller Folge aneinanderreihen, würde ich zwangsläufig in Bestzeit am Ziel ankommen. Die Rechnung ging auf: Von diesem Tag an waren wir wesentlich früher wieder von unseren Wanderungen zurück, und es war noch nicht zu spät, sich mit anderen Dingen zu beschäftigen.

Heute erinnere ich mich gern an diese Erkenntnis, wenn ich in einer schwierigen Situation stecke. Niemandem geht alles leicht von der Hand. Jeder schlittert ab und zu in unangenehme, schwierige Situationen. Wenn es bei mir mal wieder so weit ist, bediene ich mich dieses Credos: weitergehen, nicht stehen bleiben. Die Richtung ist dabei manchmal gar nicht so entscheidend, sondern vielmehr die Tatsache, dass man weiterläuft, auch wenn es mal schwierig wird. Genauso wie man in den Schatten geht, wenn die Sonne zu heiß vom Himmel brennt, sollte man auch weitergehen, wenn Hindernisse auftauchen. Wenn wir stehen bleiben wollen, dann lieber an den schönen Stellen des Lebens. Doch die meisten Menschen halten dort an, wo es gerade unangenehm ist.

Davon aber verpufft die Hürde ja nicht einfach, die vor einem steht. Egal, wie viele Widerstände sich vor einem aufbauen: Sobald man vorwärtsgeht, gibt man sich die Chance, sie zu überwinden.

Am Ende sind es die genutzten Chancen, auf die wir mit Freude zurückblicken. Je mehr wir dafür aufwenden müssen, desto mehr können wir den Stolz darauf genießen, es geschafft zu haben.

So war es auch bei Erik Zabels Etappensieg: Auch er versuchte wieder und wieder, sich vom Teilnehmerfeld zu lösen – und scheiterte ein ums andere Mal. Doch er gab nicht auf und wurde schließlich dafür belohnt. Er konnte sich absetzen, weil er an die Chance glaubte, es schaffen zu können, und sie immer wieder herausforderte, bis sie schließlich kam. Dabei ließ er sich nicht von seinen Fehlversuchen abhalten. Selbst wenn der allerletzte Versuch ebenfalls gescheitert wäre, hätte er sich nicht vorwerfen müssen, es nicht versucht zu haben. Er konnte also nur gewinnen.

Dieses Wissen treibt Spitzenathleten wie Erik Zabel und andere besonders erfolgreiche Menschen zu Leistungen an, bei denen andere nur ungläubig zuschauen können und sich fragen: »Wie machen die das bloß?« Von außen betrachtet sind manche Entscheidungen anderer Menschen für uns nicht nachvollziehbar. Wir können nicht verstehen, wie jemand so fest an etwas glauben kann, das wir für unmöglich halten – bis diese Person damit Erfolg hat und diejenigen, die sie vorher davon abhalten wollten, eines Besseren belehren. Plötzlich werden sie frenetisch gefeiert und zum Vorbild für andere.

Auch mir trauten einige Menschen in meiner Jugend nicht zu, eines Tages professioneller Hornist werden zu können.

Auch mir rieten einige von diesem Plan ab – bis sich scheinbar plötzlich der Erfolg einstellte, ich Alben veröffentlichte und Solokonzerte gab. Ab dem Moment wendete sich das Blatt von einem auf den anderen Tag um 180 Grad. Plötzlich riet mir niemand mehr davon ab, Hornist zu werden, ganz im Gegenteil: Wo zuvor skeptische Blicke waren, erntete ich plötzlich Bewunderung, obwohl ich noch immer ein und derselbe Mensch war und sich eigentlich nichts verändert hatte. Der einzige Unterschied: Ich hatte an meine Chance geglaubt. Geglaubt, dass es irgendwo auf der Welt auch ein Plätzchen an der Sonne für mich gibt und die Chance dafür sich schon irgendwann bieten würde. Wenn ich dann bereit wäre, würde ich es schaffen können. Und so kam es.

Wir sollten lernen, unsere Misserfolge genauso anzunehmen wie unsere Erfolge. Denn ein Misserfolg bedeutet meist nicht das Ende aller Träume. Er ist ein Teil des Weges; deshalb sollten wir uns von ihm auch nicht zum Aufgeben nötigen lassen. Stattdessen sollten wir es einfach erneut versuchen, bis die Wahrscheinlichkeit irgendwann auf unserer Seite ist. Die Chance wird früher oder später kommen – selbst wenn über lange Zeit nichts darauf hindeutet.

Wenn du keine Chance hast, nutze sie!

Der Luxus einer Wegwerfgesellschaft

Möbel aufzubauen ist eine Kunst für sich. Nehmen wir einen handelsüblichen Stuhl, der meist in alle Einzelteile zerlegt den Weg in deine Wohnung findet. Entnimmt man die Elemente aus dem Karton, wird schnell klar, was wo hingehört, damit eine Sitzmöglichkeit daraus wird. Aber auch die richtige Verwendung der im Paket enthaltenen Schrauben, Muttern und Nägel will gelernt sein. Nur: Oft kann man die Anleitung rauf- und runterlesen und den ganzen Teilehaufen erst auf-, dann wieder ab- und schließlich erneut aufbauen – am Ende hat man doch wieder mindestens ein Schräubchen übrig.

Erst herrscht große Verwirrung: Hast du vielleicht vergessen, sie zu verbauen? Oder war einfach eine Schraube zu viel im Paket? Ist das vielleicht sogar Absicht für den Fall, dass einem im Eifer des Gefechts mal ein Kleinteil verloren geht? Wird das neu erworbene Sitzmöbel deshalb jetzt bei der nächstbesten Gelegenheit unter dir zusammenbrechen? Doch der Stuhl scheint ja zu halten. Alles sitzt (inklusive du), passt, wackelt und hat Luft. Insofern besteht erst einmal kein Grund zur Aufregung. Nur: Was macht man jetzt mit der übrig gebliebenen Schraube?

Eigentlich wolltest du sie gar nicht haben. Du hast nie darüber nachgedacht, genau eine solche Schraube zu kaufen.

Im Moment kannst du sie einfach nicht gebrauchen. Doch das ist der springende Punkt: im Moment! Niemand weiß, was die Zukunft bringt. Morgen, übermorgen, in einem Monat oder nächstes Jahr brauchst du möglicherweise plötzlich genau so eine Schraube. Dementsprechend denkst du doch noch einen kurzen Moment länger darüber nach, was du mit der Schraube anstellen willst.

Die Angst vor dem Verlust

Sollst du die wirklich wegwerfen? Eigentlich ist die Schraube ja nagelneu und funktionsfähig. Nur weil sie beim Aufbau deines schicken neuen Stuhls am Ende übrig geblieben ist, sollst du sie jetzt einfach in den Müll tun? Wäre doch irgendwie schade, oder? Viel Platz würde ihre Aufbewahrung ja nicht in Anspruch nehmen. Sie könnte in deiner Nähe bleiben für den Fall, dass du eines Tages plötzlich eine Schraube zu wenig hast statt eine zu viel. Wie schön wäre es, wenn du dann stolz feststellen kannst, dass du genau auf diesen einen Moment vorbereitet bist? Zufrieden holst du das kleine Kästchen aus dem Keller, in dem all die kleinen Schraubenfreunde von anderen Aufbauprojekten ihr Zuhause gefunden haben. Dann wirst du froh sein, dass du sie nicht weggeworfen hast.

Selbst wenn du kein Kästchen mit herrenlosen Schrauben dein Eigen nennst, hast du sicherlich irgendeine andere Aufbewahrungsmöglichkeit für Übriggebliebenes daheim. Solche Dosen und Boxen sind voll mit Dingen, die du eigentlich nicht brauchst. Keine Sorge, du bist damit nicht allein. Es fällt uns einfach schwer, uns von Dingen zu trennen. Ganz egal, ob es sich um alte Klamotten handelt, aus denen wir schon längst rausgewachsen sind; um Geschirr, das seit Jahren in den Küchenregalen einstaubt; oder eben um übrig gebliebene Schrauben, Muttern oder Nägel. Im Grunde nützen uns all diese Dinge nichts, vielleicht sogar nie wieder. Und doch bringen wir es nicht übers Herz, uns von ihnen zu trennen. Wir halten an ihnen fest, obwohl wir – falls plötzlich doch einmal Not am Mann ist – eigentlich auch in den nächsten Baumarkt fahren könnten, um das fehlende Teil für ein paar Cent zu kaufen. Doch die Angst, irgendwann mal genau diese eine Schraube zu benötigen und sich dann eingestehen zu müssen, dass man sie achtlos in den Müll geworfen hat, sorgt dafür, dass wir sie für den Fall der Fälle lieber doch aufbewahren.

Das Potenzial eines jeden Einzelnen

Es ist erstaunlich, wie groß manchmal unsere Angst davor ist, etwas zu verlieren. Seltsamerweise trifft das aber vor allem auf Materielles zu – nicht auf etwas eigentlich viel wertvolleres wie Chancen. Es fällt uns schwer, Dinge wegzuwerfen – selbst wenn uns klar ist, dass wir sie eigentlich nicht mehr brauchen. Und doch sehen wir Potenzial in diesen Gegenständen. Das viel zu kleine Stück übrig gebliebenes Geschenkpapier könnte ja vielleicht noch zum Verpacken eines Streichholzschächtelchens reichen. Der kaputte Staubsauger könnte irgendwann ja doch mal wieder zum Laufen gebracht werden, wenn man mal ein bisschen Zeit übrig hat. Obwohl man eigentlich schon weiß, dass dieses »Irgendwann« vermutlich nie eintreten wird: Der Staubsauger bleibt. Sogar Ladekabel, für die man kein einziges passendes Gerät mehr im Haus hat, werden für den Fall aufbewahrt, dass einem doch mal wieder eins in die Finger kommen könnte.

In derselben Weise sind auch wir Menschen voll von ungenutzten Potenzialen und Möglichkeiten. Nur ordnen wir diese meist nicht als so schützenswert ein, wie wir das bei einer einfachen Schraube tun.

Wir haben in diesem Buch schon viel darüber gesprochen, wie wir lernen, uns selbst mehr zuzutrauen, indem wir erkennen, was für wunderbare Möglichkeiten in uns stecken. Wir haben bereits besprochen, wie wichtig es ist, an uns selbst zu glauben. Doch noch etwas ist wichtig: Was wir uns selbst zugestehen, steht auch anderen zu: etwa dann, wenn wir Menschen aufgrund eines Makels das Recht absprechen, so zu leben, wie sie es wollen, oder wenn wir eine bestimmte Schwäche auf die Gesamtheit einer Person übertragen. Menschen auszuschließen bedeutet auch immer, Potenziale wegzuwerfen, die für alle nützlich sein könnten. Schließlich hat jeder Einzelne von uns große Potenziale. Wir alle können auf ganz unterschiedlichen Ebenen einen wertvollen Beitrag zur Gesellschaft leisten – jede und jeder Einzelne! Doch dazu dürfen wir Menschen nicht ausschließen. Ist eine Person erst einmal ausgeschlossen, wird es ungleich schwieriger sein, sie wieder zu integrieren und ihre Potenziale zum Nutzen aller zu erschließen.

Wir dürfen Menschen nicht weniger Potenzial zugestehen als Schrauben.

Menschen werden aus den unterschiedlichsten Gründen ausgeschlossen: aufgrund ihres Geschlechts, ihrer Hautfarbe, ihrer Kultur oder auch ihrer sexuellen Orientierung. Wir erleben das ständig. Ausgelöst wird das Problem von der Gesellschaft. Doch ab einem bestimmten Punkt wird die Überzeugung der ausgeschlossenen Person selbst zur größten Hürde: wenn der Punkt erreicht ist, wo der Mensch daran zu glauben beginnt, was die Gruppe ihm unterstellt. Wenn sich das Gefühl einstellt, einen Makel zu besitzen, über den man definiert wird, geht der Selbstwert verloren. Er wird ersetzt von der Außenperspektive, man sei weniger wert als andere, weniger fähig als andere, weniger wichtig als andere. Sobald wir als Gesellschaft einer Person dieses Gefühl erfolgreich vermittelt haben, ist sie ausgeschlossen. Ein Mensch, weggeworfen wie eine Schraube – wie ein Gegenstand, für den wir keine Verwendung mehr haben. Diesen Prozess rückgängig zu machen ist meistens enorm schwer. Selbstzweifel lassen sich, einmal etabliert, nicht so einfach aus dem Weg räumen. Manche daraus resultierenden Narben tragen die Betroffenen ein Leben lang mit sich herum, denn soziale Wunden heilen nur schwer. Im schlimmsten Fall bleibt das Gefühl, nicht dazuzugehören, ein Leben lang.

Menschen sind mehr wert als Schrauben.

Die Sprache der Musik

Als Musiker wird man oft angefragt, Konzerte mit einem sozialen Hintergrund zu spielen, zum Beispiel an Schulen. Oft geht es bei solchen Konzerten darum, Menschen an die klassische Musik heranzuführen oder über die Musik miteinander zu verbinden. Denn das ist die große Stärke von Musik: Sie ist universell verständlich. Jeder kann etwas mit ihr anfangen. Auch wenn möglicherweise jeder sie auf unterschiedliche Art und Weise nutzt und interpretiert, liegt genau darin auch ihre Stärke. In der Musik gibt es kein Richtig und kein Falsch. Jede Interpretation, jede Assoziation und jeder Gedanke, der durch sie hervorgerufen wird, ist absolut legitim.

So ist es möglich, dass zwei Menschen, die sich weder kennen noch dieselbe Sprache sprechen, miteinander musizieren können und dabei spüren, was der andere gerade empfindet. Genau das geschieht auch, wenn ich Konzerte gebe.

Bei fast jedem Konzert lerne ich ein neues Orchester kennen – und damit jede Menge neue Musiker, mit denen ich einen Abend lang zusammen auf der Bühne spiele. In der Regel sind wir uns vorher nie begegnet. Manchmal, wenn ich beispielsweise im Ausland unterwegs bin, sprechen wir tatsächlich auch nicht dieselbe Sprache. Und trotzdem funktioniert das Zusammenspiel meist mühelos. Ich achte auf das Orchester und das Orchester achtet auf mich. Wir hören uns gegenseitig zu und lernen uns dadurch kennen – über die Musik.

Bei den Proben werden die wenigsten Aspekte dieses Zusammenspiels wirklich besprochen. Die meisten musikalischen Ideen entstehen ganz ohne Sprache: einfach nur dadurch, mit welchem Ausdruck eine Melodie gespielt wird. Die anderen Musiker können die Idee übernehmen oder selbst eine neue Interpretation anbieten. So entwickelt sich beim Spielen ein Stück, ganz ohne darüber zu sprechen.

Was in der Musik funktioniert, funktioniert genauso gut natürlich auch beim Zuhören. Sobald wir Musik hören, die uns berührt, gehen unsere Gedanken auf Abenteuerreise. Wir empfinden die unterschiedlichsten Emotionen, fühlen uns an Ereignisse in unserem Leben zurückerinnert und können dabei in eigene Welten abtauchen. Genau diese Kraft ist es, durch die uns die Musik verbindet und weshalb es so wunderbar funktioniert, Menschen durch sie miteinander zu verbinden. Es ist eine Möglichkeit, sich auszutauschen und einander zu verstehen – völlig unabhängig davon, woher wir kommen, in welcher Kultur wir groß geworden sind oder welche Sprache wir sprechen.

Die Verwirrung ist groß

Einmal wurde ich angefragt, im Rahmen einer Tournee, die ich mit einem Pianisten unternahm, auch ein kleines Konzert in einer Blinden- und Sehbehindertenschule zu spielen. Da der Termin genau zwischen zweien unserer Konzerte lag und sich die Schule noch dazu auf unserer Reisestrecke befand, sagten wir sofort zu. Die Idee war, ein paar Stücke zu spielen und zwischendurch mit einer Moderatorin ein kleines Gespräch zu führen, damit die Kinder uns ein wenig kennenlernen und auch selbst die eine oder andere Frage loswerden konnten.

Ich gebe zu, so richtig war mir bei der Zusage nicht klar, was mich bei dem Event erwarten würde. Ich erwartete eine ganz normale Schule – nur eben mit dem Unterschied, dass sie für Blinde ausgelegt sein würde. Abgesehen davon erwartete ich keine großen Unterschiede zu einer herkömmlichen Schule, wie ich sie kannte. Doch ich sollte eines Besseren belehrt werden.

An der Schule angekommen, nahm uns der Schuldirektor freudestrahlend in Empfang. »Wie schön, dass Sie es einrichten konnten«, begrüßte der freundliche ältere Herr meinen Pianisten und mich an der Eingangstür. »Wir sind alle schon sehr gespannt und die Kinder haben sich jede Menge Fragen überlegt. Das wird sicher ganz toll!«

Er führte uns über eine alte Holztreppe, die bei jedem Schritt unter den Füßen knarzte, nach oben in den ersten Stock, wo sich die Aula der Schule befand.

»Breiten Sie sich hier gerne aus und proben noch kurz«, sagte er. »Die Schüler kommen in einer guten halben Stunde.«

Scheinbar, mutmaßte ich, während mein Pianist und ich uns auf eine kurze Probe vorbereiteten, befanden sich die Schüler noch in ihren Unterrichtsräumen.

»Eins wollte ich Ihnen noch sagen, bevor ich Sie in Ruhe die Akustik austesten lasse«, wandte sich der Direktor auf dem Weg nach draußen noch einmal an uns. »Die Kinder hier haben sehr unterschiedliche Behinderungen. Manche sind stark mehrfachbehindert und lassen ihren Emotionen freien Lauf. Es könnte also sein, dass es zwischendurch etwas lauter wird. Wundern Sie sich nicht darüber. Die Kinder freuen sich einfach nur, dass Sie da sind.«

Nun war ich verwirrt. Bisher war ich davon ausgegangen, dass mich an dieser Schule Kinder erwarten würden, die in irgendeiner Form eine Beeinträchtigung im Sehvermögen haben. Stattdessen besuchten offenbar Kinder mit den unterschiedlichsten Beeinträchtigungen diese Schule. Ich war gespannt, was mich erwartete. Nachdem mein Pianist und ich unsere kleine Anspielprobe beendet hatten, war es endlich so weit: Die ersten Schüler trudelten in der Aula ein. Erst ein paar, dann wurden es immer mehr, bis sie schließlich geballt in den Saal stürmten. Schon bald waren alle 200 Plätze belegt und ein aufgeregtes Murmeln unterschiedlichster Stimmen erfüllte die Aula.

»Frau Meyer, darf ich eine Reihe weiter vorn sitzen? Ich sehe nichts!«, brüllte ein Kind in Richtung einer Dame.

»Bleib bitte dort erst mal sitzen«, antwortete die Dame, bei der es sich augenscheinlich um Frau Meyer handelte. »Wenn alle einen Platz gefunden haben, könnt ihr immer noch tauschen. Setzt euch jetzt erst einmal hin, wo ihr seid.«

»Aber Frau Meyer, ich sehe nichts«, brüllte das Kind seine missliche Lage erneut in den Raum – und zwar in einer Lautstärke, die ich trotz all des Getöses im Raum noch auf der Bühne stehend hören konnte, und die war ein gutes Stück von den Zuschauendenreihen entfernt.

Neben dem Kind, das sein Unbehagen über die Wahl des Sitzplatzes mühelos mitteilen konnte, befanden sich im Publikum auch jede Menge anderer Kinder. Darunter waren auch solche, die im Rollstuhl saßen und sich erkennbar nur mit allergrößter Mühe mitteilen konnten. Einigen schien es sogar gänzlich unmöglich zu sein.

Ich war etwas schockiert. Denn so langsam begriff ich, was mir vorher nicht klar gewesen war: Offenbar gab es an dieser Schule tatsächlich alle möglichen Typen von Jugendlichen, die aus den unterschiedlichsten Gründen nicht der Norm entsprachen.

Dabei waren die individuellen Unterschiede immens. Hier fanden sich lauter Kinder, die irgendeine Eigenschaft hatten, die in den Augen der Gesellschaft einen Makel darstellte und sie von der Norm ausschloss. Schwere und Art der Beeinträchtigung schienen dabei kein besonderes Kriterium für den Besuch dieser Schule zu sein: Hier wurde unterrichtet, wer irgendwie anders war. So las ich es auch aus den Äußerungen der Lehrer heraus. Des Öfteren wurde ich darauf hingewiesen, dass diese Kinder anders seien – auf ihre Weise einzigartig. Nur schwang dabei in meiner Wahrnehmung immer diese Art von Bewunderung mit, die man jemandem entgegenbringt, von dem man eine Fähigkeit eigentlich *nicht* erwartet. Anders hieß in dem Fall nicht: individuell. Gemeint war, dass diese Kinder nicht *unseren* Normen entsprechen, in einem negativen, nämlich ausschließenden Sinne. Es lief darauf hinaus, dass sie separiert werden müssten, da sie andere sonst nur stören würden und anderswo für zusätzlichen Aufwand sorgen würden. Natürlich sprach das niemand so aus. Stattdessen wurde es ins Positive gekehrt, nach dem Motto: Hier wird sich besonders gut um sie gekümmert. In anderen Bereichen würde man diese Form der Beschönigung Marketingsprech nennen.

Versteh mich bitte richtig: Dass sich um die Kinder tatsächlich gut gekümmert wird, bezweifle ich keineswegs. Bei meinem Besuch konnte ich beobachten, wie respektvoll, aufmerksam und liebevoll mit den Kindern umgegangen wurde. Ich hatte nie das Gefühl, dass die Pädagogen vor Ort nicht das Allerbeste für die Kinder wollten. Doch bezweifle ich, dass dieses Bemühen um das Wohlergehen im Umgang mit den einzelnen Persönlichkeiten in sehr unterschiedlicher Weise ausgelegt wird – genauso wie »gut gemeint« nicht immer gleich »gut gemacht ist«. Schon die schiere Masse der so unterschiedlichen Kinder, gemessen an der Zahl der Lehrkräfte, schien mir das nicht herzugeben: Wie sollten sie auf jedes Kind und dessen ganz spezielle Bedürfnisse so individuell eingehen können, wie es wünschenswert wäre – wahrscheinlich auch für sie selbst?

Viel Zeit, um intensiver darüber nachzudenken, blieb mir in dem Moment nicht. Schließlich hatte ich ja noch ein Konzert zu spielen. Stück um Stück hangelten wir uns – immer wieder von kurzen Gesprächsblöcken unterbrochen – durch das Programm. In den kurzen Talks ging es um meine Musik, um das Reisen und natürlich auch um mich.

Doch mein Gehirn ratterte wie eine Dampfmaschine. Denn mir war klar, dass das, was diese Kinder brauchten, nicht unbedingt kluge Informationen zum Horn und der Musik waren – obwohl die gewiss nie schaden können.

Hoffnung und Perspektive

Diese Kinder, so wurde mir immer klarer, benötigten in erster Linie etwas anderes: Hoffnung und Perspektive. Es lässt sich schwer erklären, was ich in diesem Moment empfand. Zuerst war es eine Art Wut; Wut darüber, dass eine Gesellschaft entscheidet, wer zur Norm gehört und wer nicht. Denn – und das erfuhr ich erst nach meinem Besuch – auf dieser Schule konnte man maximal einen Realschulabschluss machen, und selbst das war schon etwas Besonderes. In anderen Schulen dieser Art sei selbst das nicht möglich, wurde mir erklärt. Auf mich wirkte das, als würde damit suggeriert: Wer nicht richtig sehen oder laufen kann, muss auch dumm sein. Fertig. So einfach ist das. Und weil aus »denen« ja sowieso nichts Vernünftiges wird, stecken wir diese Kinder mit allen anderen zusammen, die wir – salopp gesagt – ebenfalls als »kaputt« einstufen, in welcher Form auch immer. Hauptsache, weg mit ihnen aus den normalen Schulen.

Natürlich wird dieses Urteil stets in irgendwelche höflichen Floskeln verpackt. Es wird behauptet, dass Kinder dort besser gefördert und individueller betreut werden können und es ihnen dort viel besser als an einer gewöhnlichen Schule geht. Für den einen oder anderen mag das vielleicht auch stimmen – für andere aber nicht. Für uns selbst betrachten wir es als selbstverständlich, dass wir am besten entscheiden können, was für uns das Richtige ist. Doch wenn es um andere geht, die nicht so sind wie »wir«, scheinen wir überzeugt zu sein, dass wir am besten beurteilen können, was »die« brauchen – obwohl wir ihre Situation gar nicht kennen, uns gar nicht in ihre Perspektive hineinversetzen können. Da scheint es bequemer, Menschen einfach abzuschieben: aus den Augen, aus dem Sinn. Wie vielen Kindern damit eine selbstbestimmte Zukunft zerstört wird, begreifen wir gar nicht – Kindern, die so viele Möglichkeiten hätten.

So lernte ich nach dem Konzert beispielsweise Mohamed kennen, einen Jungen von etwa zehn Jahren. Er war zu diesem Zeitpunkt noch nicht lange in Deutschland gewesen und sprach dementsprechend noch nicht so gut Deutsch, machte aber einen recht klugen Eindruck auf mich. Denn das Deutsch, das er schon sprach, war erstaunlich gut im Hinblick auf die kurze Zeit, die ihm zum Lernen zur Verfügung gestanden hatte. Trotzdem war er an dieser Schule gelandet – ohne die Aussicht darauf, Abitur machen und anschließend vielleicht studieren zu können. Die Möglichkeiten anderer sollten ihm verwehrt bleiben – einfach nur, weil er anders war. Man reduzierte ihn auf seine vermeintliche Schwäche, denn sich in einem »normalen« Umfeld um jemanden mit einer Schwäche zu kümmern, macht zusätzliche Arbeit. Daher scheint es einfacher zu sein, Kinder wie Mohamed aufs Abstellgleis zu stellen, oder weniger vorsichtig formuliert: im übertragenen Sinne wegzuwerfen.

Wie muss es sich für ein Kind anfühlen, so behandelt zu werden? Wenn einer jungen Persönlichkeit die Chance genommen wird, aus ihrem Leben zu machen, was sie gern möchte? Wie sehen diese Kinder sich später selbst, wenn sie erst einmal erwachsen geworden sind? Betrachten sie sich als vollwertige Mitglieder der Gesellschaft – oder als jemanden, mit dem etwas nicht stimmt? Wir alle wissen selbst, wie einfach es ist, unser Selbstbewusstsein zu zerstören. Wir sind uns der Tatsache bewusst, wie uns Zweifel und Unsicherheit gegenüber uns selbst quälen können. Wie wird das wohl bei diesen Kindern sein, die jeden Tag gespiegelt bekommen, dass mit ihnen etwas nicht stimmt? Denen gesagt wird, dass sie nicht wie die anderen Kinder sind? Wie sollen sie sich jemals zugehörig fühlen? Diese Kinder werden vermutlich, wenn nicht noch eine Wendung in ihrem Leben passiert, für immer verloren sein. Selbst wenn die Gesellschaft irgendwann bereit ist, sie wieder vollkommen aufzunehmen und zu akzeptieren, was schon unwahrscheinlich genug ist: Sie werden das Gefühl, anders zu sein, nur sehr schwer wieder aus dem Kopf bekommen, denn sie wurden so erzogen.

All das schoss mir während des Konzerts durch den Kopf. Eine Stimme in mir sagte: Wenn ich nur dieses eine Konzert als Chance habe, muss ich diesen Kindern eine andere Botschaft vermitteln. Keine unreflektierte Lobhudelei nach dem Motto »Toll machst du das«, die im Grunde nur den Eindruck verstärkt, dass die Kinder eigentlich gar nichts können: ›Unglaublich, dass du das schaffst, denn eigentlich trauen wir dir gar nichts zu.‹

Was wir können, entscheiden nur wir selbst

So versuchte ich den Kindern in jeder Interviewphase zu vermitteln, was ich auch mit diesem Buch vermitteln möchte: Natürlich haben wir alle unsere Stärken und Schwächen.

Mag sein, dass man manchem von uns seine Schwäche sofort ansieht und anderen nicht. Doch es gibt niemanden, der nur Stärken besitzt – genau wie es niemanden gibt, der nur Schwächen hat. Wir sind immer mit beidem gesegnet. Selbst wenn wir eine vermeintliche Schwäche besitzen, ist sie nicht das Ende unserer Träume. Sie mag vielleicht eine Hürde sein. Doch mit Geduld und Liebe lassen sich Hürden überwinden. Niemand sollte jemand anderem das Recht absprechen, seine Träume zu verwirklichen. Niemand hat das Recht, über jemand anderen zu urteilen oder darüber zu bestimmen, was er kann und was nicht. Denn was wir können, entscheiden wir immer noch selbst.

Im Laufe der Interviews merkte ich, wie ich mich immer mehr in Rage redete und die Moderatorin mit ihren Fragen immer mehr ignorierte. Sie wollte zum Beispiel wissen, ob es denn schwerer sei, mit den Füßen statt mit den Händen Horn zu spielen. Für einen Ottonormalverbraucher sicher eine interessante Frage. Nur dass ich dazu natürlich nicht wirklich etwas sagen konnte. Schließlich habe ich nie mit Händen gespielt und kann es daher auch nicht vergleichen. Doch schien mir diese Frage vor allem im Hinblick auf das, was die Kinder an diesem Tag für sich mitnehmen sollten, nicht sehr hilfreich. Mir war es wichtiger, ihnen das Gefühl zu geben, mehr zu sein und mehr zu können als das, was ihnen vielleicht zugetraut wird. Ich wollte ihnen eine Perspektive geben und ihr Selbstvertrauen stärken, nach dem Motto: Wenn der das kann, kann ich es doch bestimmt auch.

Die Kinder hörten gespannt zu. Allen vorab geäußerten Erwartungen zum Trotz war es mucksmäuschenstill in der Aula. Ich erzählte viel von mir. Dabei sprach ich nicht unbedingt über die klassischen biografischen Eckpunkte, wie es sonst der Fall war. Stattdessen erzählte ich, was ich erlebt habe, das niemand sonst so erlebt hat. Ich berichtete von Rückschlägen und schwierigen Situationen, um den Kindern zu zeigen, dass jeder damit zu kämpfen hat – wie erfolgreich er inzwischen aus sein mag. Unbedingt wollte ich ihnen vermitteln, dass man das selbst in der Hand hat.

Nach einer knappen Stunde war das Konzert beendet. Ich war deutlich erschöpfter, als es sonst nach einem Auftritt der Fall war. Zu viele Gedanken kreisten mir durch den Kopf. Vor allem wurmte mich, dass ich zuvor so wenig darüber gewusst hatte, wie es in einer solchen Schule aussieht: Eine künstliche Welt, die wir selbst erschaffen haben, um junge Menschen von »unserer« Realität fernzuhalten.

Wie üblich bei solchen Veranstaltungen rennt man nicht wieder sofort in seine Garderobe zurück, sondern kommt noch ein wenig mit den Leuten ins Gespräch. Die meisten von ihnen waren Kinder, die einfach nur sagen wollten, wie sehr ihnen das Konzert gefallen hatte. Doch schließlich kam noch ein Lehrer auf mich zu. Seine Worte werde ich nie vergessen: »Sie sind wirklich toll. Und Sie arbeiten schon wie ein richtiger Sonderpädagoge.«

Ich war verwirrt. Sonderpädagoge? Ich konnte beim besten Willen nicht verstehen, was er mir damit sagen wollte. Nichts von dem, was ich auf der Bühne von mir gegeben hatte, hatte auch nur den Hauch von sonderpädagogischen Absichten enthalten.

»Was meinen Sie mit ›Sonderpädagoge‹?«, wollte ich der Aussage auf den Grund gehen.

»Sie sagten, dass wir lernen müssen, uns über unsere Stärken zu definieren. Das ist ein klassischer Ansatz in der Sonderpädagogik.«

Spätestens jetzt war ich komplett verwirrt. Ich glaube, diese Einstellung ist eine, die jedem von uns helfen würde – auch wenn sie ein wenig abgedroschen wirken mag. Für diesen Lehrer aber schien das nur für Kinder mit Einschränkungen zu gelten, für ihn selbst offenbar nicht – jedenfalls wirkte seine Aussage so auf mich. Sie klang für mich wie etwas, das man Kindern sagt, damit sie sich gut fühlen. Wie ein halb ernst gemeintes Kompliment, das man jemandem gegenüber ausspricht, um selbst sympathisch rüberzukommen und sich in ein besseres Licht zu rücken, ohne es wirklich ernst zu meinen.

Danach machte ich mich in Richtung Garderobe auf und packte meine Sachen zusammen. Mein Pianist tat dasselbe. Es war still. Normalerweise reden wir nach Konzerten, wenn wir die Bühne verlassen haben, sofort miteinander und tauschen uns über unsere Eindrücke aus. Doch an diesem Tag blieb es still zwischen uns. Nachdenklich still. Ihm schien es ähnlich zu gehen wie mir: Auch er musste das Erlebte verarbeiten. Auch er hatte sich vorher vermutlich nicht so viele Gedanken darüber gemacht, was ihn wohl erwarten würde.

Wir verabschiedeten uns noch vom Schulleiter und machten uns dann auf unseren Weg zum nächsten Konzertort. Es fühlte sich anders an als sonst; ein denkwürdiger Auftritt lag hinter uns.

Mir ist wichtig zu betonen: Es geht mir nicht darum, Schulen zu degradieren. Denn das, was dort passiert, geschieht ständig und überall und lässt sich auch nicht auf Menschen mit Behinderungen reduzieren. Immer dann, wenn eine Person meint zu wissen, was eine andere Person kann oder auch nicht kann, führt das zwangsläufig zu einer Form von Ausschluss – und wir machen uns einfach nicht klar, was wir damit anrichten. Meist basieren diese Urteile nicht auf nachvollziehbaren Gründen, sondern aus einer vereinfachten Sichtweise auf das Potenzial von Menschen: Wenn jemand Eigenschaft A hat, hat er zwangsläufig auch Eigenschaft B. Wenn jemand einen körperlichen Makel besitzt, ist er automatisch auch nicht sonderlich intelligent. Besonders wenn ein Makel sichtbar ist, scheint er bei unserer Urteilsfindung großes Gewicht zu haben. Denn Dinge, die wir sehen können, empfinden wir immer als deutlich dramatischer als etwas, das nicht sofort erkennbar ist. Es macht Mühe, sich mit Menschen zu beschäftigen und hinter diese Fassade zu blicken. Genauso wie es Mühe macht, sich mit uns selbst zu beschäftigen.

Vergleichen ist einfacher: Bist du wie ich oder bist du anders?

Das Leben ist ein Teamsport

»Behandle andere so, wie auch du behandelt werden möchtest«, heißt es sinngemäß schon in der Bibel. Das Zitat von Jesus aus dem Lukas-Evangelium bedeutet nichts anderes, als dass wir lernen müssen, anderen neutral zu begegnen. So wie uns unser Gehirn oftmals in unserer eigenen Wahrnehmung Streiche spielt, tut es dies natürlich auch gegenüber anderen. Es kann etwas mehr Aufwand bedeuten, andere zu verstehen, wenn man sich dabei nicht in gewohnte Muster fallen lässt. Dazu ist es nötig, mehr Informationen einzuholen als die, die wir gerade besitzen, und aufgrund einer Eigenschaft nicht gleich Rückschlüsse auf andere Bereiche zu ziehen.

Nur weil eine Person blind ist, im Rollstuhl sitzt, eine

andere Hautfarbe hat oder sonst wie von unser selbst definierten oder antrainierten Norm abweicht, bedeutet das nicht, dass sie nicht intelligent genug wäre, das Abitur zu machen. Denn nur wenn wir gewillt sind, auch andere zu verstehen, zu respektieren und ihnen all die Möglichkeiten und Chancen einzuräumen, die wir uns selbst nehmen, sind wir in der Lage, als Gemeinschaft Großes zu schaffen. Nur wenn jeder seine Qualitäten einbringt, funktionieren wir als Gesellschaft optimal und können uns alle weiterentwickeln. Das Leben ist ein Teamsport. Jedes Mal, wenn wir jemanden ausschließen, verlieren wir ein wertvolles Teammitglied.

Zudem führt Ungerechtigkeit oft zu Wut. Denn ausgeschlossen zu werden bedeutet nichts anderes, als ungerecht behandelt zu werden. Es bringt außerdem mit sich, nicht in vollem Umfang am Leben teilhaben zu dürfen. Oftmals sind wir erstaunt, wenn andere wütend werden, weil sie sich ungerecht behandelt fühlen: Was hat sie denn bloß? Warum reagiert er nur so? Dabei tragen wir oftmals selbst die Verantwortung für ebenjene Wut. Indem wir Menschen lieber bequem aus der Gemeinschaft ausschließen, als uns mit ihr zu beschäftigen, lassen wir diese Wut zu und fördern sie sogar. Und dann wundern wir uns, wenn es Menschen gibt, die sich emotional gegen diese Gemeinschaft richten. »Wir ernten, was wir säen« lautet ein weiterer Bibelspruch. Wenn wir Ungerechtigkeit säen, dürfen wir uns nicht wundern, wenn wir Wut ernten.

Auch ich musste diese Erfahrungen als Kind machen. Auch mir hat man aufgrund des Fehlens zweier Gliedmaßen mangelnde Intelligenz vorgeworfen. Auch bei mir hat man es alles andere als gern gesehen, dass ich auf eine normale Schule gehen wollte. Auch bei mir war man felsenfest davon überzeugt, dass ich nicht schlau genug war – weil ich keine Arme hatte. Die Leute gingen wie selbstverständlich davon aus, dass ich ohne Arme auch nicht besonders klug sein würde, auch wenn es da physiologisch betrachtet nicht den geringsten Zusammenhang gibt. Das eine ist unabhängig vom anderen. Um das zu erkennen, benötigt es kein besonderes medizinisches Fachwissen. Der gesunde Menschenverstand ist vollkommen ausreichend. Doch nach Ansicht der Behörden sollte ich auf eine Sonderschule gehen. Die Begründung: Auf einer normalen Schule würde ich es niemals schaffen.

Warum genau, hat mir bis heute niemand erklären können. Wieder einmal war es an mir, der Gesellschaft das Gegenteil zu beweisen – zu beweisen, was eigentlich selbstverständlich sein sollte.

Der Aufnahmetest

Natürlich kannte mich von den Menschen, die mich für untauglich befanden, niemand persönlich. Und so kam es, dass ich zur Einschulung einen Intelligenztest machen musste, obwohl es eigentlich nur um die Aufnahme an eine Grundschule ging. Von der Frage, ob es später für mich in eine Haupt- oder Realschule oder ein Gymnasium gehen würde, war ich damals noch einige Jahre entfernt. Geklärt werden sollte einfach nur, ob ich »schulfähig« war; ein Umstand, der bei Kindern ab einem gewissen Alter eigentlich als selbstverständlich angesehen wird. Hätte ich alle vier normgemäß eingeplanten Gliedmaßen an den dafür vorgesehenen Stellen vorweisen können, wäre das auch bei mir zweifellos der Fall gewesen. Ohne Arme – nicht.

Ich erinnere mich nicht mehr genau an den Test, den ich ablegen musste, um meine Beschulungsfähigkeit nachzuweisen. Ich muss damals fünf Jahre alt gewesen sein. Doch begriff ich, dass irgendetwas bei mir offenbar anders war als bei meinen Altersgenossen; dass *ich* anders war. Auch verstand ich, dass dieser Test wichtig zu sein schien – wichtig dafür, was nach dem Kindergarten mit mir passieren würde. Ich fühlte mich unwohl. In dem Alter begreift man noch nicht wirklich, was Zukunft bedeutet. Doch spürte ich, dass es in irgendeiner Weise entscheidend für mein Leben war. Dementsprechend nervös war ich auch.

Die Dame, die mich für den Test in ihr Zimmer bat, versprühte die Art von Freundlichkeit, bei der man sofort spürt, dass sie unecht ist. Selbst ich mit meinen fünf Lenzen roch das zehn Meilen gegen den Wind. Sie versuchte mir die kleinen Aufgaben, die ich zu lösen hatte, als Spiel zu verkaufen – ein Spiel, das Kinder gern spielen und bei dem es um nichts anderes geht als die Freude daran. Dass das nicht der Wahrheit entsprach, war mir allerdings sofort sonnenklar. Ich traute der Frau nicht. Und doch musste ich mit ihr in einem Raum sein – ohne die Möglichkeit, einfach so wieder gehen zu können. Ich durfte nicht selbst entscheiden, ob ich dieses Spiel spielen wollte. Daher versuchte ich auch gar nicht erst, mich zu wehren. Stattdessen tat ich artig, was die Dame von mir verlangte – immer mit der Angst verbunden, etwas falsch zu machen und Konsequenzen daraus tragen zu müssen, wie auch immer die aussehen mochten.

Ich habe mich als Kind nie sonderlich damit beschäftigt, wer ich eigentlich bin. Ich habe mich so angenommen, wie ich damals war. Das hieß, dass ich mit anderen Kindern spielte, Blödsinn machte und mich beim Martinssingen immer darüber freute, wenn mein Beutel mit Süßigkeiten der vollste war. Ich gehörte eher zu den aktiveren Kindern. Zu denen, die immer mit viel Getöse voranliefen, wenn es etwas zu erleben gab. Es gab also keinerlei Anzeichen dafür, dass ich in der Entwicklung irgendwo nicht mitkommen würde, und ich selbst empfand das auch nicht so. Da waren zwar meine fehlenden Arme – beziehungsweise waren sie da eben nicht –, doch war das nichts, dem ich besonders viel Aufmerksamkeit widmete. Schließlich konnte ich alles, was ich gern tun wollte, auch ohne sie tun. Stellte sich doch einmal etwas als schwierig heraus, lernte ich Lösungen zu finden. Es hätte also alles ganz einfach sein können. War es aber nicht – nicht aus der Sicht der Menschen, die über meine Zukunft entscheiden durften.

Genau das spürte ich an jenem Tag beim Intelligenztest: Du bist anders, Felix. Du musst dir Dinge erarbeiten, die andere als Selbstverständlichkeit bekommen. Du musst vielleicht ein bisschen mehr tun im Leben – nicht etwa, weil du es tatsächlich schwerer hättest, sondern weil andere es dir nicht zutrauen. Weil du anders bist. Das reicht als Begründung.

An die genauen Aufgaben, die mir an jenem Tag gestellt wurden, kann ich mich nicht mehr erinnern. Auch sonst sind meine Erinnerungen an diesen Tag eher spärlich. Was ich noch sehr genau weiß, ist, was ich damals empfunden habe und wie froh ich war, als es endlich vorbei war.

Unabhängig davon lief der Test zum Glück sehr gut. Ab diesem Zeitpunkt sollte niemand mehr meine Schulreife anzweifeln. Doch der Weg in eine normale Grundschule war damit immer noch nicht geebnet. Es wurde beschlossen, dass eine Lehrerin der Grundschule, die für meinen Einzugsbereich zuständig war, mich einen Tag lang im Kindergarten besuchen und beobachten sollte, um mich kennenzulernen. Auf dieser Grundlage sollte sie beurteilen, ob ich wirklich für die »normale« Schule geeignet war.

Die wunderbare Frau Walter

So kam es, dass eines Tages meine zukünftige Klassenlehrerin Frau Walter in den Kindergarten kam. Ich verstand mich sofort mit ihr. Frau Walter war wunderbar. Sie war herrlich unkompliziert und vermutlich der erste Mensch in dem ganzen Prozess, der mich ohne Vorurteile wahrnahm. Sie schaute mir ein wenig beim Spielen zu und redete viel mit mir. Doch sie redete nicht so, wie es die Dame beim Test getan hatte. Statt gezwungen und aufgesetzt wirkte sie aufrichtig und herzlich. Ganz unauffällig beobachtete sie, wie ich meinen Alltag im Kindergarten gestaltete, und stellte mir ab und zu die ein oder andere Frage. Bei Frau Walter wirkte das nicht wie ein Test, sondern wie ehrliches Interesse. Zum Beispiel wollte sie wissen, was mir im Kindergarten am meisten Spaß machte oder welches mein Lieblingsspiel sei. Wir führten einfach eine Art Gespräch, und ich fühlte mich wohl dabei. Nebenbei konnte ich mit anderen Kindern toben, und Frau Walter machte einfach mit. Ich spürte, dass ich bei ihr ich selbst sein konnte – und das war alles, was ich wollte. Deshalb erinnere ich mich an diesen ersten Tag mit Frau Walter immer noch gern zurück – und kann mich auch noch gut daran erinnern. Sie gehörte zu den Menschen in meinem Leben, die mich so annahmen, wie ich eben war – anstatt zu versuchen, ihre Vorstellung von »normal« auf mich zu projizieren.

Von diesem Tag an war der Weg in die Schule für mich

frei. Es war die letzte Hürde eines langen Weges. Doch was wäre gewesen, wenn ich in dem Moment nicht auf Frau Walter getroffen wäre, sondern auf jemand anderen? Jemanden, der mir gegenüber nicht so offen gewesen wäre. Der befunden hätte, dass ich nicht für eine normale Schule geeignet sei? In diesem Fall hätte es gut sein können, dass auch ich auf einer Sonderschule gelandet wäre und mein Leben folglich eine ganz andere Richtung genommen hätte. Dann hätte auch ich mich vielleicht darüber gefreut, nicht nur den Haupt-, sondern eventuell auch den Realschulabschluss machen zu können, wenn überhaupt. Vielleicht wäre ich verhaltensauffällig geworden – weil ich eben nicht so gefördert worden wäre, wie es für mich das Beste gewesen wäre. Weil ich in einer Schublade gelandet wäre, in der ich nicht sein wollte. In der ich nicht der sein konnte, der ich wollte. In der andere mir erklärten, was ich könne und was nicht. In der ich nicht die Chancen und Möglichkeiten gehabt hätte, die andere bekommen. Alles wäre anders verlaufen, obwohl ich immer noch derselbe Mensch gewesen wäre – mit all den Potenzialen, die ich in mir trage.

Ich weiß, dass es anderen Menschen anders ergeht. Viele haben nicht das Glück, an der falschen Schublade haarscharf vorbeigeschrammt zu sein. Viele sind genau da gelandet, aus den unterschiedlichsten Gründen. Und da leben sie nun, nicht weil es das Beste für sie wäre, geschweige denn gerecht, sondern weil es das Einfachste zu sein scheint. Jemanden aufgrund sofort ersichtlicher äußerer Merkmale zu beurteilen, ist die einfache Lösung für alle anderen – ohne dass jemand wirklich versucht hätte zu ergründen, ob diese Einschätzungen wirklich begründet sind oder einfach nur der Bequemlichkeit aller anderen dienen.

Jeder Mensch hat Potenzial

Wie viele Menschen haben wir schon aus unserer Gesellschaft geworfen? Es müssen unzählige sein, und täglich werden es mehr. Dabei ist es meist nicht die Unfähigkeit der ausgeschlossenen Person, die dazu führt, sondern unsere eigene. Denn genauso wie wir die Verantwortung für uns selbst übernehmen, müssen wir auch mit dem Schicksal anderer verantwortungsvoll umgehen. Gerade denen, die nicht die Möglichkeit besitzen, für sich und ihre Chancen zu kämpfen, schulden wir das. Wir sollten Menschen über ihre Möglichkeiten und Potenziale einschätzen. Denn die hat jeder von uns. Die Frage ist, ob wir zulassen, dass sie sich entfalten, oder ob wir das verhindern.

Das Leben mit all seinen Facetten gilt es zu schützen – nicht nur mit denen, die es uns einfach machen. Unterschiede sind das, was uns besonders macht. Sie sind die Seele unserer Gesellschaft und unsere Inspiration. Von Unterschieden lernen wir. Daher sollten wir für sie einstehen. Wir sollten für sie kämpfen, anstatt sie zu bekämpfen. Wir gehen ins Kino, Theater oder lesen Bücher, weil wir Geschichten lieben und mit den Charakteren mitfühlen wollen. Es macht Spaß, Menschen kennenzulernen und zu erleben, was sie antreibt. Und genauso wie wir uns im Kino Zeit nehmen für einzelne Figuren, sollten wir das auch im wahren Leben tun. So werden wir feststellen, wie interessant Vielseitigkeit sein kann.

Eines der schönsten Privilegien, die man hat, wenn man als Solist um die Welt reisen darf, ist die Tatsache, mit unglaublich vielen Menschen in Kontakt zu kommen und viele davon auch besser kennenlernen zu dürfen. Ich habe daraus gelernt, dass uns alle deutlich mehr verbindet als uns trennt.

Wir alle haben dieselben Grundbedürfnisse. Wir alle wollen frei sein: frei, selbst über unser Leben bestimmen zu dürfen, respektiert zu werden und die gleichen Chancen zu bekommen wie alle anderen. Denn nur so können wir tun, was uns glücklich macht, ohne andere dabei einzuschränken.

Im Gegensatz zu unserem Kleiderschrank, der nur ein begrenztes Platzangebot hat und in den wir nicht unendlich viel hineinstecken können, ohne zwischendurch auch mal auszusortieren, hat eine Gesellschaft keine Grenzen. Im Gegenteil: Je größer sie wird, desto interessanter ist sie. Und je unterschiedlicher und vielseitiger sie ist, desto mehr gibt es für jeden Einzelnen zu entdecken. Mehr Vielfalt, mehr Inspiration für alle! Durch Vielfalt können wir noch mehr Dinge kennenlernen, die uns noch glücklicher machen. Jeder Mensch, der nicht Teil dieser Gesellschaft werden kann, ist ein Verlust – eine weggeworfene Möglichkeit für alle. Ich finde: Das ist ein vermeintlicher Luxus unserer Wegwerfgesellschaft, den wir uns eigentlich nicht leisten können.

Wie können wir diese Erkenntnis in der Tiefe verstehen? Dort, wo immer alles seinen Anfang findet: bei uns selbst. Unabhängig davon, was andere sagen, können wir es besser wissen – weil jeder von uns als der Mensch anerkannt werden möchte, der er ist. Wir können verstehen, wie wichtig es ist, uns mit jedem Einzelnen zu beschäftigen, dem wir begegnen. Wir können nachvollziehen, was es bedeutet, nicht über einen Menschen zu urteilen, bevor wir seine Geschichte kennen. Jeder von uns hat seine ganz eigene Story, die es wert ist, gehört zu werden und keinem vorgefertigten Muster folgt.

Wenn wir lernen, zuzuhören und zu verstehen, gewinnen wir alle – jeder Einzelne von uns.

Das Abenteuer des Lebens

Das Leben ist etwas Wunderbares. Es ist unser kostbarstes Gut, das es zu schützen gilt – auch wenn es uns manchmal ärgert. Auch wenn es uns den letzten Schlaf raubt und Kummer bereitet, ist es doch das Wichtigste, das wir besitzen. Dass das nicht selbstverständlich ist, wird uns erst wirklich bewusst, wenn wir schon ein gutes Stück davon gelebt haben. Dann sind wir plötzlich mit Gedanken konfrontiert, die schwer wiegen: Wie sollen wir es leben? Wie sollen wir es nutzen? Was möchte ich empfinden, wenn ich irgendwann einmal darauf zurückblicken werde? Was werde ich bereuen: Was ich getan oder was ich eben nicht getan habe? Welche Entscheidungen hätte ich im Nachhinein betrachtet anders getroffen – oder würde ich alles noch einmal ganz genauso machen?

Auch wenn wir zwischendurch Bilanz ziehen, etwa am Ende eines Jahres oder Lebensabschnitts, gilt es wunderbare Erlebnisse genauso zu feiern wie Zweifel anzuerkennen, wenn sich eine Entscheidung rückblickend doch einmal als fragwürdig entpuppt. Doch all die Ereignisse, die wir im Rückspiegel sehen, haben eines gemeinsam: Sie gehören der Vergangenheit an. Auf sie noch Einfluss nehmen zu wollen, ist zwecklos. Trotzdem tendieren wir dazu, länger beim Blick in den Rückspiegel zu verweilen, als uns guttut. Gewiss können wir aus unseren Erfahrungen lernen, es beim nächsten Mal besser machen und weisere Entscheidungen treffen.

Doch geht es dabei eigentlich immer um die Zukunft. Sie ist es, die wir formen können. Das vergessen wir manchmal, wenn wir in die Vergangenheit blicken.

Ich bin jemand, der die Zukunft liebt. Sie ist der Grund, weshalb ich mich jeden Tag aufs Neue freue, wenn ich aus dem Bett aufstehe. Ich freue mich darauf, was der morgige Tag mir wohl bringen mag und was ich erleben darf. Was mag heute wohl wieder Unerwartetes passieren? Diese Frage bereitet mir Lebenslust. Die Aussicht darauf, was noch kommen wird, motiviert mich und lässt mich gespannt bleiben. Jeder neue Tag birgt die Möglichkeit, neue Wege zu beschreiten, neue Menschen kennenzulernen und neue Erfahrungen zu sammeln. Er ist wie ein Abenteuer, bei dem ich nie weiß, was als Nächstes passieren wird. Diese Gewissheit gibt mir Energie und hält mich lebendig.

Diese Einstellung hilft mir auch dabei, Herausforderungen aus einem anderen Blickwinkel anzugehen: Selbst wenn ich vor schwierigen Entscheidungen stehe oder Rückschläge erlebe, sehe ich sie als Teil meines persönlichen Wachstums – auch wenn sie in dem Moment erst einmal schrecklich sind und sich überhaupt nicht nach einem Gewinn anfühlen. Ich glaube fest daran, dass jeder Moment, egal, wie herausfordernd er auch sein mag, eine Lektion bereithält, die mich weiterbringt. Diese Haltung ermöglicht es mir, mich kontinuierlich weiterzuentwickeln und die Sorge vor ungeahnten Herausforderungen zu verlieren. Letztendlich ist es die Begeisterung für das Unbekannte, die mein Leben reichhaltig und erfüllend gestaltet.

Ich würde sogar sagen, dass es mir am meisten Spaß macht, Dinge zu tun, bei denen ich noch blutiger Anfänger bin. Als alles neu war und ich meine Wissbegierde stillen konnte: Das war es auch, was mir ursprünglich am Hornspielen so viel Freude bereitet hat. Ich liebe es, zu tüfteln und dabei ab und zu durch ein Erfolgserlebnis belohnt zu werden. Jedes davon motiviert mich, weitere zu sammeln.

Der Vergangenheit messe ich weniger Bedeutung zu. Was vergangen ist, kann ich nicht mehr beeinflussen. So erinnere ich mich gern an schöne Erlebnisse und Momente zurück. Doch ich hadere nicht mit Vergangenem. Bestimmt habe ich Entscheidungen getroffen, die ich heute nicht mehr so treffen würde oder gar bereue. Doch ich tat es mit dem Wissen und den Erfahrungen, die mir damals zur Verfügung standen. Niemand ist frei von solchen Fehlgriffen. Doch was nützt es, sich in ihnen zu verbeißen? Wir können sie nicht mehr ändern.

Oftmals hängen wir so sehr in der Vergangenheit fest, dass wir uns gar nicht mehr an die Zukunft wagen. So treffen wir Entscheidungen, die wir ohne diese Vergangenheit so nie treffen würden. Vielleicht tun wir das, um eine Fehlentscheidung wieder geradezurücken. Vielleicht haben wir so viel Energie in eine Idee investiert, dass es uns als Verrat an uns selbst erschiene, von ihr abzurücken. So machen wir weiter, obwohl sich unsere Sichtweise geändert hat und wir mittlerweile andere Erfahrungen gemacht haben. Oftmals beschleicht uns auch das Gefühl, viele Chancen in unserem Leben seien bereits vorbeigezogen, und Träume, die wir einmal hegten, seien inzwischen unerreichbar. Speziell, wenn wir uns bereits in einer fortgeschrittenen Phase des Lebens befinden und wir das Gefühl haben, die entscheidenden Weichen bereits unverrückbar gestellt zu haben, scheint es uns oft klüger, Ideen zu begraben, als ihnen eine Chance zu geben – um an dem festzuhalten, was wir haben und was sich sicher anfühlt.

Um Ideen eine Chance geben zu können, brauchen wir die Orientierung an der Zukunft. Die Zukunft ist es, die uns Möglichkeiten schafft. Die Zukunft ist es auch, die wir beeinflussen können. Nur in der Zukunft können wir unser Leben so gestalten, wie wir es möchten; in der Vergangenheit nicht mehr. So lassen wir uns von der Vergangenheit steuern, anstatt unser Leben in der Zukunft in die Hand zu nehmen.

Wir dürfen die Verantwortung für unser Leben nicht aus der Hand geben. Das Schicksal derer, denen diese Freiheit genommen wird, sollte uns das lehren. Nur wir selbst können wirklich wissen, was uns guttut, was uns Freude bereitet und wo unsere Leidenschaft liegt. Dabei sollten wir uns nicht vergleichen; jeder Mensch ist anders. Auch wenn es uns manchmal schwerfällt, das zu erkennen und anzuerkennen, wir sind alle individuell. Daher sollten wir unsere Vorstellungen nicht durch Vergleiche mit anderen werten, denn Vergleiche bauen Druck auf. Sie drängen uns in eine Richtung. Sie suggerieren uns, was wir tun und was wir erreichen sollten. Dieser Druck ist kein Antrieb von innen, sondern eine Störung von außen, die aus dem Vergleich entsteht. Wir haben gelernt, diesen Vergleich als Maßstab zu sehen: Bin ich besser oder bin ich schlechter als andere? Habe ich mehr oder habe ich weniger?

Wir leben in einer Welt, in der wir uns über Leistung definieren. Es gilt als schick, sich zu quälen. Wir bewundern Menschen, die aufgrund besonderer Disziplin Großes erreichen. Dabei ist es eher unwichtig, warum sie das tun. Hauptsache, sie tun es. Wenn von besonders erfolgreichen Menschen die Rede ist, wird gern mal mit Arbeitszeiten geprahlt, die jenseits von Gut und Böse liegen. Sie werden dafür gelobt oder loben sich selbst dafür, was sie alles für ihr erfolgsgetriebenes Ego aufgeben – bis hin zum Schlaf, auf den sie jede Nacht verzichten, um noch mehr Zeit zum Arbeiten zu haben, und der Zeit, die sie selbst im Urlaub am Strand noch darauf verwenden, E-Mails zu beantworten oder Calls abzuhalten. Und wir? Wir bewundern sie dafür – und eifern ihnen womöglich sogar nach.

Allzu oft werden diese sogenannten Geschichten als Maßstab genommen: Schaffe Großes, denke höher, schneller, weiter. Für viele mag das spannend sein. Auch ich hatte schon solche Phasen. Doch je älter ich werde, desto mehr ändere ich meine Sichtweise. Es geht nicht immer um das Außergewöhnliche – sondern darum, seinen Weg zu finden. So kann Musik machen als Hobby genauso viel Freude bereiten wie als Beruf. Beide Optionen sollten gleichberechtigt sein. Der Profi ist nicht mehr wert als der Amateur. Ganz im Gegenteil: Musik als Hobby kann befreiender sein als im Beruf. Denn man kann sich seiner Leidenschaft ohne den Druck widmen, bei einem verpatzten Auftritt vielleicht nächsten Monat seine Miete nicht mehr bezahlen zu können.

Schon in der Schule vergleichen Kinder ihre Noten. Dabei ist es nicht viel mehr als eine Zahl. Unmöglich kann eine Note unsere gesamte Komplexität widerspiegeln. Trotzdem vergleichen wir uns an diesem Messwert – was ausschließlich dazu führt, untereinander Druck aufzubauen. Der Druck, nicht genug zu sein, nicht genug zu tun und weniger wert zu sein als andere, kann überwältigend sein. Oft fühlt sich das Leben an, als ob wir in einem ständigen Wettbewerb mit anderen stünden – einem Wettbewerb, den wir immer zu verlieren scheinen. Dieser Druck kann erstickend sein, und manchmal fühlen wir uns, als ob wir unter der Last unserer eigenen Selbstzweifel begraben werden. Wir sehen, wie andere scheinbar mühelos Erfolg haben und Großes erreichen, während wir uns fragen, warum uns nicht dasselbe gelingt. Ein endloser Kreislauf aus Selbstkritik und Unzufriedenheit hält uns gefangen und hindert uns daran, unser volles Potenzial zu entfalten.

Für viele Menschen sind große Leistungen die Erfüllung des Lebens. Sie begeistern sich dafür und haben Freude daran. Auch ich ging darin auf, mich stets am Horn zu verbessern. Oftmals schlug ich dabei Wege ein, die von Außenstehenden vielleicht als Quälerei eingestuft worden wären – wie beispielsweise mein Drang danach, besonders unangenehme Übungsräume zu finden, um mich von meinem Umfeld unabhängig zu machen. Ich empfand diese Wege selbst als gar nicht so schlimm. Ganz im Gegenteil: Es hat mich fasziniert, zu beobachten, wie ich funktioniere. Es hat mir Freude gemacht, mich den Herausforderungen zu stellen und Probleme zu lösen, die zunächst unlösbar schienen. Diese Momente, in denen ich meine eigenen Grenzen überschreiten und Lösungen finden konnte, waren für mich von unschätzbarem Wert. Sie waren nicht nur Gelegenheiten, meine Fähigkeiten zu verbessern, sondern auch Momente der Selbstbestätigung und des Stolzes. Jedes Hindernis, das ich überwinden konnte, war ein Beweis dafür, dass ich fähig bin, auch mit den schwierigsten Situationen umzugehen. Es war eine Reise des persönlichen Wachstums und der Entdeckung meiner eigenen Stärke und Ausdauer.

Oft hört man von Sportlern, wie ehrgeizig sie sind und dass sie nicht verlieren können. Diese Hingabe zum Sieg scheint sich nicht nur auf den Wettkampf zu beschränken, sondern erstreckt sich oft auch auf das heimische Brettspiel oder sogar auf banale Alltagssituationen. Der Drang zu gewinnen ist so tief in unserer Leistungsgesellschaft verwurzelt, dass er sich auf sämtliche Bereiche im Leben überträgt – vom Beruf über persönliche Beziehungen bis hin zu kleinen Alltagsentscheidungen. Doch ob diese Verallgemeinerung immer der Realität entspricht, darüber kann man sich durchaus streiten. Denn hinter der Fassade des unbesiegbaren Ehrgeizes verbergen sich oft auch Momente des Selbstzweifels und der menschlichen Schwäche. Es mag Sportler geben, die diese Haltung in allen Lebensbereichen beibehalten. Doch genauso gibt es jene, die lernen, dass Verlieren Teil des Lebens ist und dass es manchmal wichtiger ist, fair zu spielen und das Beste aus einer Niederlage zu machen, als um jeden Preis zu gewinnen. Es ist eine Frage der Perspektive und der individuellen Erfahrung, ob dieser unersättliche Drang nach Erfolg tatsächlich in allen Aspekten des Lebens existiert.

Ich selbst war nie so. Wenn es etwas gab, worin ich keinen tieferen Sinn sah, konnte ich mich nur äußerst schwer motivieren. So ging es mir beispielsweise in der Schule. So ehrgeizig ich beim Hornspielen war, so wenig war ich es im Unterricht. Es fehlte mir einfach an der Begeisterung, die ich für die Musik empfand. Mein Motivationslevel ist bis heute sehr unterschiedlich. Ich muss mich für etwas begeistern können, damit ich leistungsbereit bin. Ich brauche diese Sehnsucht beim Schlafengehen, dass möglichst schnell der nächste Morgen kommen möge. Nur dann bin ich bereit, überdurchschnittlich viel Energie zu investieren. Wenn ich so empfinde, stört es mich dafür auch nicht weiter, wenn Hindernisse auftauchen. Wenn ich für etwas brenne, dann lichterloh.

Genau das ist für mich der entscheidende Punkt: Mein Tun muss mich glücklich machen und mir Freude bereiten. Denn sie ist es, die mir Kraft gibt, mich gegen alles zu stellen, alle Schwierigkeiten zu überwinden und an mich und mein Ziel zu glauben. Das Leben ist einfach zu kurz, um es nur mit Aufgaben zu füllen, die man aus Pflichtbewusstsein erledigt. Klar wollen Spülmaschinen eingeräumt sein und die Wäsche gewaschen werden. Doch wenigstens ein Fenster im Alltag sollte man frei halten für eine Leidenschaft – ganz egal, worin sie auch besteht. Das sollte etwas sein, das man nur darf, nicht muss. Ich bin überzeugt davon, dass erst die Faszination für etwas uns anspornt, uns im Leben auszuprobieren, neue Bereiche zu betreten und auch mit schwierigen Umständen umgehen zu lernen. Nur dann entdecken wir hinter jeder Tür einen Weg, der uns wieder zu neuen Türen führt und uns neue Wahlmöglichkeiten eröffnet.

Deshalb möchte ich dir auf deinen Weg mitgeben: Lass dir niemals von jemandem einreden, was richtig und was falsch ist. Lass dir von niemandem diktieren, was du schaffen kannst oder nicht. Nur du selbst kannst das entscheiden. Ebenso lass dir nie einreden, du wärst nicht genug. Denn auch was genug und was nicht genug ist, kannst allein du beurteilen. Am Ende wollen wir alle glücklich und zufrieden sein. Das ist der Maßstab, an dem wir uns orientieren sollten.

Solltest du nach der Lektüre dieses Buches feststellen, dass du mit dem, was du hast, glücklich und zufrieden bist, dann bleibe bitte dabei. Es geht nicht darum, krampfhaft sein Leben auf den Kopf zu stellen, nur weil man vielleicht meint, das tun zu müssen. Mein Ziel war es, in diesem Buch meine ganz persönlichen Erfahrungen zu teilen. Ich hoffe, dass sie anderen Menschen genauso weiterhelfen können, wie sie mir weitergeholfen haben. Auch war es meine Absicht, dir Mut zu machen; Mut, Neues auszuprobieren und dadurch zu lernen, an dich zu glauben. Was das in deinem Fall konkret bedeutet, kannst nur du einschätzen: Wir alle haben unsere ganz individuellen Wünsche, Träume und Vorstellungen. Genau das ist es, was uns so besonders macht. Darauf sollte dein Fokus gerichtet sein – nicht auf den Vergleich mit anderen. Was dagegen hilfreich sein kann, ist, uns von anderen inspirieren zu lassen und von ihren Erfahrungen zu lernen – und zwar in einer Weise, die für die eigene Lebenswelt angepasst ist. Nie sollten wir blind hinter etwas herlaufen, schon gar nicht hinter sogenannten Normen. Vielmehr sollten wir verstehen, was wir ganz persönlich wollen. Das ist der einzige Weg, herauszufinden, was uns glücklich machen kann. Denn darum geht es am Ende: dass wir glücklich sind, uns wohlfühlen und mit dem Leben im Reinen sind. Und alles, was uns daran hindert, sollten wir über Bord werfen.

Wenn uns etwas begeistert, sprühen wir vor Energie. Genau diese freigesetzte Energie ist eine große Chance. Deshalb sollten wir uns genau überlegen, worauf wir sie verwenden möchten – und worauf nicht. Jeder von uns kennt Situationen, die uns viel Energie rauben, die uns dann an anderer Stelle fehlt. Manchmal können wir die Verteilung unserer Energie besser steuern, manchmal konfrontiert uns das Leben mit energiefressenden Herausforderungen. Daher sollten wir klug mit ihr umgehen: Wenn wir keine Energie mehr übrig haben für das, was uns glücklich macht, dann stimmt etwas mit unserer Lebensplanung nicht.

Eines würde ich gern noch klarstellen. Der Titel dieses Buches lautet *Stell dir vor, es geht nicht, und einer tut es doch.*

Mit »einer« ist keine bestimmte Person gemeint – auch nicht ich. Gemeint ist jeder von uns. Egal, woher wir kommen, welche Rückschläge wir einstecken mussten oder mit welchen Gaben wir zur Welt gekommen sind: Ich bin felsenfest davon überzeugt, dass wir unser Leben selbst gestalten können, wenn wir uns selbst vertrauen lernen, uns selbst verstehen wollen und dafür eine Portion Geduld mitbringen.

Das Leben ist das größte Abenteuer, das uns gegeben wurde. Es ist eine Reise voller unerwarteter Wendungen, herausfordernder Hürden und begeisternder Höhepunkte. Jeder Tag birgt neue Chancen und Möglichkeiten, uns selbst zu entdecken und unsere Grenzen zu erweitern. Es ist eine unendliche Schatztruhe an Erfahrungen, die nur darauf wartet, von uns erkundet zu werden. Wir können wählen, wie wir jeden Tag mit Neugier und Mut in diese Reise eintauchen und was wir erleben möchten. Doch egal, welche Entscheidung wir gerade treffen: Das Leben geht weiter. Jeder Moment bietet uns die Chance, zu wachsen und zu lernen. Die Entscheidung liegt bei uns selbst. Immer und immer wieder.

Schlusswort

Wie jede Reise neigt sich nun auch unsere langsam dem Ende zu. Mir persönlich hat sie nicht nur viel Freude bereitet; ich habe auch selbst einiges dazugelernt. Meine Sichtweisen über die kleinen und großen Lebensthemen, meine Art zu leben und meine Herangehensweise an Herausforderungen zu reflektieren war ein spannender Prozess. Dabei ist mir manches bewusst geworden, was vielleicht unbewusst geblieben wäre, wenn ich dieses Buch nicht geschrieben hätte. Diese Erkenntnise möchte ich abschließend ebenfalls noch an dich weitergeben: Sich Zeit für sich selbst zu nehmen ist ein Luxus, den wir uns viel häufiger gönnen sollten.

Allzu oft lenken wir uns von uns selbst ab und lassen uns von allem Möglichen berieseln, anstatt uns die Zeit für Fragen zu nehmen, die man sonst immer nur anderen stellt: Was möchte ich vom Leben? Was ist mir wichtig? Welche Prioritäten stehen bei mir ganz oben auf der Liste? Für die Antworten auf solche Fragen brauchen wir Zeit. Anders, als wir es von vielen anderen Aufgaben und Situationen in unserem Leben gewöhnt sind, sollten wir uns hierbei den Druck nehmen, immer schnell zu einem Ergebnis gelangen zu müssen.

Mich haben seit jeher Menschen fasziniert, die es geschafft haben, in sich selbst zu ruhen: die herausgefunden haben, wo ihre innere Mitte ist und dann auch nicht von ihr abgerückt sind. Denn nur zu oft spielt uns das Leben einen Streich und verändert die Bedingungen. Was heute noch selbstverständlich ist, kann morgen schon ganz anders aussehen. Das Leben ist nicht immer fair. Deshalb sollten wir manchmal innehalten und dankbar dafür sein, was wir haben. Allzu oft wissen wir unsere Gaben, unsere Umstände und unsere Lebenssituation erst zu schätzen, nachdem wir sie verloren haben.

Ich bin dankbar dafür, was das Leben mir ermöglicht hat und welche Chancen ich bekommen habe. Mein Traum ist es, Menschen mit meiner Geschichte Mut zu machen. Ich möchte sie motivieren und ihnen Selbstvertrauen schenken. Mein Ziel mit diesem Buch ist, dir die Zuversicht zu schenken, dass du am Ende deine Wünsche erreichen wirst, auch wenn dieser Weg mit Höhen und Tiefen verbunden sein mag.

Glück bedeutet für jeden etwas anderes. Mein größtes Glück im Leben ist es immer gewesen, mich stets mit Dingen beschäftigen zu dürfen, die mich fasziniert und begeistert haben. Manchmal benötigt es nur einen kleinen Schubs, um den Sprung ins kühle Nass zu wagen und eine neue Leidenschaft zu entdecken, die uns sonst verborgen geblieben wäre. Auch wenn es zu Beginn ein wenig ungewohnt ist, sich in der neuen Umgebung zurechtzufinden, lernen wir zu schwimmen und uns über Wasser zu halten. Nur so können wir mit der Zeit eine Freude für etwas entwickeln, das zuvor Unbehagen in uns auslöste.

Den Mut zu haben, zu sich selbst zu stehen, ist eines der größten Geschenke unseres Daseins. Ich träume davon, eines Tages in einer Welt zu leben, in der jede und jeder Einzelne diesen Mut in sich trägt und wir uns gegenseitig unterstützen, anstatt uns gegenseitig zu behindern. Ich wünsche mir eine Welt, in der jeder und jede die Chance hat, sich frei zu entfalten, und in der wir erkennen, dass die Stärke eines anderen keine Gefahr darstellt, sondern eine Möglichkeit, die wir mit anderen teilen können. Beginnen kann dieser Weg nur bei uns selbst: bei dir, bei mir, bei allen von uns. Alles fängt mit der Herausforderung an, die zugleich auch unsere größte Chance im Leben darstellt: uns zu erlauben, die Person zu sein, die wir wirklich sind – und zu erkennen, welche fantastischen Möglichkeiten wir in uns tragen.

Ich wünsche dir, dass auch du das Glück erfährst, das mir zuteilgeworden ist.